Malte Liesner

Sanskrit – Arbeitsbuch zur historischen Phonologie

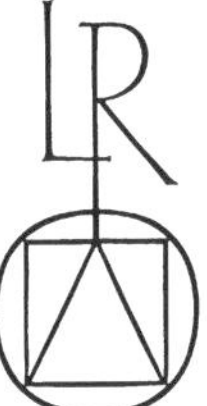

Reichert Verlag Wiesbaden 2019

Sanskrit

Arbeitsbuch zur historischen Phonologie

Malte Liesner

Reichert Verlag Wiesbaden 2019

Bibliografische Information der Deutschen Nationalbibliothek

Die Deutsche Nationalbibliothek verzeichnet diese Publikation in der Deutschen Nationalbibliografie; detaillierte bibliografische Daten sind im Internet über http://dnb.dnb.de abrufbar.

© 2019 Dr. Ludwig Reichert Verlag Wiesbaden
ISBN: 978-3-95490-426-6
www.reichert-verlag.de
Das Werk einschließlich aller seiner Teile ist urheberrechtlich geschützt.
Jede Verwertung außerhalb der engen Grenzen des Urheberrechtsgesetzes ist ohne Zustimmung des Verlages unzulässig und strafbar.
Das gilt insbesondere für Vervielfältigungen, Übersetzungen, Mikroverfilmungen und die Speicherung und Verarbeitung in elektronischen Systemen.
Printed in Germany

Vorwort

रसोऽहमप्सु कौन्तेय प्रभास्मि शशिसूर्ययोः ।
प्रणवः सर्ववेदेषु शब्दः खे पौरुषं नृषु ।। ७ ८ ।।

पुण्यो गन्धः पृथिव्यां च तेजश्चास्मि विभावसौ ।
जीवनं सर्वभूतेषु तपश्चास्मि तपस्विषु ।। ७ ९ ।।

Bhagavad-Gīta 7.8/7.9

Ich möchte dem Leser kurz erzählen, wie ich dazu gekommen bin, Sanskrit zu studieren und dieses Buch zu schreiben. Zu meinem Abitur schenkte mein Vater mir eine dreiwöchige gemeinsame Reise in China, auf der wir unter anderem Peking, Shanghai und Hongkong besuchten und eine 3-tägige Bootsfahrt auf dem damals noch nicht gestauten Yangtse machten. Die Reiseleitung war eine für mich als Abiturienten recht alte Frau von etwa 60 Jahren. Während der Bootsfahrt merkte ich, dass sie sehr junggeblieben war und deshalb fragte ich die Dame, was sie studiert hatte. Sie antwortete *Historisch Vergleichende Sprachwissenschaften* und das war das erste Mal, dass ich von diesem Studiengang hörte. Als entweder sie oder eine andere Person, ich weiß es nicht mehr genau, mir später einmal erzählte, dass auf Sanskrit die schönsten Gedichte der Welt geschrieben seien, und ich zu diesem Zeitpunkt noch fest vorhatte, Poet zu werden, da ich mich in meiner Freizeit hauptsächlich mit dem Schreiben von Gedichten beschäftigte, beschloss ich mich in Köln für Indogermanistik, Indologie und Informationsverarbeitung zu immatrikulieren.

Nach vier Jahren andauernden Sanskrit und Hindi Kursen am Institut für Indologie merkte ich aber dann doch, dass es wohl noch eine Zeit dauern würde, bis ich die Schönheit von Kalidasas Dramen in ihrer Originalsprache nachvollziehen würde können. Die letzten anderthalb Jahre meines Studiums verbrachte ich dann in Würzburg, wo ich bei Professor Heinrich Hettrich Vedisch studierte. Als ich nach Abschluss meines Studiums dann an der Universität Bamberg als Latein-Dozent zu arbeiten begann, rückte das Lateinische für mich mehr in den Fokus, wodurch ich dazu kam, mein erstes Buch zur lateinischen historischen Phonologie zu schreiben. Zu dieser Zeit hatte ich zwar schon den Wunsch, auch Übungsbücher für andere Sprachen zu schreiben, da jedoch das Erstellen des ersten Buches schon so aufwändig gewesen war, fühlte ich mich nicht dazu in der Lage. Das war nun vor über acht Jahren. Anschließend entstand dann aber doch noch das Übungsbuch zum Griechischen und nun muss ich sagen, dass ich sehr stolz auf mich bin, dass ich es geschafft habe, jetzt auch noch das Übungsbuch zum Altindischen fertigzustellen. Die Aufgaben zu den Sandhi-Regeln habe ich mir dabei nicht selbst ausgedacht sondern aus gängigen Lehrwerken entnommen, vor allem aus Stiehl 2007 und Stenzler 2003.

Ausdrücklich möchte ich Daniel Kölligan (Köln) sowie Daniel Schulz (Jena) danken, deren Kommentare mir bei der Erstellung des Buches sehr geholfen haben. In einer frühen Phase des Projekts beantwortete weiterhin Jeong-Soo Kim (Würzburg) Fragen zum Sandhi.

Das vorliegende Heftlein ist nun also der dritte und zugleich letzte Teil meiner altsprachlichen Übungsbücher, die ich für Studierende geschrieben habe. Ich wünsche allen Benutzern viel Freude beim spielerischen Umgang mit der historischen Poesie. Ich empfehle einen dünnen spitzen Bleistift zum Ausfüllen der Übungen.

Königsberg, Frühlingsanfang 2019 — Malte Liesner

Inhaltsverzeichnis

1 Sanskrit in Raum und Zeit

Altindisch wird meist als Sammelbezeichnung für die beiden verschiedenen Varietäten Vedisch und Sanskrit genutzt, wobei im internationalen Sprachgebrauch die Bezeichnungen Altindisch oder Sanskrit variieren können. Das Altindische hat in Indien einen ähnlichen Stellenwert wie Latein, Griechisch und Hebräisch in Europa und ist für die vergleichende Sprachwissenschaft außerordentlich wichtig, da es mit einem großen Textkorpus überliefert ist. Das Wort *Sanskrit* bedeutet 'zurechtgemacht, regelbasiert' und im weiteren Sinne 'verfeinert, ausgeklügelt, ausgearbeitet'.

Klassifikation des Altindischen innerhalb des Indogermanischen

Die indogermanischen Sprachen können auf das Urindogermanische zurückgeführt werden, welches eine aus Lautentsprechungen rekonstruierte und theoretisch erschlossene und nicht durch Schriftzeugnisse belegte Sprache ist. Einer der Hauptzweige des Indogermanischen ist das Indo-Iranische, welches sich wiederum in das Iranische, Indoarische und Nuristani gliedert. Das Indoarische ist nun der direkte Vorfahr des Altindischen, zu dem man die beiden Varietäten Vedisch und Sanskrit zählt (Klassifikation nach Kümmel 2007:37/38).

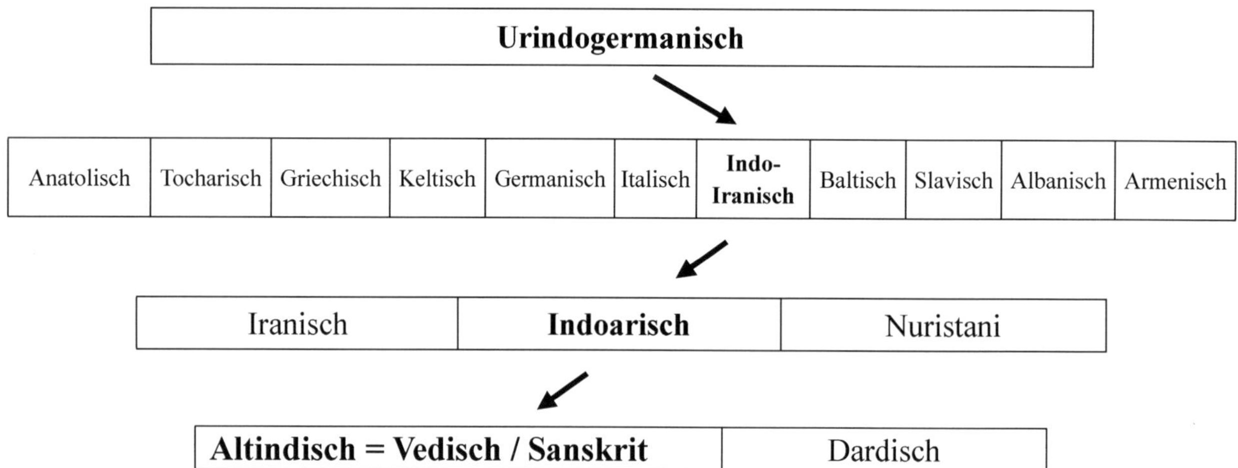

Lehnwörter im Deutschen

Einige altindische Wörter sind als Lehnwörter auch im heutigen Deutschen zu finden. Dazu zählen *Mantra*, *Ashram*, *Yoga*, *Tantra*, *Guru*, *Karma*, *Avatar*, *Mandala*, *Satsang* und auch *Svastika* 'Hakenkreuz', das in Indien als Glückssymbol gilt. Die Eigenbezeichnung der altindisch sprechenden Bevölkerung war *arya-* 'Arier, Angehöriger der drei oberen Großkasten', ein Wort, das v.a. in der Nazi-Zeit fälschlicherweise als Rassenbezeichnung benutzt wurde.

Varietäten des Altindischen / Sprachstufen der indischen Sprachen

Vedisch: Die vier Veden Rigveda, Samaveda, Yajurveda und Atharvaveda sind die ältesten heiligen Schriften des Hinduismus. Die älteste Form des Altindischen ist der Rigveda, dessen Datierung unklar ist und circa auf eine Zeit zwischen 1500 bis 1300 v. Chr. datiert wird. Der Rigveda ist eine Sammlung von 1028 Hymnen und Opferliedern, die an verschiedene Gottheiten gerichtet sind. Der Name Rigveda setzt sich aus den Sanskritbegriffen *ṛ́c-* 'Preislied, Strophe, Vers' und *véda-* 'Wissen' zusammen und bedeutet etwa 'in Versen aufgezeichnetes Wissen'. Das Vedische zeichnet sich im Gegensatz zum Sanskrit durch einen größeren Formenreichtum aus, wohingegen die Phonologie fast identisch ist. Die Texte der Veden wurden lange Zeit nur mündlich durch Vorsprechen und Nachsprechen von Lehrer zu Schüler weitergegeben. An die vier Veden, die auch als Samhitas bezeichnet werden, schließt sich eine Reihe von weiterer vedischer Literatur an, welche als Brahmanas, Upanishaden und Aranyakas bezeichnet werden.

Lit.: Ziegler 5–8.

- **Sanskrit:** Die altindische Hochsprache von Kultur, Wissenschaft, Theater, Rechtsprechung und Religion, deren Regeln durch den Grammatiker Panini dokumentiert und somit festgelegt wurden. Dieser lebte vermutlich im 5. oder 4. Jahrhundert v. Chr. und verfasste die älteste und wichtigste Grammatik *Aṣṭādhyāyī* des Sanskrit. Die Regeln sind dabei in der Form von Aphorismen geschrieben, die *Sutras* genannt werden, und sich durch ihre komprimierte merksatzartige Form auszeichnen. Panini nutzte dabei eine komplizierte Metasprache, um alle grammatischen Phänomene adäquat zu beschreiben und ordnete und fixierte das Sanskrit so, dass es als einheitliche Wissenschafts- und Kultursprache genutzt werden konnte. Während die gebildeten Schichten Sanskrit sprachen, entwickelte sich im einfachen Volk bereits die Varietät Prakrit. Dies entspricht etwa dem Gegensatz von klassischem Latein und Vulgärlatein. Die Prakrit-Sprachen sind daher nicht direkt aus dem Sanskrit entstanden sondern existierten lange Zeit neben diesem.

- Prakrit (ca. 300 v.Chr. bis ca. 600/700 n.Chr.)

Prakrit und Pali: Als Prakrit-Sprachen werden zahlreiche mittelindische Sprachen bezeichnet, die sich in Phonologie und Morphologie vom Sanskrit unterscheiden. Prakrit fungiert dabei als Überbegriff und Abgrenzung zum Sanskrit. Pali war dabei die wichtigste mittelindische Literatursprache und gilt als heilige Schriftsprache des Buddhismus. Zu den wichtigsten phonologischen Unterschieden zum Ai. zählen u.a. die Assimilation von Konsonantengruppen, wodurch eine Vielzahl geminierter Konsonanten entstand: *dugdha-* > *duddha-* 'Milch', *karma-* > *kamma-* 'Arbeit', *utpāda-* > *uppāda-* 'Geburt', *pudgala-* > *puggala-* 'schön', *śabda-* > *sadda-* 'Klang', *varṣa-* > *vassa-* 'Regen', *kalpa-* > *kappa-* 'Regel'. Am Wortanlaut entstanden dabei einfache Konsonanten: *prāṇa-* > *pāṇa-* 'Atem', *grāma-* > *gāma-* 'Dorf'. Die im Ai. getrennten Sibilanten *ś*, *ṣ*, *s* fielen zu *s* zusammen: *śaraṇa-* > *saraṇa-* 'Hütte', *doṣa-* > *dosa-* 'Fehler'. Ai. *ṛ* wurde je nach lautlicher Umgebung zu *a*, *i* oder *u*: *kṛta-* > *kata-* 'getan', *ṛṣi-* > *isi-* 'Seher', *ṛju-* > *uju-* 'gerade'. Genau wir im Ved. sind ai. *ḍ* und *ḍh* zwischen Vokalen im Pali als *ḷ* und *ḷh* vertreten: *rūḍha-* > *rūḷha-* 'gewachsen' (LWP 29.3). Und auch der Sandhi s4.3 und s4.6 scheint eine vorweggenommene mittelindische phonologische Erscheinung zu sein, da man auch im Pali regelmäßig diese Entwicklung findet: *bhavati* > *hoti* 'ist', *dhārayati* > *dhārēti* 'trägt' (LWP 21). Weiterhin kam es zu Palatalisierungen wie *adya* > *ajja* 'heute'.

Lit.: Jain/Cardona 2007.

- Apabramsa (ca. 700 n.Chr. bis ca. 1500 n.Chr.) / Neuindisch (ab ca. 1500 n.Chr.)

Unter Apabramsa versteht man eine sprachliche Übergangsform zwischen dem Mittelindischen und Neuindischen. Das alte flektierende System ging fast komplett verloren und wurde durch analytische Ausdrucksmittel ersetzt. Durch den Verlust auslautender Vokale entstanden viele einsilbige Wörter, deren Vokale im weiteren Verlauf der Sprachgeschichte zum Neuindischen oft gelängt wurden. Es folgen ein paar ausgewählte Beispiele der Entwicklung zum Hindi: *dugdha-* > *duddha-* > *dūdh* 'Milch', *karma-* > *kamma-* > *kām* 'Arbeit', *nāma-* > *nām* 'Name', *adya* > *ajja* > *āj* 'heute'. Dabei trat oft Nasalierung ein *grāma* > *gāma* > *gā̃v* 'Dorf', *danta-* > *dā̃t* 'Zahn'.
Die neuindischen Sprachen werden hauptsächlich im nördlichen Teil Indiens, in Pakistan, Nepal und Bangladesh gesprochen. Zu den wichtigsten Sprachen zählt das Hindi, welches zusammen mit Englisch die offizielle Nationalsprache Indiens ist und circa 200 Millionen Muttersprachler hat. Regional sind weitere lokale Amtssprachen zugelassen.

2 Grundlagen der Phonetik

Die altindischen Grammatiker erkannten als erste, dass menschliche Sprachlaute nach Artikulationsort und Artikulationsart eingeteilt werden können und ordneten daher die Laute ihrer Sprache entsprechend an. Vergleichen Sie dazu die phonetischen Fachbegriffe der zwei folgenden Tabellen mit der Anordnung der Laute des Devanagari-Alphabets auf der gegenüberliegenden Seite.

Übersicht grundlegender Artikulationsorte

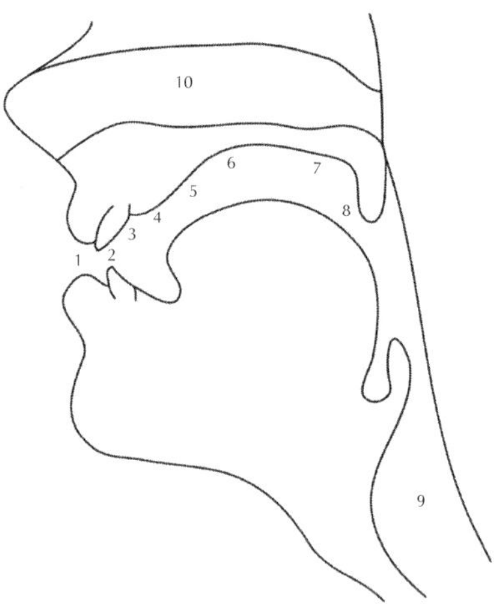

	Artikulationsort	Beschreibung
1	**labial**	Unter- und Oberlippe
2	**interdental**	Zwischen den Zähnen
3	**dental**	An den Zähnen
4	**alveolar**	Am Zahndamm
5	**retroflex / zerebral**	Mit zurückgebogener Zunge
6	**palatal**	Am harten Gaumen
7	**guttural / velar**	Am weichen Gaumen
8	**uvular**	Am Zäpfchen
9	**glottal**	Bei den Stimmlippen
10	**nasal**	Im Nasenraum

Übersicht grundlegender Artikulationsarten

Plosive	Plosive sind Verschlusslaute. Der Luftstrom wird durch einen Verschluss am Ausströmen gehindert. Beim Lösen dieses Verschlusses wird die Luft *ex-plosiv* nach außen gepresst, wodurch der Laut entsteht. Plosive im Sanskrit können stimmlos (Tenuis), stimmhaft (Mediae) und behaucht (aspiriert) sein.
Tenuis	Tenuis sind stimmlose Plosive. Bei deren Produktion vibrieren die Stimmbänder nicht.
Mediae	Mediae sind stimmhafte Plosive. Bei deren Produktion vibrieren die Stimmbänder.
Nasale	Die Luft wird teilweise oder ganz durch die Nase ausgeatmet.
Frikative	Der Luftstrom wird durch eine Verengung am Austritt gehindert, wodurch ein Reibegeräusch entsteht. Frikative werden auch Reibelaute oder Spiranten genannt.
Halbvokale / Approximaten	Die Laute *y* und *v* werden als Halbvokale oder Approximanten bezeichnet, da sie auch als unsilbische Varianten der Vokale *i* und *u* fungieren können. Im Sanskrit gelten auch *r* und *l* als Halbvokale, da sie die vokalischen Allophone *r̥* und *l̥* haben.
Vokale	Bei der Artikulation eines Vokals entweicht der Luftstrom relativ ungehindert aus dem Mund.
Diphthonge	Diphthonge sind Verbindungen aus Vokal plus Halbvokal. Im Sanskrit gelten auch *e* und *o* als Diphthonge, obwohl sie phonetisch einfache lange Vokale *ē* und *ō* sind.
Aspiriert	Aspirierte Konsonanten werden mit einem zusätzlichen Hauchlaut gesprochen, der durch ein nach- oder hochgestelltes *h* gekennzeichnet wird.
Affrikate	Eine Affrikate ist die Kombination aus Plosiv und folgendem homorganen Frikativ.
Lateral	Beim Laterallaut *l* wird die Zunge an den Gaumen gelegt und die Luft entweicht rechts und links entlang der Seiten der Zunge.

Transliteration des Devanagari–Alphabets

	Plosive				Nasale	Frika-tive	Halb-vokale	Vokale		Diphthonge	
	Tenuis		Mediae								
Gutturale	क *ka*	ख *kha*	ग *ga*	घ *gha*	ङ *ṅa*	ह *h*		अ *a*	आ *ā*	-	-
Palatale	च *ca*	छ *cha*	ज *ja*	झ *jha*	ञ *ña*	श *ś*	य *ya*	इ *i*	ई *ī*	ए *e*	ऐ *ai*
Retroflexe	ट *ṭa*	ठ *ṭha*	ड *ḍa*	ढ *ḍha*	ण *ṇa*	ष *ṣ*	र *ra*	ऋ *r̥*	ॠ *r̥̄*		
Dentale	त *ta*	थ *tha*	द *da*	ध *dha*	न *na*	स *s*	ल *la*	ऌ *l̥*	ॡ *l̥̄*		
Labiale	प *pa*	फ *pha*	ब *ba*	भ *bha*	म *ma*		व *va*	उ *u*	ऊ *ū*	ओ *o*	औ *au*

Sanskrit wurde in der Devanagari-Schrift notiert, was frei übersetzt etwa '(Schrift der) Götterstadt' bedeutet. Auch heute noch ist diese Schrift weit verbreitet, da mit ihr u.a. die Sprachen Hindi, Marathi und Nepali geschrieben werden. Die Devanagari-Schrift geht auf die ältere Brahmi-Schrift zurück und wird von links nach rechts unter einem waagerechten Strich geschrieben (नगरः *nagaraḥ* 'Stadt', जनः *janaḥ* 'Leute'), über den nur Vokalzeichen sowie *r* vor Konsonant hinausragen. Der häufige kurze Vokal अ *a* wird in den Konsonantenzeichen mit ausgedrückt (क *ka*, ख *kha*, ग *ga*, घ *gha*) und nur am Wortanlaut extra notiert (अनिलः *anilaḥ* 'Wind'). Die anderen Vokalzeichen आ *ā*, इ *i*, ई *ī*, उ *u*, ऊ *ū*, ऋ *r̥*, ॠ *r̥̄* und ऌ *l̥* stehen ebenfalls nur am Wortanlaut oder im Inlaut nach Vokal, und sie haben eine andere Form, wenn sie auf einen Konsonanten folgen. Langes आ *ā* wird durch einen senkrechten Strich ausgedrückt (पा *pā*, दा *dā*, का *kā*), kurzes *i* steht vor dem Konsonanten (पि *pi*, दि *di*, कि *ki*) und langes *ī* nach dem Konsonanten (पी *pī*, दी *dī*, की *kī*). Das Zeichen *r* hat vor Konsonanten weiterhin eine besondere Form und wird als kleiner Halbkreis über dem waagerechten Strich notiert (कर्मन् *karman* 'Tat'). Folgen zwei oder mehr Konsonantenzeichen aufeinander, so werden diese miteinander verschmolzen und als Ligatur bezeichnet. Die Buchstaben त *ta* und प *pa* verschmelzen z.B. zu त्प *tpa*. Die Vokalkombinationen sind in der folgenden Tabelle angegeben.

ka	*kā*	*ki*	*kī*	*ku*	*kū*	*kr̥*	*kr̥̄*	*kl̥*	*ke*	*kai*	*ko*	*kau*
क	का	कि	की	कु	कू	कृ	कॄ	कॢ	के	कै	को	कौ

Weitere Hilfszeichen

Der **Anusvara** [ं] ist ein hochgestellter Punkt und wird mit *ṃ* umschrieben (पं *paṃ*, तं *taṃ*). Er bezeichnete im Sanskrit die Nasalierung eines vorangehenden Vokals, wenn der folgende Konsonant *y*, *r*, *l*, *v*, *ś*, *ṣ*, *s*, *h* war. Der Löwe *siṃhá-* सिंह wurde folglich [sĩha] ausgesprochen. Der Anusvara steht als Sandhi-Variante von *m* im absoluten Auslaut oder ersetzt im Wortinnern den Klassennasal vor Konsonant (संधि *saṃdhi* statt सन्धि *sandhi*). Der **Visarga** [:] sieht aus wie ein Doppelpunkt und wird mit *ḥ* umschrieben (सः *saḥ*, तः *taḥ*). Er steht als Sandhi-Variante für *r* und *s* im absoluten Auslaut (देवः *devaḥ* 'Gott' für देवस् *devas*). Der **Virama** [्] unter einem Konsonantenzeichen zeigt, dass darauf kein Vokal folgt (तत् *tat*, पत् *pat*). Der **Avagraha** ['] ist ein Apostroph, das gesetzt wird, um den „Ausfall" von *a* nach Sandhi-Regel s6.3 zu beschreiben (*kaḥ api* > *ko 'pi* को ऽपि 'irgend jemand'). Der **Danda** [|] ist ein Trennzeichen, das Sätze, Absätze, Verse oder Halbverse voneinander trennt. Der **Anunasika** [ँ] kommt nicht in Wörtern, sondern nur in Sandhiregel LWP s15.4 vor und wird in diesem Buch als *ṃl* umschrieben.

Lit.: Stiehl 300–304; Ziegler 2012:12–23; Lehmann 2013:1–15; Thumb 1905:34–38.

3 Grundlagen der historischen Phonologie

Phoneme und Allophone

Wenn phonetische Laute dazu genutzt werden, um wie *m* und *p* in *támas-* ‘Dunkelheit’ und *tápas-* ‘Askese’ Wörter voneinander zu differenzieren, werden diese Laute als **Phoneme** der Sprache bezeichnet. Die Gesamtzahl der Phoneme wird dann als **Phoneminventar** einer Sprache bezeichnet. Wenn unterschiedliche Laute jedoch lediglich positionelle Varianten sind und nicht zur Bedeutungsunterscheidung genutzt werden, bezeichnet man diese als **Allophone**. Diese treten vor allem bei Sandhi-Varianten auf, also bei Veränderungen des Wortauslautes vor verschiedenen folgenden Anlauten. So bleibt der ursprüngliche etymologische Auslaut *s* von *devas* ‘Gott’ wie in *devas_tatra* ‘der Gott dort’ nur vor den stimmlosen Dentallauten *t* und *th* erhalten. Vor einem folgenden Labiallaut wie in *devaḥ_punaḥ* ‘wieder der Gott’ erscheint jedoch *ḥ* für *s*. Da sich durch den Lautunterschied *s* ~ *ḥ* im Auslaut jedoch kein Bedeutungsunterschied des Wortes ergibt, bezeichnet man die Laute in dieser Position als positionelle Varianten oder Allophone.
In einigen Fällen ist der phonemische Status eines Lautes nicht ganz klar, z.B. wenn nur wenige Beispiele für das Phonem angeführt werden können. So existieren zwar einige Minimalpaare wie *anu* ‘entlang’ :: *aṇu-* ‘Atom’, die für einen phonemischen Status des retroflexen Nasals *ṇ* sprechen, aber ansonsten waren die Nasale homorgane Allophone vor folgenden Lauten (*daṇḍa-* ‘Stock’, *pañca* ‘fünf’, *aṅga-* ‘Glied’) und keine eigenen Phoneme.

Lautwandel und Ableitungsketten

Die Phoneme einer Sprache sind nicht statisch sondern unterliegen fortwährenden Veränderungen, was man als **Lautwandel** bezeichnet. Ein Lautwandel wird in phonologischen Ableitungsketten durch den Ableitungspfeil > ausgedrückt. In den Klammern nach dem Ableitungspfeil wird auf die Nummer im Index des Buches verwiesen, die den entsprechenden Lautwandel auflistet.

Beispiel: **lijd*^{h}*á-* [lid̠ždhá] > (6.6) **liždhá-* > (23.2) **liẓdhá-* > (17.3) **liẓḍhá-* > (20.3) *līḍhá-* ‘geleckt’

Diese Ableitung bedeutet, dass die Vorform **lijd*^{h}*á-*, deren phonetische Repräsentation [lid̠ždhá] ist, durch den Lautwandel (6.6) zu **liždhá-* wird. Statt 6.6 könnte man auch direkt den Lautwandel **jd*^{h} [d̠ždh] > **ždh* angeben, der im Index unter 6.6 zu finden ist. Der Vorgang wiederholt sich mit den Lautregeln 23.2, 17.3 und 20.3, wobei das Sternchen vor den Formen bedeutet, dass es sich um rekonstruierte und nicht um belegte Formen handelt. Die letzte Form ist das belegte altindische Wort, zu dem die Ableitung geführt hat. Da es sich um ein belegtes Wort handelt, wird es nicht durch ein vorangestelltes Sternchen klassifiziert.
Manchmal macht es Sinn, aufeinander folgende Lautwandel zusammenzufassen, wenn diese stets in der gleichen Abfolge auftreten und immer dasselbe Resultat haben. Ein Beispiel ist die sog. Ruki-Regel, bei der **s* nach *r,ṛ,ū̆,k,ī̆* zunächst zu iir. **š* und anschließend zu ai. *ṣ* wird. Die beiden Lautwandel uridg. **s* > (8.1) iir. **š* und iir. **š* > (23.1) ai. *ṣ* werden durch die Cover-Regel **s* > (c24) *ṣ* zusammengefasst.

Beispiel: **du̯is* > (8.1) **du̯iš* > (23.1) *dviṣ* ‘zweimal’ = **du̯is* > (c24) *dviṣ*

Merkmalsstrukturen der Konsonanten und Vokale

		Labial	Dental / Alveolar	Retroflex	Palatal	Velar	Glottal
Plosive	**stl.**	p	t	ṭ	c	k	
	stl. asp.	p ʰ	t ʰ	ṭ ʰ	c ʰ	k ʰ	
	sth.	b	d	ḍ	j	g	
	sth. asp.	b ʰ	d ʰ	ḍ ʰ	(j ʰ)	g ʰ	
Frikative			s ~ *[z]	ṣ ~ *[ẓ]	ś		h / [ḥ]
Nasale		m	n	[ṇ]	[ñ]	[ŋ]	
Laterale			*l ~ *[l̥]				
Tap / Flap				*r ~ *[r̥]			
Approximanten		u̯			i̯		

Ergänzende Bemerkungen zu einzelnen Lauten

- Die Plosive *p, t, ṭ, c, k, ph, th, ṭh, ch, kh* und die Frikative *s, ṣ, ś, ḥ* sind stimmlos. Alle anderen Laute sind stimmhaft.
- Der Laut *jh* taucht im Rigveda nicht auf und existiert im Sanskrit nur in einigen onomatopoetischen Wörtern wie √*jhaṇ-* 'klingen', *jharjhara-* 'Trommel', *jharā-* 'Wasserfall'.
- Die retroflexen Laute entstanden durch das Aufeinandertreffen palataler und dentaler Konsonanten. Eine Substratwirkung einheimischer dravidischer Sprachen, in denen diese Laute häufig sind, kann jedoch nicht ausgeschlossen werden.
- *r* und *l* haben die vokalischen Allophone [r̥] und [l̥], wenn sie zwischen Konsonanten den Silbengipfel bilden.
- Die Grammatiker verzeichneten weiterhin langes *l̥̄*, welches aber in keinem Wort vorkommt.
- Der Visarga *ḥ* ist Allophon von *s* oder *r* im absoluten Auslaut und vor *p, ph, k, kh.* Im Vedischen gab es vor *p, ph* zusätzlich noch ein Allophon IPA [φ] namens *upadhmānīya* sowie vor *k, kh* ein Allophon IPA [x] names *jihvāmūlīya*.
- In der heutigen in Indien verbreiteten Sanskrit-Aussprache wird nach Visarga der vorangehende Vokal wiederholt und der Visarga stimmhaft gesprochen. Man spricht *agniḥ* daher als *agnihi* und *devaḥ* als *devaha*.
- In phonologischen Ableitungen begegnen die stimmhaften Allophone *[z] und *[ẓ] der Frikative *s* und *ṣ*. Diese waren jedoch nicht stabil und schwanden meist unter Ersatzdehnung des vorangehenden Vokals.

	Vorne		Mitte		Hinten
Geschlossen	*i / ī*				*u / ū*
Halb-Geschlossen		*e* [ē]		*o* [ō]	
Offen			*a / ā*		

Ergänzende Bemerkungen zu einzelnen Lauten

- Der genaue Lautwert von *a* ist unbekannt.
- Die Vokale *e* und *o* sind die langen Vokale [ē] und [ō], deren Länge jedoch traditionell nicht transkribiert wird. Sie gelten im Sanskrit noch als Diphthonge, weil sie historisch meist auf **ai̯* und **au̯* zurückgehen. Es existieren weiterhin die Diphthonge *ai* < **āi̯* und *au* < **āu̯*, die auf die Kürzung ehemaliger Langdiphthonge zurückgehen.

Lit.: Allen 1953; Lehmann 2013:1–15; Mayrhofer 1978:15–17; Ziegler 2012:9–11; Stiehl 2007:307–308.

4 Sandhi, Wortwurzeln und Betonung

Pausaform / Sandhiform / Stammform / Wurzeln

Bei normaler Sprache sind Wörter fast immer in Sätze eingebunden. Steht ein Wort jedoch am Ende eines Satzes oder wird es einzeln und unabhängig von anderen Wörtern ausgesprochen, so spricht man von dessen **Pausaform** oder vom absoluten Auslaut.[1] Diese Pausaform nutzten die ai. Grammatiker als Ausgangspunkt ihrer Beschreibungen des ai. Sandhi, was in vielen Fällen jedoch nicht der historischen Entwicklung der Laute entspricht. Steht ein Wort nun nicht isoliert sondern eingebunden in eine Reihe von Wörtern, so variiert der Auslaut des Wortes abhängig von dem Anlaut des folgenden Wortes, wobei sich der Anlaut in einigen Fällen ebenfalls verändert. Dieser Vorgang, der wahrscheinlich in allen Sprachen der Welt vorkommt, wird als **Sandhi** bezeichnet. Die folgenden Beispiele zeigen die Veränderungen des Beispielwortes *deva-* 'Gott', das je nach folgendem Anlaut verschiedene Formen annimmt.

Die Form	*devas*	steht vor	*t*, *th*.
Die Form	*devaḥ*	steht vor	*k*, *kh*, *p*, *ph*, *s*, *ś*, *ṣ*.
Die Form	*deva*	steht vor	Vokalen außer vor kurz *a*.
Die Form	*devo*	steht vor	stimmhaften Konsonanten und vor kurz *a*, welches entfällt.

Ein englisches Sandhi-Beispiel ist die Variante *an* des unbestimmten Artikels *a* vor vokalisch anlautenden Wörtern wie *an apple* oder *an orange*. Dabei ist zu bemerken, dass *an* die ältere Form ist, deren Auslaut *n* dem *n* in dt. *ein* entspricht, da beide auf germ. **ainaz* < uridg. **oi̯-no-s* zurückgehen, das mit ai. *eka-* 'eins' < **aika-* < **oi̯-ko-* verwandt ist. Vor konsonantischem Anlaut des folgenden Wortes wurde *an* etwa im 12. Jh. n. Chr. zu *a*, wodurch die heutige Verteilung der Allomorphe *a/an* entstand. Im Sandhi blieb also die historisch ältere Form des Wortes erhalten und ebendieser Vorgang begegnet auch bei der ai. Sandhi-Variante LWP s15.3 *devāṃs_tatra* 'die Götter hier', bei der das auslautende **s* der Vorform **devāns* im Sandhi erhalten blieb, obwohl es in der Pausa-Form *devān* geschwunden ist (vgl. Kap. 22).
Sandhi kann wie bei *kāntān_na* zu Mehrdeutigkeiten führen, da das erste Wort theoretisch der Akk. Pl. *kāntān*, der Abl. Sg. *kāntāt* oder der Akk. Sg. *kāntām* des Wortes *kāntā-* 'Gattin' sein kann, weil auslautendes *t*, *n* und *m* vor anlautendem *n* als *n* erscheinen. Die Verbindung *mātāgacchat* kann theoretisch als *mātā agacchat* 'die Mutter ging' oder als *mātā āgacchat* 'die Mutter kam' übersetzt werden, da im Sandhi auslautende Vokale mit gleichen anlautenden Vokalen verschmelzen. In diesen Fällen kann nur durch den Kontext die richtige Übersetzung gefunden werden. Übersichtstabellen über die Veränderungen beim Sandhi finden Sie im Anhang dieses Buches.
Um nun eine eindeutige Angabe eines Wortes zu ermöglichen, werden Wörter in Lexika in ihrer **Stammform** angegeben. Die Stammform *deva-* ist eine abstrakte Repräsentation des Wortes und wird in indogermanistischer Notation mit einem Bindestrich angegeben, der in Lexika oft entfällt. Schon die ai. Grammatiker ordneten ihre Wörter weiterhin nach den ihnen zugrundeliegenden Wortwurzeln. Wortwurzeln werden in diesem Buch mit dem mathematischen Wurzelzeichen √ angegeben.

Lit: Stiehl 2007:309; Ziegler 26–32; Mayrhofer 1978:26–32; Wackernagel 1896:301–343.

1 In dieser Position erscheinen im Sanskrit normalerweise nur Vokale sowie die acht Konsonanten *k*, *ṅ*, *ṭ*, *t*, *n*, *p*, *m*, *ḥ*, sowie sehr selten auch *ṇ*, *y*, *l*, *v*. Alle anderen Konsonanten sind im absoluten Auslaut nicht zulässig und werden durch phonologische Regeln in die oben genannten Konsonanten überführt, indem aspirierte Verschlusslaute ihre Aspiration und stimmhafte Verschlusslaute ihren Stimmton verlieren.

Unterschiede und Gemeinsamkeiten zwischen Sandhi und morphologischen Bildungen

Die phonologischen Regeln einer Sprache gelten meist sowohl für die Verbindungen zwischen Wörtern (externer Sandhi) als auch für morphologische Verbindungen innerhalb eines Wortes (interner Sandhi). Es gibt im Sanskrit dabei aber einen entscheidenden Unterschied. Beim internen Sandhi gelten vor Endungen, die mit Vokalen, Halbvokalen oder Nasalen beginnen nicht die Regeln des externen Sandhi. Als Beispiel diene *marut-* 'Wind', dessen Nom. Sg. *marut* gleich der Stammform ist. Im externen Sandhi *marut atra* > (s11.2) *marud_atra* 'der Wind hier' begegnet die Stimmtonassimilation des auslautenden *t* vor Vokal. Die Formen des Paradigmas lauten nun aber Akk. Sg. *marut-am*, Dat. Sg. *marut-e*, Instr. Sg. *marut-ā*, obwohl man vor einem vokalischen Anlaut eigentlich ^{x}*marudam*, ^{x}*marude*, ^{x}*marudā* erwarten würde. Um den lautlichen Bezug zum Grundwort nicht allzu sehr zu stören, wurde an dieser Stelle analogisch jedoch kein Sandhi durchgeführt. Ein weiteres Beispiel ist der Wurzelauslaut *c* der Wurzel √*vac-* 'sprechen' in dem Wort *vāc-* 'Wort', der in Akk. Sg. *vāc-am*, Dat. Sg. *vāc-e* als *c* erhalten bleibt, obwohl man ebenfalls die Stimmtonassimilation zu *g* erwarten könnte, wie sie z.B. in Instr. Pl. *vāgbhis* vorliegt. Diese Form ist jedoch ein Sonderfall denn einzig das Suffix *-bhi-* < **-b^{h}i-* des Instr. Pl. sowie dessen erweiterte Form *-bhyas* < **-b^{h}i-os* des Dat. Abl. Pl. bewirkte eine Stimmtonassimilation eines vorangehenden stimmlosen Verschlusslautes, wie man am Instr. Pl. **marut-bhiḥ* > *marud-bhiḥ* sowie dem Instr. Pl. *vāgbhis* und Dat. Abl. Pl. *vāgbhyas* sehen kann. Diese Diskrepanz lässt sich folgendermaßen erklären: Als das Morphem **-b^{h}i-* an das Wort angefügt wurde, war es noch kein richtiges Affix, das nur in gebundener Form vorkommen konnte, sondern ein selbstständiges Adverb. Und weil es sich um ein eigenständiges Wort handelte, galten für die Verbindung der Wörter miteinander noch die Regeln des externen Sandhi. Im Wort ist daher generell kein Sandhi zu erwarten, falls er doch auftritt, handelt es sich um eine jüngere Univerbierung.

Allerdings treten bei einigen morphologischen Bildungen Assimilationen auf, die sich sowohl im Sandhi als auch im Wortinnern finden. Diese sind sind Bildungen von *d* und *t* vor *n* und *m* wie in **adna-* > (22.3) *anna-* 'Speise' zur Wurzel √*ad-* 'essen', oder in **vidyutmat* > *vidyunmat-* 'versehen mit Blitzen', eine Ableitung von *vidyút-* 'Blitz' mittels des Suffixes *-mat*, sowie in **mr̥d-máya-* > *mr̥nmáya-* 'irden', eine Ableitung von *mr̥d-* 'Lehm' mittels des Suffixes *-maya-*.

Lit.: Thumb 1905:135.

Betonung des Vedischen und des klassischen Sanskrit

Die ved. Texte wurden jahrhundertelang rein mündlich durch Vorsprechen und Nachsprechen überliefert, auch als die Sprache bereits veraltet war. Da in der späteren schriftlichen Überlieferung der Veden die Betonungszeichen *udātta* 'hoher Ton', *anudātta* 'tiefer Ton' und *svarita* 'fallender Ton' notiert wurden, geht man davon aus, dass das Vedische einen Tonakzent hatte. Die Wörter wurden also nicht wie im Deutschen durch eine Verstärkung des Atemdrucks (expiratorischer Akzent) sondern durch eine Veränderung des Tonhöhe (musikalischer Akzent) betont.

Im Sanskrit wurde diese Betonung durch eine dem Lateinischen ähnliche Betonung ersetzt, wobei die vorletzte Silbe betont wurde, wenn sie lang war, und die drittletzte, wenn die vorletzte kurz war. Eine Silbe war lang, wenn sie entweder einen Langvokal oder Diphthong als Silbenkern hatte (*bhar**ā**maḥ* 'wir tragen') oder eine geschlossene Silbe war (*bhar**an**ti* 'sie tragen'). Eine Silbe war geschlossen, wenn im Silbenauslaut mindestens ein Konsonant stand. Im Falle einer kurzen vorletzten Silbe wurde die drittletzte Silbe betont (*bh**a**rati* 'er trägt'). Im Falle einer kurzen vorletzten und drittletzten Silbe konnte die Betonung auch auf die viertletzte Silbe treten, wenn diese die Wurzelsilbe war: Akk. Sg. *duhitaram* 'Tochter'. Anders als im Lateinischen konnte der Akzent jedoch auch auf die viertletzte Silbe fallen, wenn sowohl die vorletzte als auch die drittletzte Silbe kurz waren.

Lit.: Mayrhofer 1978:26; Ziegler 24–25; Wackernagel 1896:278–300; Thumb 1905:43–45.

5 Vokalwandel

Uridg. *e und *o werden zu *a* und uridg. *ē und *ō werden zu *ā*

Der Vokal *a* ist im Ai. sehr häufig, weil in diesem uridg. **e* und **o* zusammengefallen sind, wohingegen im Gr. und Lat. diese Vokale in ungestörter Entwicklung erhalten blieben. Als Vergleich dazu dienen ved. *dám-* 'Haus' < **dóm-* (gr. *dómos*, lat. *domus*) sowie *jánas-* 'Geschlecht' < **ĝénh*$_1$*os-* (gr. *génos*, lat. *genus*) oder *páti-* 'Ehemann' < **póti-* (gr. *pósis*, lat. *potis* 'mächtig'). Analog dazu verläuft die Entwicklung von langem **ē* und **ō* zu *ā* wie in *āśu-* 'schnell' < **ōk̂u-* (gr. *ōkús*) sowie *dā́nam* 'Geschenk' < **dṓnom* (lat. *dōnum*) oder *rā́ṭ* 'König' < **rēĝ-s* (lat. *rēx*).

Lit.: Thumb 1959:49–52.

INFO: Da die Lautwandel 10.1 **e > a*, 10.2 **ē > ā*, 10.3 **o > a* und 10.4 **ō > ā* fast jedes Wort betreffen und oft mehrfach im Wort vorkommen, werden alle diese im Wort auftretenden Lautwandel aus Platzgründen manchmal zusammengefasst und durch LWP 10 angegeben.

Das Brugmannsche Gesetz

Das Brugmannsche Gesetz besagt, dass uridg. **o* in offenen Silben neben Resonant als langes *ā* vertreten sein kann so wie bei *dā́ru-* 'Holz' < **dóru-* (gr. *dóru*) und *jā́nu-* 'Knie' < **ĝónu-* (gr. *gónu*). Dieser Lautwandel erklärt den Unterschied zwischen der Stammbildung der Verwandtschaftsnamen im Nom. Pl. *pit**a**ras* < **ph*$_2$*teres* 'Väter' (gr. *patéres*), *māt**a**ras* < **māteres* 'Mütter' (gr. *mētéres*) und *bhrāt**a**ras* < **breh*$_2$*teres* 'Brüder' (gr. *phrātéres*) mit kurzem *a* < **e* im Suffix *-tar-* < **-ter-* im Vergleich zu *svas**ā**ras* < **su̯esores* 'Schwestern' (lat. *sorōres*) mit langem *ā*, da *-āras* auf **-ores* zurückgeht, wohingegen die anderen Wörter auf Bildungen mit **-teres* zurückgehen.

Monophthongierung von iir. *ai̯ > e und *au̯ > o

Durch die oben beschriebene Entwicklung von uridg. **e* und **o* zu ai. *a* fielen auch die ursprünglich getrennten Diphthonge **ei̯*, **oi̯*, **ai̯* zu **ai̯* sowie **eu̯*, **ou̯*, **au̯* zu **au̯* zusammen. Die frei gewordenen Positionen von **e* und **o* wurden anschließend durch die Monophthongierung von **ai̯* zu *e* und **au̯* zu *o* wieder gefüllt. Beispiele für **ai̯* > *e* sind **h*$_2$*éd*^{h}*os-* > iir. **Hái̯dhas-* > **ái̯dhas-* > (11.1) *édhas-* 'Brennholz' (lat. *aedēs* 'Haus' < *'Feuerstätte', gr. *aĩthos* 'Brand'), desweiteren **toi̯* > (10.3) **tai̯* > (11.1) *te* 'diese' (gr. *toí*) und 3. Sg. **u̯oi̯de* > (10) **u̯ai̯da* > (11.1) *veda* 'weiß' (gr. *oĩde*). Beispiele für **au̯* > *o* sind das mit lat. *augēre* 'vermehren' verwandte **h*$_2$*éu̯ges-* > iir. **Háu̯ǰas-* > **áu̯jas-* > (11.2) *ójas-* 'Kraft' sowie das mit lat. *ūrō* 'brenne' verwandte **h*$_1$*éu̯s-e-ti* > iir. **Háu̯šati* > **áu̯ṣati* > (11.2) *óṣati* 'versengt'. Dieser Lautwandel trat auch im Sandhi auf, was im nächsten Kapitel beschrieben wird.

Kürzung von Langdiphthongen

Die durch die Monophthongierung von **ai̯* und **au̯* entstandenen Lücken im phonologischen System wurden wiederum durch eine Kürzung der ursprünglichen Langdiphthonge **āi̯* und **āu̯* gefüllt, die ihrerseits auf uridg. **ēi̯*, **ōi̯*, **āi̯* sowie **ēu̯*, **ōu̯*, **āi̯* zurückgehen. Die Diphthonge von *gaús* < **gā́u̯s* < **g*^{w}*ṓu̯s* 'Kuh' (lat. *bōs*) und *naús* < **nā́u̯s* 'Schiff' (lat. *nāvis*) lassen sich ebenfalls auf Langdiphthonge zurückführen, sowie auch die Endung *-au* des Lok. Sg. der *u*-Stämme wie in *śatrau* < **śatrāu* 'im/beim/am Feind'. Diese Regel erklärt auch Formen des *s*-Aor. wie **é-i̯ēu̯g-s-m̥* > *áyaukṣam* 'ich schirrte an', wobei der ursprüngliche Langdiphthong **ēu̯* zu *au* gekürzt wurde: **é-i̯ēu̯g-s-m̥* > (22.1) **é-i̯ēu̯k-s-m̥* > (c24) **é-i̯ēu̯k-ṣ-m̥* > (15.4) **é-i̯ēu̯k-ṣ-am* > (10) **á-i̯āu̯k-ṣ-am* > (11.2) *áyaukṣam* 'ich schirrte an'.

Lit.: Thumb 1905:55–57.

Übungen

Die Entwicklung von uridg. *ĕ und *ŏ

A lat. *novus* :: **néu̯o-* > (10.1) ___________ > (10.3) ___________ 'neu' **B** lat. *lubet* :: **lub^{h}eti* > (10.3) ___________ 'gefällt' **C** gr. *treĩs* :: **tréi̯es* > (10.1) ___________ 'drei' **D** gr. *beltíōn* :: **bélo-* > (10.1) ___________ > (10.3) ___________ 'kräftig' **E** av. *x^{u}afna-* :: **su̯épno-* > (10) ___________ 'Schlaf' **F** lat. *fert* :: **b^{h}éreti* > (10.1) ___________ 'trägt' **G** lat. *iugum* :: **i̯ugóm* > (10.3) ___________ 'Joch' **H** gr. *nephélē* :: **nébhos-* > (10.1) ___________ > (10.3) ___________ 'Nebel' **I** gr. *thūmós* :: **dhū́mo-* > (10.3) ___________ 'Rauch' **J** lat. *medius* :: **médhi̯o-* > (10.1) ___________ > (10.3) ___________ 'Mitte' **K** gr. *eruthrós* :: **rudhiró-* > (10.3) ___________ 'rot' **L** lat. *augēre* 'vermehren' :: **ugró-* > (10.3) ___________ 'groß' **M** gr. *hēdús* :: **su̯ēdú-* > (10.2) ___________ 'süß' **N** gr. *títhēmi* :: **dhé-dhē-mi* > (10) ___________ > (27.1) ___________ 'ich stelle' **O** lat. *serpō* :: **sérpō-mi* > (10.1) ___________ > (10.4) ___________ 'ich krieche' **P** gr. *phérō* :: **b^{h}érō-mi* > (10.1) ___________ > (10.4) ___________ 'ich trage' **Q** lat. *monēre* :: **monéi̯eti* > (10.1+10.5) ___________ 'ehrt' **R** gr. *nõton* 'Rücken' :: **sónu-* > (10.5) ___________ 'Bergrücken'

Monophthongierungen und Kürzung von Langdiphthongen

A alat. *loucos* :: **lou̯ko-* > (10.3) ___________ > (11.2) ___________ 'Lichtung' **B** Dat. Pl. gr. *lukois* :: Instr. Pl. **u̯l̥k^{w}ōi̯s* > (4.1) ___________ > (9) ___________ > (10.4) ___________ > (12.1) ___________ > (28.3) ___________ **C** lat. *ūrō* :: **h$_{1}$éu̯s-e-ti* > (c1) ___________ > (10.1) ___________ > (c24) ___________ > (11.2) ___________ 'brennt' **D** *sūnú-* 'Sohn' :: Lok. Sg. **sūnḗu̯* > (10.2) ___________ > (11.2) ___________ **E** gr. *Zeús* :: **di̯ēu̯s* > (10.2) ___________ > (c24) ___________ > (12.2) ___________ 'Himmel' **F** lat. *octō* :: **ok̂tōu̯* > (c13) ___________ > (10) ___________ > (12.2) ___________ 'acht' **G** *leípō* 'ich verlasse' :: **é-lēi̯k^{w}-s-m̥* > (4.1) ___________ > (9) ___________ > (15.4) ___________ > (c24) ___________ > (10.2) ___________ > (12.1) ___________ 'ich ließ'

4.1: *k^w > *k	**10.4:** *ō > ā	**27.1:** C^h...C^h > C...C^h
9: *l̥ > r̥	**10.5:** *ó > ā́ / _RV	**28.3:** *s > ḥ
10: *e/o > a und *ē/ō > ā	**11.2:** *au̯ > o	**c1:** *h_1e > e
10.1: *e > a	**12.1:** *āi̯ > ai̯	**c13:** *k̂t > ṣṭ
10.2: *ē > ā	**12.2:** *āu̯ > au	**c24:** *s > ṣ
10.3: *o > a	**15.4:** *m̥ > am	

VOKALE

6 Vokalsandhi I – Vokal plus Vokal

Auslaut	**Anlaut**										
	a	***ā***	***i***	***ī***	***u***	***ū***	***r̥***	***e***	***ai***	***o***	***au***
a / ā	*ā*	*ā*	*e*	*e*	*o*	*o*	*ar*	*ai*	*ai*	*au*	*au*
i / ī	*ya*	*yā*	*ī*	*ī*	*yu*	*yū*	*yr̥*	*ye*	*yai*	*yo*	*yau*
u / ū	*va*	*vā*	*vi*	*vī*	*ū*	*ū*	*vr̥*	*ve*	*vai*	*vo*	*vau*
r̥	*ra*	*rā*	*ri*	*rī*	*ru*	*rū*	*r̥̄*	*re*	*rai*	*ro*	*rau*

Auslautendes *ā̆*, *ī̆*, *ū̆*, *r̥* vor gleichem Vokal sowie *ī̆*, *ū̆*, *r̥* vor ungleichem Vokal oder Diphthong

Die Tabelle zeigt, dass eine Sandhiverbindung von kurz oder lang *ā̆* immer *ā*, von kurz oder lang *ī̆* immer *ī*, und von kurz oder lang *ū̆* immer *ū* ergab. Beispiele sind *jayā abharat* > (s1.1) *jayābharat* 'die Frau trug', *asti iha* > (s1.2) *astīha* 'ist hier' sowie *sādhu uktam* > (s1.3) *sādhūktam* 'wohlgesprochen'. Diese Regeln gelten ebenfalls für Komposita und morphologische Bildungen wie *hima-ālayaḥ* > (26.1) *himālayaḥ* 'wörtlich: Ort des Schnees', *ripu uras* > (26.3) *ripūras* 'Brust des Feindes' sowie ved. Konj. **bhára-a-ti* > (26.1) *bhárāti* 'es ist zu erwarten, dass er/sie trägt/tragen wird' oder ved. Aor. **á-aj-am* > (26.1) *ā́jam* 'ich trieb'. Theoretisch verschmelzen wie bei *kartr̥ r̥ju* > (s1.4) *kartr̥̄ju* 'redlicher Urheber' auch aus- und anlautendes *r̥* zu *r̥̄*. Da auslautendes *r̥* jedoch extrem selten ist, findet diese Regel kaum Anwendung. Stehen die Vokale *ī̆*, *ū̆* und *r̥* jedoch vor einem ungleichen Vokal oder Diphthong, dann werden diese zu ihren entsprechenden Halbvokalen *y*, *v*, *r*. Beispiele sind *nārī aikṣata* > (s3.1) *nāry_aikṣata* 'die Frau sah', *astu etat* > (s3.2) *astv_etat* 'dies soll sein' und *kartr̥ akarot* > (s3.3) *kartr_akarot* 'der Täter tat'.

Lit.: Allen 1972:30; Thumb 1905:125; Ziegler 26–27.

Auslautendes *ā̆* plus *ī̆*, *ū̆*, *e*, *o*

Wie bei den im vorigen Kapitel beschriebenen Monophthongierungen verschmilzt auch im Sandhi *ā̆* mit *ī̆* zu *e* sowie *ā̆* mit *ū̆* zu *o*. Beispiele sind *na icchati* > (s2.1) *necchati* 'er wünscht nicht', *na īkṣate* > (s2.1) *nekṣate* 'er sieht nicht' und *tatra uvāsa* > (s2.2) *tatrovāsa* 'dort wohnte er'. Zunächst wurde dabei der Anlaut des zweiten Wortes zum entsprechenden Halbvokal umgewandelt, bevor die Monophthongierung stattfand: *na icchati* > *na_ycchati* > *necchati* sowie *tatra uvāsa* > *tatra_vvāsa* > *tatrovāsa*. Beim Sandhi von auslautendem langen *ā* vor *i* und *u* wie in *rājā iva* > (s2.1) *rājeva* 'wie ein König' oder *sā uvāca* > (s2.2) *sovāca* 'sie sprach' muss man zunächst von einer Kürzung des auslautenden Langvokals ausgehen: *rājā iva* > *rāja_iva* sowie *sā uvāca* > *sa_uvāca.* Anschließend wurde der Hiat durch die Umwandlung von *i* und *u* zu den Halbvokalen *y* und *v* aufgelöst *rāja_iva* > *rāja_yva* sowie *sa_uvāca* > *sa_vvāca*, und erst dann trat die Monophthongierung ein, was zu *rājeva* und *sovāca* führte. Wäre der Sandhi auf der Stufe *rājā iva* eingetreten, wäre aus *ā*+*i* der Langdiphthong *āy* entstanden, der anschließend weiter zu *ay* gekürzt worden wäre, wodurch aus *rājā iva* die Form ^{x}*rājayva* hätte entstehen müssen.

Ähnlich erklären sich die Sandhiergebnisse von *tathā eva* > (s2.4) *tathaiva* 'genau so' sowie *na odanaḥ* > (s2.6) *naudanaḥ* 'nicht der Reis', wobei von den unmonophthongierten Vorstufen **aiva* und **audanaḥ* des Anlauts der zweiten Wörter ausgegangen werden muss. Zunächst kontrahierten die Vokale *ā* und *a* zu *ā*, wodurch die Langdiphthonge **āy* und **āv* entstanden, die anschließend zu *ay und av* gekürzt wurden: **tathā aiva* > **tathāyva* > *tathaiva* und **na audanaḥ* > **nāudanaḥ* > *naudanaḥ*. Da *r̥* und *l̥* ebenfalls zu den Vokalen gerechnet werden, gelten auch die Lautgruppen *ār* und *āl* als Langdiphthonge. Dies erklärt den Sandhi von *yathā r̥ṣiḥ* > (s2.3) *yatharṣiḥ* 'wie ein Seher', wobei der entstehende Langdiphthong **ār* zu *ar* gekürzt wurde.

Lit.: Allen 1972:34–36; Thumb 1905:125; Ziegler 2012:26–27.

Übungen

Ü1 Bilden Sie die Sandhiformen

A *kā iyam* > (s2.1) __________ 'wer ist diese?' **B** *tasya auṣadham* > (s2.7) __________ 'dessen Arznei' **C** *trīṇi etāni* > (s3.1) __________ 'diese drei' **D** *na aikṣata* > (2.5) __________ 'er sah nicht' **E** *vinā īrṣyayā* > (s2.1) __________ 'ohne Eifersucht' **F** *astu etat* > (s3.2) __________ 'dies soll sein' **G** *asti iha* > (s1.2) __________ 'ist hier' **H** *devī iva* > (s1.2) __________ 'wie eine Göttin' **I** *adya eva* > (s2.4) __________ 'noch heute' **J** *bahūni ahāni* > (s3.1) __________ 'viele Tage' **K** *na īkṣe* > (s2.1) __________ 'ich sehe nicht' **L** *tasya autsukyam* > (s2.7) __________ 'dessen Sehnsucht' **M** *narī īkṣate* > (s1.2) __________ 'die Frau sieht' **N** *madhu iva* > (s3.2) __________ 'wie Honig **O** *sā r̥ddhiḥ* > (s2.3) __________ 'diese Wunderkraft' **P** *sā oṣadhiḥ* > (s2.6) __________ 'dieses Heilkraut' **Q** *yadi icchet* > (s1.2) __________ 'wenn er wünschen könnte' **R** *yathā aiśvaryam* > (s2.5) __________ 'wie die Herrschaft' **S** *sā uktvā* > (s2.2) __________ 'nachdem sie gesprochen hatte' **T** *pitr̥ anuvartanāt* > (s3.3) __________ 'aus Gehorsam gegenüber dem Vater' **U** *tena uktam* > (s2.2) __________ 'von ihm ist gesagt worden' **V** *sahasā utthāya* > (s2.2) __________ 'plötzlich aufstehend'

Ü2 Leiten Sie die Sandhiformen historisch her

A *adya eva* > (s2.4) *adyaiva* 'noch heute'

__________ > (26.1) __________ > (12.1) __________

B *na auñchat* > (s2.7) *nauñchat* 'er sammelte nicht'

__________ > (26.1) __________ > (12.2) __________

C *yathā r̥ṣiḥ* > (s2.3) *yatharṣiḥ* 'wie ein Seher'

__________ > (12.3) __________ > (12.3) __________

D *sā uktvā* > (s2.2) *soktvā* 'nachdem sie gesprochen hatte'

__________ > (Kürzung des auslautenden *ā*) __________ > (11.2) __________

11.2: **au̯ > o*	**s1.2:** *ī̆ + ī̆ > ī*	**s2.5:** *ā̆ + ai > ai*
12.1: **āi̯ > ai̯*	**s2.1:** *ā̆ + ī̆ > e*	**s2.6:** *ā̆ + o > au*
12.2: **āu̯ > au̯*	**s2.2:** *ā̆ + ū̆ > o*	**s3.1:** *ī̆ + V > y_V (V≠ī̆)*
12.3: **ār > ar*	**s2.3:** *ā̆ + r̥̄̆ > ar*	**s3.2:** *ū̆ + V > v_V (V≠ū̆)*
26.1: *ā̆ + ā̆ > ā*	**s2.4:** *ā̆ + e > ai*	**s3.3:** *r̥̄̆ + V > r_V (V≠r̥̄̆)*
	s2.7: *ā̆ + au > au*	

7 Vokalsandhi II – Diphthong vor Vokal

Auslaut	Anlaut										
	a	***ā***	***i***	***ī***	***u***	***ū***	***ṛ***	***e***	***ai***	***o***	***au***
e	*e'*	*a ā*	*a i*	*a ī*	*a u*	*a ū*	*a r̥*	*a e*	*a ai*	*a o*	*a au*
ai	*ā a*	*ā ā*	*ā i*	*ā ī*	*ā u*	*ā ū*	*ā r̥*	*ā e*	*ā ai*	*ā o*	*ā au*
o	*o'*	*avā*	*avi*	*avī*	*avu*	*avū*	*avr̥*	*ave*	*avai*	*avo*	*avau*
au	*āva*	*āvā*	*āvi*	*āvī*	*āvu*	*āvū*	*āvr̥*	*āve*	*āvai*	*āvo*	*āvau*

Auslautendes *e*, *o* vor anlautendem Vokal außer kurz *a*. Auslautendes *ai*, *au* vor Vokal.

Stehen auslautendes *e* und *o* vor einem anlautenden Vokal außer *a*, so erscheinen *e* und *o* im synchronen Sandhi als *a*, wobei ein Vokalhiat entsteht: *yoge ālasyam* > (s4.1) *yoga_ālasyam* 'Trägheit im Yoga' und *prabho ihi* > (s4.4) *prabha_ihi* 'Mächtiger, komme!'. Der synchrone Zustand erzeugt den Eindruck der Lautwandel *e* > *a* und *o* > *a*, was durch eine diachrone Erklärung jedoch widerlegt wird. Da *e* und *o* auf **ay* und **av* zurückgehen, ist der Ausgangspunkt des synchronen Sandhi in diesen Vorformen von *e* und *o* zu suchen. Der ursprüngliche Ausgangszustand ist nämlich in den selteneren Sandhivarianten *yogay_ālasyam* 'Trägheit im Yoga' und *prabhav_ihi* 'Mächtiger, komme!' erhalten, aus denen man nun *yoga_ālasyam* und *prabha_ihi* herleiten kann, indem man von einem intervokalischen Schwund der Halbvokale *y* und *v* ausgeht.
Ganz analog erklärt sich das Sandhi-Ergebnis von *ai* vor Vokal wie in *devyai iha* > (s4.7) *devyā_iha* 'der Göttin hier'. Auch hier ist nicht von einem Lautwandel **ay* > *ā* sondern von der Tilgung des Halbvokals *y* in der Vorform **āy* auszugehen. Es existiert nämlich die seltenere Sandhivariante *devyāy_iha*, die die Vorform **āy* des Diphthongs *ai* ohne Schwund des Halbvokals *y* zeigt. Bei *āv* verhält es sich nun genau entgegengesetzt, dass der Halbvokal *v* normalerweise nicht verloren geht, so dass als normaler Sandhi von *nr̥pau ādiśataḥ* die Form *nr̥pāv_ādiśataḥ* 'die beiden Könige befehlen' erscheint und die Form *nr̥pā_ādiśataḥ* eher selten zu finden ist. In der Sandhiform *nr̥pāv_ādiśataḥ* ist somit der ursprüngliche Lautzustand bewahrt, wohingegen das seltenere *nr̥pā_ādiśataḥ* den Schwund des intervokalischen *v* zeigt. Dieser Schwund auslautender Halbvokale nach Langvokal findet sich unabhängig vom Sandhi schon grundsprachlich auch im Nom. *sakhā* 'Freund' < **sek^{w}h$_2$ō* < **sek^{w}h$_2$ōi̯* wobei das geschwundene **i̯* im Dat. *sakhye* < **sek^{w}h$_2$-i̯-ei̯* noch zu sehen ist. Ein weiteres Beispiel ist das Nebeneinander der Formen *aṣṭaú* und *aṣṭā́* 'acht', die beide auf die Vorform **aṣṭā́u* zurückgehen, wobei *aṣṭā́* durch den Schwund des auslautenden **u̯* und *aṣṭaú* durch die Kürzung des Langdiphthongs **āu̯* entstand.

Lit.: Allen 1972:37–38.

Auslautendes *e*, *o* vor kurz *a*

Der Sandhi von *e* und *o* vor kurz *a* wird wie in *te abruvan* > (s4.3) *te 'bruvan* 'diese sprachen' und *prabho atra* > (s4.6) *prabho 'tra* 'du Mächtiger hier!' mit Apostroph notiert, wobei damit eine sprachunwirkliche Elision des anlautenden *a* suggeriert wird. Eine solche Lautentwicklung ist jedoch unwahrscheinlich, da Elisionen anlautender Vokale ansonsten quasi nicht vorkommen. Da es im frühen Mittelindischen hingegen die regelmäßigen Entwicklungen **aya* > *e* (*bhājayati* > (21.5) *bhājeti* 'verteilt') sowie **ava* > *o* (*avatāra* > (21.6) *otāra* 'Abstammung') gibt, die ebenfalls den schwachen Stamm **maghávan-* > *maghón-* 'Indra' sowie die Anredeform *bhavas* > *bhos* des Altindischen erklären, ist es wahrscheinlicher, dass ebendiese Lautentwicklungen im Sandhi bereits vorweggenommen wurden. In den Vorformen **tay_abruvan* und **prabhav_atra* wurden demnach die Lautfolgen *ay _a* und *av_a* als Ganzes zu *e* und *o*.

Lit.: Allen 1972:39–45; Thumb 1905:126ff; Malzahn 2001:134–136.

Übungen

Ü1 Bilden Sie die Sandhiformen

A *mriyante iti* > (s4.1) ___________ ‘so sagten sie’ **B** *dyotate avati ca* > (s4.3) ___________ ‘sie scheint und erquickt’ **C** *nagare iha* > (s4.1) ___________ ‘in der Stadt hier’ **D** *te api* > (s4.3) ___________ ‘diese sogar’ **E** *vane āste* > (s4.1) ___________ ‘er sitzt im Wald’ **F** *guro īkṣasva* > (s4.4) ___________ ‘oh Lehrer, sieh!’ **G** *tau ubhau* > (s4.9) ___________ ‘diese beiden’ **H** *īkṣāvahai indum* > (s4.7) ___________ ‘wir beide wollen den Mond sehen’ **I** *gr̥he agaccham* > (s4.3) ___________ ‘ich ging in das Haus’

Ü2 Erklären Sie die historische Herleitung folgender Sandhiformen

A	*mriyante iti*	>	(s4.1) *mriyanta_iti*	‘so sagten sie’
B	*tau ubhau*	>	(s4.9) *tāv_ubhau*	‘diese beiden’
C	*īkṣāvahai indum*	>	(s4.7) *īkṣāvahā_indum*	‘wir beide wollen den Mond sehen’
D	*vane āste*	>	(s4.2) *vanay_āste*	‘er sitzt im Wald’
E	*gr̥he agaccham*	>	(s4.3) *gr̥he ’gaccham*	‘ich ging in das Haus’

Ü3 Leiten Sie die Sandhiformen historisch her (Aufgabe zum folgenden Kapitel)

A Synchroner Sandhi: *āgatāḥ r̥śayaḥ* > (s6.4) ___________ ‘die Seher sind gekommen’

Historische Herleitung: *āgatās r̥śayaḥ* > (22.2) ___________ > (20.1) ___________

B Synchroner Sandhi: *gīḥ rocate* > (s6.6) ___________ ‘die Stimme gefällt’

Historische Herleitung: *gīs rocate* > (22.2) ___________ > (c25) ___________ > (20.1) ___________

C Synchroner Sandhi: *gataḥ araṇye* > (s6.3) ___________ ‘in den Wald gegangen’

Historische Herleitung: *gatas araṇye* > (22.2) ___________ > (20.1) ___________ > (21.3) ___________ > (11.2) ___________

s1.4: *r̥̄̆ + r̥̄̆ > r̥̄*	**s4.7:** *ai + V > ā_V*	**11.2:** **au̯ > o*
s4.1: *e + V > a_V* (*V≠ă*)	**s4.9:** *au + V > āv_V*	**20.1:** **z / ẓ >* Ø ohne ED
s4.3: *e + ă > e’*	**s6.3:** *aḥ + a > o’*	**21.3:** Ø > *u̯*
s4.4: *o + V > a_V* (*V≠ă*)	**s6.4:** *āḥ + G/V > ā _G/V*	**22.2:** *K > G / _G*
s4.5: *o + V > av* (*V≠ă*)	**s6.6:** *Vḥ + r > V̄_r* (*V≠a, ā*)	**c25:** **z > ẓ / r, r̥, ū̆, k, ī̆ _*

8 Visarga-Sandhi vor stimmhaften Lauten

Visarga im Auslaut vor stimmhaftem Anlaut

Auslaut	**Anlaut**				
	a	**Vokal**	***n/m/y/l/v/h***	***r***	***g/gh/j/jh/ḍ/ḍh/d/dh/b/bh***
***as > aḥ**	*o ’*	*a*	*o*	*o*	*o*
***ās > āḥ**	*ā*	*ā*	*ā*	*ā*	*ā*
***(V)s > (V)ḥ**	*r*	*r*	*r*	*V̄*	*r*

Verlust von auslautendem stimmhaftem *z nach *a* und *ā* sowie der Erhalt von ursprünglichem *r*

Die Herleitung der Sandhi-Formen *narāḥ īkṣante* > (s6.4) *narā_īkṣante* ‘die Menschen erblicken’ und *naraḥ īkṣate* > (s6.1) *nara_īkṣate* ‘der Mensch erblickt’ beginnt mit der Rückführung des Visarga *ḥ* auf dessen Vorform **s*. Auslautendes *-s* nach langem *ā* fiel im Sandhi vor stimmhaften Lauten aus, wobei zunächst Stimmtonassimilation **s* > **z* stattfand und stimmhaftes **z* anschließend schwand: **narās īkṣante* > (22.2) **narāz īkṣate* > (20.1) *narā_īkṣante.*

Ebenso verlief auch der Sandhi der entsprechenden Singularform **naras īkṣate* > (22.2) **naraz_īkṣate* > (20.1) *nara_īkṣate*, wenn nicht kurz *a* folgte. Da der Schwund von **z* aber von einer Ersatzdehnung eines vorangehenden Kurzvokals begleitet sein sollte (vgl. Kap. 12), ist diese Entwicklung wahrscheinlich nicht lautgesetzlich, sondern das Ergebnis einer analogischen Umformung und Beibehaltung des kurzen *a*. Eine Längung von kurz *a* zu lang *ā* wäre nämlich mit dem Sandhi-Ergebnis des oben genannten Nom. Pl. *narā_īkṣante* zusammengefallen.

Geht der auslautende Visarga nicht auf **s* sondern auf **r* zurück, so blieb dieses vor stimmhaften Lauten erhalten. Daher ergibt *prātaḥ gacchati* > (s7.1) *prātar_gacchati* ‘er geht morgens’ und nicht ^{x}*prāto_gacchati*, da *prātaḥ* auf *prātar* mit etymologischem *r* zurückgeht. Ebenso ergeben *pitaḥ īkṣasva* > (s7.1) *pitar_īkṣasva* ‘Oh Vater, sieh!’ und *dvāḥ dr̥śyate* > (7.2) *dvār_dr̥śyate* ‘die Tür wird gesehen’, weil *pitaḥ* auf *pitar* und *dvāḥ* auf *dvār* zurückgehen.

Lit.: Stiehl 2007:314; Ziegler 30–31.

Die Entwicklungen *-as > *az- > -o und *-asa- > -o-

Beim Sandhi von *Nalaḥ nāma* > (s6.2) *Nalo_nāma* ‘namens Nala’ wurde in der Vorform *Nalas nāma* ebenfalls **s* zu stimmhaftem **z*, bevor dieses schwand: **Nalas_nāma* > (22.2) **Nalaz_nāma* > (20.1) **NalaØ_nāma*. Dieser Schwund wurde anschließend durch den Einschub des Halbvokals **u̯* kompensiert, um die Silbenstruktur aufrechtzuerhalten, wodurch die Lautgruppe **au̯* entstand, die sich lautgesetzlich zu *o* weiterentwickelte: **NalaØ_nāma* > (21.3) **Nalau̯_nāma* > (11.2) *Nalo_nāma*. Diese Lautentwicklung findet sich auch bei morphologischen Bildungen wie im Instr. Pl. **manasbhiḥ* > (s6.4) *manobhiḥ* von *manas-* ‘Verstand’.

Der Sandhi von *nadyaḥ avahan* > (s6.3) *nadyo ’vahan* ‘die Flüsse flossen’ wird synchron durch die Elision des anlautenden *a* beschrieben, wie dies auch im vorangegangenen Kapitel beim Sandhi von *prabho atra* > (s4.6) *prabho ’tra* der Fall ist. In beiden Fällen handelt es sich aber tatsächlich um denselben Lautwandel, da bei der Vorform **nadyas avahan* zunächst auslautendes **as* zu stimmhaftem **az* wurde, dessen **z* schwand, bevor wiederum ein kompensatorisches **u̯* eingefügt wurde. Auf diese Weise entstand wiederum die Lautgruppe **au̯a*, die sich zu *o* weiterentwickelte: **nadyas_avahan* > (22.2) **nadyaz_avahan* > (20.1) **nadyaØ_avahan* > (21.3) **nadyau̯_avahan* > (21.6) *nadyo ’vahan.*

Lit.: Malzahn 2001:135.

Restituierung von *r* für geschwundenes *-ẓ nach *u, ū, i, ī*

Der Sandhi von *guruḥ īkṣate* > *gurur_īkṣate* 'der Guru blickt' erklärt sich aus der Vorform **gurus*, wobei **s* zunächst zu **z* und nach der Ruki-Regel weiter zu retroflexem **ẓ* wurde: **gurus_īkṣate* > (22.2) **guruz_īkṣate* > (c25) **guruẓ_īkṣate*. Auch **ẓ* musste analog zu **z* lautgesetzlich schwinden. An dieser Stelle wurde das geschwundene **z* jedoch analogisch zum Nominativ als *r* restituiert und auch der auslautende Kurzvokal blieb analogisch zur Ausgangsform erhalten, da der Schwund von **z* bzw. **ẓ* von einer Ersatzdehnung begleitet sein sollte: **guruẓ_īkṣate* > (20.1) **guruØ_īkṣate* > (21.4) *gurur_īkṣate*. Dieser Lautwandel findet auch im Wortinneren statt, wie man am Instr. Pl. **cakṣus-bhiḥ* > *cakṣurbhiḥ* von *cakṣus-* 'Auge' sehen kann.
Vor folgendem *r* konnte ein geschwundenes **ẓ* nicht als *r* restituiert werden, da die Abfolge zweier retroflexer *r*-Laute dissimilatorisch verhindert wurde, ähnlich wie dies bei *usra-* 'hell' der Fall ist, das nach der Ruki-Regel ˣ*uṣra-* lauten sollte. Das anlautende *r* von *rohati* in *tarus rohati* 'der Baum wächst' > (22.2) **taruz_rohati* verhinderte also die Entwicklung von **z* zu retroflexem **ẓ*. Daher schwand **ẓ* lautgesetzlich, was zu einer Längung des vorangehenden Kurzvokals führte: **taruz_rohati* > (c25) **taruẓ_rohati* > (20.3) *tarū_rohati*. Nach Langvokal oder Diphthong fand hingegen keine weitere Längung statt, so dass *r* spurlos ausfiel: *gopayos rathaḥ* > *gopayo_rathaḥ* 'der Wagen der zwei Hirten'.

Übungen

Ü1 Bilden Sie die synchronen Sandhiformen. Beachten Sie dabei, dass *punaḥ* auf **punar* mit *r* zurückgeht.

A *āgatāḥ ṛśayaḥ* > (s6.4) ____________ 'die Seher sind gekommen' **B** *gīḥ rocate* > (s6.6) ____________ 'die Stimme gefällt' **C** *śiśuḥ roditi* > (s6.6) ____________ 'das Kind weint' **D** *punaḥ rohati* > (s6.6) ____________ 'er wächst wieder' **E** *kaḥ api* > (s6.3) ____________ 'irgend jemand' **F** *gataḥ araṇye* > (s6.3) ____________ 'in den Wald gegangen' **G** *ānītaḥ dīpaḥ* > (s6.2) ____________ 'die gebrachte Lampe' **H** *nṛpaḥ ādiśat* > (s6.1) ____________ 'der König befahl' **I** *naraḥ ayam* > (s6.3) ____________ 'dieser Mann' **J** *devaḥ api* > (s6.3) ____________ 'auch der Gott' **K** *nṛpaḥ uvāca* > (s6.1) ____________ 'der König sprach' **L** *devāḥ ūcuḥ* > (s6.4) ____________ 'die Götter sprachen' **M** *vidhuḥ rājate* > (s6.6) ____________ 'der Mond scheint' **N** *dāsāḥ gacchanti* > (s6.4) ____________ 'die Sklaven gehen' **O** *vṛkṣāḥ rohanti* > (s6.4) ____________ 'die Bäume wachsen' **P** *punaḥ rogī* > (s6.6) ____________ 'wieder krank' **Q** *kaḥ ṛṣiḥ* > (s6.1) ____________ 'Wer ist der Seher?' **R** *bālaiḥ rūpavadbhiḥ* > (s6.6) ____________ 'mit schönen Kindern' **S** *vṛkṣaḥ rohati* > (s6.2) ____________ 'der Baum wächst' **T** *nṛpāḥ jayanti* > (s6.4) ____________ 'die Könige siegen'

s6.1: *aḥ + V > a _V* (*V≠a*)	**s6.4:** *āḥ + G/V > ā _G/V*
s6.2: *aḥ + G > o _G*	**s6.6:** *Vḥ + r > V̄ _r* (*V≠a, ā*)
s6.3: *aḥ + a > o '*	

KONSONANTEN

9 Visarga-Sandhi vor stimmlosen Lauten

Visarga vor stimmlosem Anlaut

Auslaut	Anlaut												
	Sanskrit							Vedisch					
	k(h)	*p(h)*	*c(h)*	*ṭ(h)*	*t(h)*	*ś, ṣ, s*	##	*k(h)*	*p(h)*	*ś*	*ṣ*	*s*	##
ḥ	*ḥ*	*ḥ*	*ś*	*ṣ*	*s*	*ḥ*	*ḥ*	[x]	[φ]	*ś*	*ṣ*	*s*	*ḥ*

Synchrone Sandhi-Regeln vs. historischer Entwicklung

Die Beschreibung der synchronen Sandhi-Regeln nimmt Visarga *ḥ* als Ausgangspunkt, wohingegen eine historische Erklärung der Vorgänge immer von der Vorstufe des Visarga, also von **s* oder **r* ausgehen muss, um die phonologischen Abläufe zu erklären. Es ist historisch völlig falsch zu sagen, dass etwa im Falle des klassischen Sandhi von *devaḥ tatra* > (s8.4) *devas_tatra* 'der Gott dort' der Visarga *ḥ* vor *t* zu *s* geworden ist, weil hier von der Vorform *devas* auszugehen ist. Diese entwickelte sich im absoluten Auslaut zwar zu *devaḥ*, im Falle von *devas_tatra* blieb jedoch das ursprüngliche dentale *s* vor dentalem *t* erhalten, so dass es an dieser Stelle niemals zu einem Lautwandel **s* > *ḥ* gekommen ist. Analog erfolgt die Erklärung von *kūrmaḥ calati* > (s8.3) *kūrmaś_calati* 'die Schildkröte läuft', wobei nicht *ḥ* vor *c* zu *ś*, sondern der ursprüngliche dentale Sibilant **s* vor palatalem *c* zum palatalen Sibilanten *ś* geworden ist.

Klassischer Sandhi von auslautendem *-ḥ* vor stimmlosen Konsonanten

Der auslautende Visarga *ḥ* ist daher niemals ursprünglich, sondern immer sekundär aus *-s* oder *-r* entstanden (*devas* > *devaḥ* 'Gott', *punar* > *punaḥ* 'wieder'). Im klassischen Sanskrit findet sich der Visarga *ḥ* im absoluten Auslaut, sowie vor *k, kh, p, ph* (z.B. *aśvaḥ_khādati* 'das Pferd frisst', *kapiḥ_pibati* 'der Affe frisst') und ebenso vor den Sibilanten *ś*, *ṣ*, *s* (z.B. *guruḥ_śapate* 'der Lehrer flucht', *naraḥ_ṣṭhīvati* 'der Mann spuckt'). Vor Verschlusslauten erscheint der homorgane Sibilant. Vor palatalem *c*, *ch* erscheint der Visarga *ḥ* als palatales *ś* (*kūrmaḥ calati* > (s8.4) *kūrmaś_calati* 'die Schildkröte läuft'), vor retroflexem *ṭ*, *ṭh* steht retroflexes *ṣ* (*kapiḥ ṭīkate* > (s8.2b) *kapiṣ_ṭīkate* 'der Affe trippelt') und vor dentalem *t*, *th* steht dentales *s* (*devaḥ tatra* > (8.2c) *devas_tatra* 'der Gott dort').

Entstehung des klassischen Sandhi

Dass die synchronen Sandhi-Regeln des Ai. erst infolge eines längeren Prozesses entstanden sind, kann man an ved. Sandhi-Varianten erkennen, die vom Zustand der klassischen Sprache abweichen. Ursprünglich entwickelte sich *s* nämlich vor den Sibilanten *s*, *ś*, *ṣ* nicht zu *ḥ* sondern assimilierte sich an den folgenden Sibilanten, wie dies auch vor den entsprechenden Verschlusslauten geschah (vgl. Sie dazu s8 und s9). Dies zeigen die ved. Beispiele *vaḥ śivátamo* > (s9.1) *vaś_śivátamo* für *s* vor *ś* sowie *dévīḥ ṣaṭ* > (s9.2) *dévīṣ_ṣaṭ* für *s* vor *ṣ* sowie *naḥ sapátnā* > (s9.3) *nas_sapátnā* für *s* vor *s*. Weiterhin findet man in ved. Handschriften unterschiedliche Schreibungen des Visarga *-ḥ* vor *k(h)* und *p(h)*, woraus man schließen kann, dass an diesen Stellen eine vom klassischen Visarga *-ḥ* abweichende Aussprache vorlag. Da es für die gutturale und labiale Reihe keine entsprechenden Sibilanten gibt, zu denen sich ein etymologisches *s* hätte entwickeln können, wurde der Sibilant *s* an dieser Stelle wahrscheinlich als entsprechender homorganer Frikativ artikuliert. Vor *k(h)* war dies das Allophon [x] ähnlich *ch* in *lachen* und *Bach* und vor *p(h)* das Allophon [φ], ein bilabialer Frikativ, der dem Laut beim Auspusten einer Kerze ähnlich ist, und der z.B. im Japanischen im Anlaut des Wortes *Fujiyama* erscheint.

Lit.: Macdonell 1916:34.

Übungen

● ÜBERSICHT: Historische Entwicklung von auslautendem *s vor stimmlosen Lauten

Vorform	Assimilation bzw. ved. Sandhi	Klassischer Sandhi
as_c(h)	> *aś_c(h)*	–
as_ṭ(h)	> *aṣ_ṭ(h)*	–
as_k(h)	> ved. *ax_k(h)*	> ai. *aḥ_k(h)*
as_p(h)	> ved. *aφ_p(h)*	> ai. *aḥ_p(h)*

Ü1 Bilden Sie die Sandhi-Formen

Vorform	Vedischer Sandhi	Klassischer Sandhi	Übersetzung
puruṣas khanati			'der Mensch gräbt'
kapis pibati			'der Affe säuft'
prathamas sargaḥ			'der erste Gesang'
gurus śapate			'der Lehrer flucht'
naras ṣṭhīvati			'der Mann spuckt'

Ü2 Visarga-Entwicklungen vor stimmhaftem Anlaut (Zusätzliche Aufgabe zum vorigen Kapitel)

A *āgatāḥ ṛśayaḥ* > (s6.4) ____________ 'die Seher sind gekommen' **B** *nṛpaḥ uvāca* > (s6.1) ____________ 'der König sprach' **C** *ānītaḥ dīpaḥ* > (s6.2) ____________ 'die gebrachte Lampe' **D** *nadyaḥ avahan* > (s6.3) ____________ 'die Flüsse flossen' **E** *vidhuḥ rājate* > (s6.6) ____________ 'der Mond scheint' **F** *guruḥ īkṣate* > (s6.5) ____________ 'der Guru blickt'

s6.1: *aḥ + V > a _V* (*V≠a*)	**s6.4:** *āḥ + G/V > ā _G/V*
s6.2: *aḥ + G > o _G*	**s6.5:** *Vḥ + G/V > Vr_ G/V* (*V≠a, ā*)
s6.3: *aḥ + a > o'*	**s6.6:** *Vḥ + r > V̄_r* (*V≠a, ā*)

● ÜBERSICHT: Historische Entwicklung von auslautendem *s vor stimmhaften Lauten

Vorform	Sonorisierung	Zerebralisierung	Schwund	Restitution	Monophthongierung
**ās_V/G*	> **āz_V/G*	–	> **āØV/G*	–	–
**as_V*	> **az_V*	–	> **aØ_V*	–	–
**as_a*	> **aza*	–	> **aØ_a*	> **au̯_a*	> *o*
**as_G*	> **az_G*	–	> **aØ_G*	> **au̯_G*	> *oG*
**u/is_r*	> *u/iz_r*	> *u/iẓ_r*	> *ū/ī_r*	–	–
**us_V/G*	> **uz_V/G*	> **uẓ_V/G*	> **uØ_V/G*	> *ur_V/G*	–

KONSONANTEN

10 Assimilationen I

Sonorisierung stimmloser Verschlusslaute

Die Assimilation stimmloser Verschlusslaute an folgende stimmhafte Laute begegnet im Sandhi in Beispielen wie *dik gajaḥ* > (s11.1) *dig_gajaḥ* 'Weltelefant', *āsīt rājā* > (s11.2) *āsīd_rāja* 'es war ein König', *samrāṭ āsīt* > (s11.3) *samrāḍ_āsīt* 'es war einmal ein Herrscher', sowie bei morphologischen Bildungen wie dem Instr. Pl. **vākbhis* > (22.2) *vāgbhis* von *vāc-* 'Stimme'. Eine Besonderheit bietet der Sandhi stimmloser Verschlusslaute an folgendes *h*, wie die Beispiele *suhr̥t hasati* > (s13.2) *suhr̥d_dhasati* 'der Freund lacht', *madhuliṭ hasati* > (s13.3) *madhuliḍ_ḍhasati* 'die Biene lacht' sowie *vāk harṣayati* > (s13.1) *vāg_gharṣayati* 'Sprache erfreut' zeigen, in denen die Folge aus Tenuis plus *h* durch eine Folge aus Media plus homorganer Media Aspirata ersetzt wurde. Weil *h* im Ai. ein stimmhafter Konsonant war, bewirkte dieser ebenfalls eine Stimmtonassimilation des vorangehenden Konsonanten. Da bei der Assimilation *t* > *d* / _*h* von *suhr̥t hasati* > (s11.2) **suhr̥d_hasati* die Laute *d+h* aber als ein Konsonant *dh* aufgefasst wurden und dies der Silbenstruktur widersprach, weil die Folge *t+h* aus zwei Konsonanten bestanden hatte, wurde *h* als zum vorangehenden Verschlusslaut homorganer aspirierter Verschlusslaut artikuliert und **suhr̥d_hasati* wurde somit zu *suhr̥d_dhasati*.

Deaspirierung aspirierter Verschlusslaute

Die Aspiration ging im Auslaut und vor allen Lauten außer vor Vokalen, Halbvokalen und Nasalen verloren. Dies lässt sich an Wurzeln wie √*budh-* 'merken' mit auslautendem aspiriertem Konsonanten sehen, der vor einem folgenden unaspirierten Morphem seine Aspiration verlor. So wurde *dh* zu *t* vor *s* in Des. **bu-bhudh-s-a-te* > (22.5) *bubhutsate* 'will kennenlernen' und in Fut. **bhodh-sya-ti* > (22.5) *bhotsyati* 'wird erwachen'. Auch vor einem aspirierten Konsonanten ging wie in **rundh-dhve* > (22.4) *rund-dhve* 'du hemmst' zur Wurzel √*rudh-* 'hemmen' die Aspiration verloren. Anders gesagt geht bei einer Gruppe von zwei aspirierten Konsonanten die Aspiration auf die Gruppe als Ganzes über und wird nur einmal am Ende der Gruppe artikuliert.

Desonorisierung stimmhafter Verschlusslaute

Die Assimilation stimmhafter Verschlusslaute an stimmlose Laute begegnet im Sandhi wie in *āpad kāle* > (22.1) *āpat_kāle* 'zur Zeit des Unglücks' oder bei morphologischen Bildungen wie **bʰei̯d-tr̥* > (10.1) **bhai̯d-tr̥* > (11.1) **bhed-tr̥* > (22.1) *bhettr̥* 'Spalter', einer Bildung zu der Wurzel √*bhid-* 'spalten'.

Progressive Assimilation retroflexer Konsonanten

Während es sich bei den Assimilationen oben um regressive Assimilationen handelt, bei denen das zweite Element seine Merkmale auf das erste Element überträgt, liegen im Folgenden progressive Assimilation vor, bei denen das erste Element seine Merkmale auf das zweite überträgt. So wurde in dem mit *iṣa-* 'suchend' verwandten **iṣ-ta-* > (17.1) *iṣṭa-* 'gesucht' das *t* durch vorangehendes *ṣ* zu *ṭ* zerebralisiert. Eine solche Assimilation ist ebenfalls in der Entwicklung des mit av. *mižděm* verwandten **miẓdhám* > (20.3) *mīḍhám* 'Preis, Wettkampf' zu sehen, wobei nach der Assimilation von **mizdhám* > (17.2) * *miẓḍhám* das stimmhafte retroflexe **ẓ* unter Ersatzdehnung schwand, die retroflexe Artikulation in *ḍh* aber bewahrt blieb: **miẓḍhám* > (20.3) *mīḍhám*.

Übungen

Ü1 Assimilationen von Verschlusslauten in Sandhi-Bildungen und vor der Endung *-bhiḥ*

A *apatat bhuvi* > (s11.2) __________ 'er fiel auf die Erde' **B** *vaṇik bhāṣate* > (s11.1) __________ 'der Kaufmann spricht' **C** *mahat dhanuḥ* > (s11.2) __________ 'großer Bogen' **D** Nom. Sg. *marut* :: Instr. Pl. **marutbhiḥ* > (22.2) __________ **E** *kakup atra* > (s11.4) __________ 'die Gegend hier' **F** *ap jaḥ* > (s11.4) __________ 'wassergeboren' **G** *nagarāt girim* > (s11.2) __________ 'von der Stadt zum Berg' **H** *parivrāṭ ayam* > (s11.3) __________ 'er ist ein Lügner' **I** *suhr̥t dhāvati* > (s11.2) __________ 'der Freund läuft' **J** *suhr̥t ahasat* > (s11.2) __________ 'der Freund lachte' **K** *parivrāṭ gacchati* > (s11.3) __________ 'der Lügner geht' **L** *abharat annam* > (s11.1) __________ 'er brachte Speise' **M** *sarit atra* > (s11.2) __________ 'der Fluss hier' **N** *samyak uktam* > (s11.1) __________ 'gut gesagt' **O** *tat hi* > (s13.2) __________ 'denn dieses' **P** *āsīt hanuḥ* > (s13.2) __________ 'es war das Kinn' **Q** *tat hetuḥ* > (s13.2) __________ 'die Ursache davon' **R** *vāk hi* > (s13.1) __________ 'denn diese Rede' **S** *samyak hutaḥ* > (s13.1) __________ 'richtig geopfert' **T** *kakup hi* > (s13.4) __________ 'denn die Richtung'

Ü2 Desonorisierung und Deaspirierung in morphologischen Bildungen

A √*pad-* 'fallen' :: 3. Sg. Des. **pid-s-a-ti* > (22.1) __________ 'will fallen' **B** √*dā-* 'geben' :: 3. Sg. Des. **di-d-s-a-ti* > (22.1) __________ 'will geben' **C** 3. Sg. Med. **dá-d-te* > (22.1) __________ 'gibt' **D** **da-d-tá-* > (22.1) __________ 'gegeben' **E** √*nud-* 'stoßen' :: **nudtá-* > (22.1) __________ 'gestoßen' **F** √*syand-* 'schnell dahingleiten' :: **syand-tr̥-* > (22.1) __________ 'fahrend' **G** √*bhid-* 'spalten' :: 3. Sg. **bhinád-ti* > (22.1) __________ 'spaltet' **H** √*mad-* 'glücklich sein' :: PPP **madtá-* > (22.1) __________ 'betrunken' **I** √*bādh-* 'bedrängen' :: 3. Sg. Des. **bī-bhadh-s-a-te* > (22.5) __________ 'ekelt sich vor' **J** √*labh-* 'nehmen' :: Fut. 1. Sg. **labh-sye* > (22.5) __________ 'ich werde nehmen'

s11.1: *k + D > g_D*	**s11.4:** *p + D > b_D*	**s13.4:** *p + h > b_bh*
s11.2: *t + D > d_D*	**s13.1:** *k + h > g_gh*	**22.1:** *G > K / _K*
s11.3: *ṭ + D > ḍ_D*	**s13.2:** *t + h > d_dh*	**22.2:** *K > G / _G*
		22.5: D^H *> T / _S*

11 Assimilationen II

Verschlusslaut vor Nasal

Ein Verschlusslaut vor Nasal wurde im Sandhi zum homorganen Nasal. Im Falle von stimmlosen Lauten trat dabei zunächst die im vorigen Kapitel beschriebene Sonorisierung ein. Beispiele sind *vāk me* > (s12.1) *vāṅ_me* ‘meine Rede’, *madhuliṭ nadati* > (s12.2) *madhuliṇ_nadati* ‘die Biene tönt’, *nagarāt nagaram* > (s12.3) *nagarān_nagaram* ‘von Stadt zu Stadt’ und *kakup mr̥gyate* > (s12.4) *kapum_mr̥gyate* ‘die Richtung wird gesucht’. Im Falle des dentalen *d* findet sich dieser Lautwandel auch bei morphologischen Bildungen. So lässt sich *anna-* ‘Speise’ durch Vergleich mit *admi* ‘esse’ auf **adna-* und das PPP *nunná-* ‘gestoßen’ zur Wurzel √*nud-* ‘stoßen’ auf **nudná-* zurückführen. Nach palatalem *j* assimilierte sich *n* zu *ñ*, wie der Vergleich von *jñāti* ‘er weiß’ < **ĝnéh₃-ti* mit lat. *gnōscō* zeigt.

Nasal vor Verschlusslaut / Anusvara

Ein Nasal passte sich an den Artikulationsort des folgenden Konsonanten an. So wurde dentales *n* zu palatalem *ñ* in *tān janān* > (s14.3) *tāñ_janān* ‘diese Leute’ und zu retroflexem *ṇ* in *tān ḍambarān* > (s14.2) *tāṇ_ḍambarān* ‘dieses Lärmen’. Labiales *m* wird vor dentalen Lauten zu dentalem *n*, wie in **bhrāmtá* > (22.9) *bhrāntá-* ‘verwirrt’ zur Wurzel √*bhram-* ‘schweifen’. Dies geschah auch vor *v* wie im Ptz. Pfk. **ja-gam-vān* > *jaganvān* ‘gegangen’ zur Wurzel √*gam-* ‘gehen’. Vor einem Konsonanten wurde *m* im Sandhi zum Anusvara *ṃ*: *svargam jagāma* > (s64.1) *svargaṃ_jagāma* ‘er ging in den Himmel’ und *bhadram te* > (s64.1) *bhadraṃ_te* ‘Heil dir!’. Nasale vor homorganen Verschlusslauten sowie *m* vor *s* konnten ebenfalls mit Anusvara notiert werden: **ĝʰans-ó-* > (c9) **hansó-* > (10) **hansá-* > (s64.1) *haṃsá-* ‘Schwan’, **mēmsó-* > (10) **māmsá-* > (s64.1) *māṃsá-* ‘Fleisch’.

Seltener Sandhi von Nasal vor anlautendem *l*

Eine seltene Sandhiform liegt in der Verbindung von auslautendem Nasal vor anlautendem *l* vor, wobei der Nasal zu Anusvara und das anlautende *l* verdoppelt wurde: *tān lokān* > (s15.4) *tāṃl_lokān* ‘diese Welten’ sowie *amuṣmin loke* > (s15.4) *amuṣmiṃl_loke* ‘in dieser Welt’. Der Ausgangspunkt des Sandhi ist in Vordergliedern wie **tāns* (*lokān*) mit ursprünglicher auslautender Doppelkonsonanz zu suchen, wobei **s* vor *l* via stimmhaftem **z* zu *l* assimiliert wurde und *m* vor Konsonant zu Anusvara *ṃ* wurde: **tāns lokān* > (22.2) **tānz_lokān* > (22.6) **tānl_lokān* > (s64.1) **tāṃl_lokān*. In diesem Kontext begegnet im Ved. auch die seltene Schreibung mit Anunasika *m̐* für *ṃ*. Strukturell ist dieser Lautwandel mit dem Sandhi von *devān ca* > (s15.1) *devāṃś_ca* vergleichbar (vgl. Kap. 21).

Sandhi dentaler Verschlusslaute vor Konsonant

Auslautendes *t* oder *d* wurden im Sandhi vollständig an den folgenden anlautenden Konsonanten assimiliert. Vor palatalen Lauten wurden sie palatal (*tat cakram* > (s10.1) *tac_cakram* ‘dieses Rad’, *tat jalam* > (s10.3) *taj_jalam* ‘dieses Wasser’), vor retroflexen Lauten wurden sie retroflex (*suhr̥t ṭīkate* > (s10.4a) *suhr̥ṭ_ṭīkate* ‘der Freund trippelt’, *tat ḍayate* > (s10.4b) *taḍ_ḍayate* ‘es fliegt’), und vor *l* wurden sie zu *l* (*tat lokāt labhe* > (s10.5) *tal_lokāl_labhe* ‘das erlange ich von der Welt’). Vor folgendem palatalen *ś* wurden *t* und *d* zunächst zu *c* (*tat śrutvā* > (s10.7) *tac_śrutvā* ‘dies gehört habend’). Da die Verbindung *c_ś* [t̠š_š] durch Vereinfachung der Sibilanten jedoch leicht als *c* [t̠š] und somit wie ein einzelner Konsonant ausgesprochen werden konnte, wurde *tac_śrutvā* im Sandhi normalerweise zu *tac_chrutvā*, weil durch die Aussprache *cch* die ursprüngliche Doppelkonsonanz wiederhergestellt wurde.

Übungen

Ü1 Verschlusslaut plus Nasal

A *manāk magnaḥ* > (s12.1) ___________ 'ein wenig untergesunken' **B** *dik nāgaḥ* > (s12.1) ___________ 'Weltelefant' **C** *tat mama* > (s12.3) ___________ 'das meine' **D** *vāk muñcati* > (s12.1) ___________ 'Sprache befreit' **E** *kīdṛk naraḥ* > (s12.1) ___________ 'was für ein Mensch?' **F** *prāk mukhaḥ* > (s12.1) ___________ 'ostwärts' **G** *nagarāt nagaram* > (s12.3) ___________ 'von Stadt zu Stadt' **H** *jagat nāṭhaḥ* > (s12.3) ___________ 'Weltenherr' **I** *yāvat na* > (s12.3) ___________ 'so lange nicht' **J** *ṣaṭ māsaḥ* > (s12.2) ___________ 'Zeitraum von sechs Monaten' **K** √*pad-* 'fallen' :: PPP **padná-* > (22.3) ___________ 'gefallen' **L** √*bhid-* 'spalten' :: **bhidná-* > (22.3) ___________ 'gespalten'

Ü2 Assimilationen des auslautenden Dentals

A *mahat cāpam* > (s10.1) ___________ 'großer Bogen' **B** *aharat śiraḥ* > (s10.6) ___________ 'er schlug den Kopf ab' **C** *mṛt chādayati* > (s10.2) ___________ 'der Lehm bedeckt' **D** *tat chinatti* > (s10.2) ___________ 'er schneidet dies' **E** *etat ṭhakkuraḥ* > (s10.4a) ___________ **F** *tat jāyate* > (s10.3) ___________ 'dieses wird geboren' **G** *tat ślokena* > (s10.6) ___________ 'durch diesen Vers' **H** *tat ca* > (s10.1) ___________ 'und dieses' **I** *abhavat jaḍaḥ* > (s10.3) ___________ 'er wurde starr' **J** *suhṛt ṭīkate* > (s10.4a) ___________ 'der Freund trippelt' **K** *tat labdham* > (s10.5) ___________ 'dies genommen' **L** *tat ḍhaukate* > (s10.4b) ___________ 'es nähert sich' **M** *vidyut-latā* > (22.6) ___________ 'Blitzstrahl' **N** *mṛd-* 'Lehm' :: **mṛd-loṣṭa-* > (22.6) ___________ 'Erdklumpen'

Ü3 Sandhi von auslautenden Nasalen

A *arīn jayati* > (s14.3) ___________ 'er besiegt die Feinde' **B** *bhadram te* > (s14.1) ___________ 'Heil dir!' **C** *tān jayati* > (s14.3) ___________ 'er besiegt sie' **D** *yān jantūn* > (s14.3) ___________ 'welche Geschöpfe' **E** *svargam jagāma* > (s14.1) ___________ 'er ging in den Himmel' **F** *kim karomi* > (s14.1) ___________ 'was soll ich tun?' **G** *pakṣin ḍīyasva* > (s14.2) ___________ 'oh Vogel, flieg!' **H** *mahān ḍamaraḥ* > (s14.2) ___________ 'großer Aufruhr' **I** *yacchan śrāddham* > (s14.5) ___________ 'das Ahnenopfer reichend' **J** *tān śaśāpa* > (s14.5) ___________ 'er verfluchte sie' **K** *paśyan lokān* > (s15.4) ___________ 'die Leute sehend'

12 Schwund stimmhafter Sibilanten

Schwund von stimmhaftem *z mit Ersatzdehnung nach Kurzvokal

Der Schwund stimmhafter Sibilanten ist ein zentraler Lautwandel in der Geschichte des Ai. und hat enorme Auswirkungen auf Sandhi-Vorgänge sowie morphologische Bildungen. Ein vorangehender Kurzvokal wurde nach dem Ausfall eines stimmhaften Sibilanten durch Ersatzdehnung gelängt. So geht der Langvokal *ī* von Prs. *sīdati* < **si-sd-a-ti* ‘sitzt’ zur Wurzel √*sad-* ‘sitzen’ auf den Kurzvokal **i* einer reduplizierten Verbalbildung zurück. Zunächst wurde *s* vor *d* stimmhaft und schwand anschließend unter Ersatzdehnung: **si-sd-a-ti* > (22.2) **si-zd-a-ti* > (20.2) *sīdati*. Eigentlich hätte dabei nach der Ruki-Regel **z* nach *i* zu retroflexem **ẓ* werden müssen, was über **si-zd-a-ti* > (c25) ˣ*siẓdati* > (17.2) ˣ*siẓḍati* durch Assimilation von **ẓd* > **ẓḍ* schließlich zu einer Form > (20.3) ˣ*sīḍati* geführt hätte. Das retroflexe *ḍ* wurde aber wohl in Analogie zu anderen Formen wie *sádas-* ‘Sitz’ mit dentalem *d* nicht beibehalten.

Nach Langvokal oder Diphthong schwanden stimmhafte Sibilanten ohne Auswirkung auf die Vokallänge. Dies zeigt der Imp. 2. Sg. **śās-dhi* > (22.2) **śāzdhi* > (20.2) *śādhi* ‘befiehl!’ zur Wurzel √*śās-* ‘befehlen’, in dem *s* vor *d* zunächst zu stimmhaftem **z* wurde, bevor es komplett schwand. Ähnliches zeigt auch die von der Wurzel √*ās-* ‘sitzen’ gebildete Form Imp. 2. Pl. **ās-dhvam* > (22.2) **āz-dhvam* > (20.2) *ādhvam* ‘setzt euch!’ sowie *ā-daghná-* ‘bis zum Mund reichend’ < **āz-daghná-* < **ās-daghná-*, in dessen Vorderglied das Wort *ā́s-* ‘Mund’ steckt.

Lit.: Thumb 1905:118.

Schwund von stimmhaftem *ẓ mit Ersatzdehnung nach Kurzvokal

Der Schwund stimmhafter Sibilanten betraf ebenfalls retroflexes **ẓ*. Dies lässt sich an *nīḍá-* < **nis-dó-* ‘Nest’ sehen, das mit lat. *nīdus* verwandt ist, wobei auch im Lat. ein vergleichbarer Schwund des Sibilanten mit Ersatzdehnung vorliegt. Zunächst wurde **s* vor *d* zu stimmhaftem **z* und **o* zu *a*: **nisdó-* > (22.2) **nizdó-* > (10) **nizdá-*, bevor **z* nach der Ruki-Regel zu **ẓ* wurde und das folgende *d* zu *ḍ* assimilierte: **nizdá-* > (c25) **niẓdá-* > (17.2) **niẓḍá-*. Im Anschluss schwand **ẓ* unter Ersatzdehnung: **niẓḍá-* > (20.3) *nīḍá-*. Das retroflexe *ḍ* bewahrt somit den Artikulationsort des geschwundenen retroflexen **ẓ*. Dieser Lautwandel erklärt ebenfalls ved. Formen wie *dū-ḍábha-* ‘schwer zu täuschen’ zur Wurzel √*dabh-* ‘täuschen’, die eine Variante *dū-* der Vorsilbe *duṣ-* ‘schlecht, übel’ vor stimmhaften Lauten zeigen: **dus-dábha-* > (22.2) **duz-dábha-* > (c25) **duẓ-dábha-* > (17.2) **duẓ-ḍábha-* > (20.3) *dū-ḍábha-*.

Lit.: Thumb 1905:134.

Die Entwicklung *-as > *-az > -e vor Dentallauten

Der Schwund stimmhafter Sibilanten konnte statt einer Ersatzdehnung auch durch den Einschub eines Halbvokals **i̯* oder **u̯* kompensiert werden. So gibt es zur Wurzel √*as-* ‘sein’ einen Imp. 2. Sg. *edhi* ‘sei!’ < **as-dhi*, bei dem **as* zunächst zu stimmhaftem **az* wurde, bevor **z* schwand. Anschließend wurde der Schwund von **z* durch den Einschub eines **i̯* kompensatorisch ausgeglichen und der entstandene Diphthong **ai̯* zu *e* monophthongiert: **as-dhi* > (22.2) **azdhi* > (20.1) **aØdhi* > (21.2) **ai̯dhi* > (11.1) *edhi*. Ebenso erklärt sich die zur Wurzel √*sad-* ‘sitzen’ gebildete 3. Sg. Pfk. **sa-sd-e* > (22.2) **sazde* > (11.1) *sede* ‘saß’. Wenn die rigved. Phrase *sūre_duhitā* ‘Tochter der Sonne’ auf **sūras duhitā* zurückgeht, wäre dies ein Beispiel dieser Lautentwicklung im Sandhi. Auch die ved. Fügung *dive dive* ‘Tag für Tag’ ließe sich so auf **divas divas* zurückführen.

Lit.: Malzahl 2001:140.

Übungen

Ü1 Die Entwicklung *az > e*

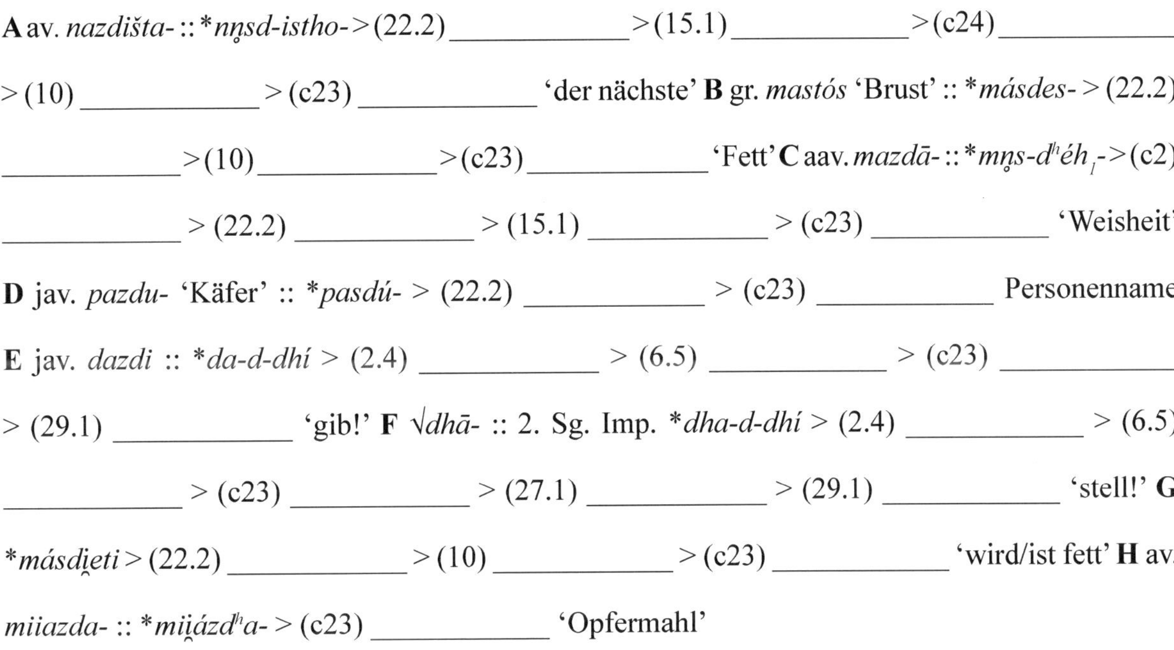

A av. _nazdišta-_ :: *_n̥sd-istho-_ > (22.2) __________ > (15.1) __________ > (c24) __________ > (10) __________ > (c23) __________ 'der nächste' **B** gr. _mastós_ 'Brust' :: *_másdes-_ > (22.2) __________ > (10) __________ > (c23) __________ 'Fett' **C** aav. _mazdā-_ :: *_m̥s-d^{h}éh$_1$-_ > (c2) __________ > (22.2) __________ > (15.1) __________ > (c23) __________ 'Weisheit' **D** jav. _pazdu-_ 'Käfer' :: *_pasdú-_ > (22.2) __________ > (c23) __________ Personenname **E** jav. _dazdi_ :: *_da-d-dhí_ > (2.4) __________ > (6.5) __________ > (c23) __________ > (29.1) __________ 'gib!' **F** √_dhā-_ :: 2. Sg. Imp. *_dha-d-dhí_ > (2.4) __________ > (6.5) __________ > (c23) __________ > (27.1) __________ > (29.1) __________ 'stell!' **G** *_másdi̯eti_ > (22.2) __________ > (10) __________ > (c23) __________ 'wird/ist fett' **H** av. _miiazda-_ :: *_mii̯ázd^{h}a-_ > (c23) __________ 'Opfermahl'

Ü2 Retroflexivierung von *z mit anschließendem Schwund

A *_dus-dāśa-_ > (22.2) __________ > (c25) __________ > (17.2) __________ > (20.3) __________ 'unfromm' **B** *_dus-dhī-_ > (22.2) __________ > (c25) __________ > (17.3) __________ > (20.3) __________ 'böse gesinnt' **C** *_dus-nā́śa-_ > (22.2) __________ > (c25) __________ > (17.2) __________ > (20.3) __________ 'schwer erreichbar'

Ü3 Schwund von retroflexem *ẓ mit Ersatzdehnung nach Kurzvokal

A lat. _nīdus_ :: *_nisdo-_ > (22.2) __________ > (10.3) __________ > (c25) __________ > (17.2) __________ > (20.3) __________ 'Nest' **B** gr. _misthós_ :: *_misd^{h}o-_ > (22.2) __________ > (10.3) __________ > (c25) __________ > (17.3) __________ > (20.3) __________ 'Lohn' **C** got. _aistan_ 'achten' :: *_h$_2$i-h$_2$isd-h$_2$éi̯_ > (22.2) __________ > (c3) __________ > (1.5) __________ > (13.1) __________ > (26.2) __________ > (c25) __________ > (11.1) __________ > (17.2) __________ > (20.3) __________ 'verehrt' **D** √_stu-_ 'preisen' :: 2. Pl. Aor. *_á stau̯-s-dhvam_ > (22.2) __________ > (c25) __________ > (17.3) __________ > (20.1) __________ > (11.2) __________ 'ihr prieset'

13 Die primäre Palatalisierung

Die Entwicklung der uridg. Palatale *k̂, *ĝ, *ĝʰ zu ś, j, h

Ein wichtiges phonologisches Einteilungskriterium der idg. Sprachen ist die sog. Kentum-Satem-Unterscheidung, je nachdem, ob der palatale Verschlusslaut *k̂ des uridg. Wortes *k̂m̥tóm 'hundert' wie bei lat. *centum* erhalten blieb, oder wie bei av. *satəm* zu einem Zischlaut oder ggf. einer Affrikate wurde. Das Ai. zeigt für uridg. *k̂ die Vertretung *ś*, wie man an *k̂m̥tóm > *śatám* sowie dem mit gr. *klutós* verwandten *k̂lutó- > *śrutá-* 'berühmt' und dem mit gr. *déka* verwandten *dék̂m̥ > *dáśa* 'zehn' sehen kann. Diese Entwicklung betraf auch die uridg. palatalen Konsonanten *ĝ und *ĝʰ, die zu *j* und *h* wurden. Beispiele für *ĝ > *j* sind das mit gr. *génos* und lat. *genus* verwandte *jánas-* 'Geschlecht' < *ĝénh₁os- und das mit gr. *gónu* und lat. *genu* verwandte *jā́nu-* 'Knie' < *ĝónu-. Beispiele für die Entwicklung von *ĝʰ > *h* sind *u̯éĝʰeti > *váhati* 'fährt' sowie *ĝʰu̯éretoi̯ > *hvárate* 'geht schief' oder *ĝʰr̥s-i̯é-ti > *hr̥ṣyáti* 'freut sich'.

Lit.: Lipp 2009.

Entwicklung in Zwischenschritten

Die uridg. Palatale *k̂, *ĝ, *ĝʰ wurden auf ihrer Entwicklung zu ai. *ś* [š], *j* [d̠ž], *h* [h] zunächst zu den iir. Zwischenstufen *ć [t̠š], *j́ [d̠ž], *j́ʰ [d̠žh] affriziert. Das stimmlose *ć [t̠š] wurde anschließend zu *ś* [š] deaffriziert, indem der anlautende Verschlusslaut verloren ging. Das stimmhafte *j́ [d̠ž] blieb als *j* erhalten. Das stimmhaft behauchte *j́ʰ [d̠žh] wurde zunächst zu [žh] deaffriziert, bevor der stimmhafte Sibilant [ž] schwand, was zu *h* führte. Die Vertretung der uridg. Palatale im Ai. ist somit sehr uneinheitlich, da *ś* ein Sibilant, *j* eine Affrikate und *h* ein Hauchlaut ist. Auffällig ist, dass die Entwicklung *ĝ > *j* [d̠ž] auf der Stufe der Affrizierung stehenblieb, wohingegen sowohl *k̂ und *ĝʰ nach dieser Stufe noch deaffriziert wurden.

Uridg.	Palatalisierung / Affrizierung	Deaffrizierung	Sibilantenschwund
*k̂	> *ć [t̠š]	> *ś* [š]	
*ĝ	> *j́ [d̠ž] = *j*		
*ĝʰ	> *j́ʰ [d̠žh]	> [žh]	> *h*

Die Entwicklung der Lautgruppe uridg. *k̂,t > iir. *ćt [t̠št] > iir. *št > ai. ṣṭ

Die Lautgruppe *k̂t entwickelte sich zunächst zu iir. *ćt [t̠št]. In dieser Lautgruppe schwand dann bereits im Iir. das initiale [t̠], wodurch [št] entstand, welches sich im Indischen durch gegenseitige Assimilation weiter zu retroflexem *ṣṭ* entwickelte. Das palatale [š] und das dentale [t] trafen sich quasi „in der Mitte" und ergaben zusammen retroflexes *ṣṭ*. Dies zeigt das mit lat. *octō* und av. *ašta* verwandte *aṣṭā́* 'acht' < *ok̂tṓ. Während vom indischen Standpunkt aus uridg. *k̂ über [t̠š] stets zu [š] führt, und die Gruppe [št] immer zu *ṣṭ* wird, ist dies im Avestischen nicht der Fall, wo *k̂ normalerweise als *s* vertreten ist (*k̂m̥tóm > av. *satəm*). In der Verbindung *k̂t ist *k̂ jedoch auch im Av. als *š* fortgesetzt (*ok̂tṓ > av. *ašta*), wodurch der Lautwandel *k̂t > iir. *ćt [t̠št] > iir. [št] mit dem Verlust des gruppenanlautenden [t̠] bereits der indoiranischen Periode zugerechnet werden kann.
Die Gruppe *ṣṭ* kann durch Stimmtonassimilation dabei auch auf *ĝt zurückgehen, wie in *sl̥ĝ-tó- > (22.1) *sl̥k̂tó- > (c13) *sr̥ṣṭá-* 'losgelassen' des Verbums *sr̥játi* 'lässt los', sowie in *h₂mr̥ĝ-tó- > (22.1) *mr̥k̂tó- > (c13) *mr̥ṣṭá-* 'gereinigt' des Verbums *mr̥jánti* 'sie reinigen'.

Übungen

Ü1 Die Entwicklung von stimmlosem palatalem *k̂, *ĝ, und *ĝʰ

A lat. *cadō* :: Fut. **k̂ad-si̯e-ti* > (22.1) ___________ > (c7) ___________ > (10) ___________ 'wird fallen' **B** alat. *deicō* :: **dí-dei̯k̂-e-ti* > (c7) ___________ > (10) ___________ > (11.1) ___________ 'zeigt' **C** gr. *kónkhos* :: **k̂onkʰó-* > (c7) ___________ > (10) ___________ 'Muschel' **D** lat. *equus* :: **ek̂u̯o-* > (c7) ___________ > (10) ___________ 'Pferd' **E** lat. *cēnseō* :: **k̂enseti* > (c7) ___________ > (10.1) ___________ > (s14.1) ___________ 'verkündet' **F** lat. *angus-tus* :: **h₂énĝʰos-* > (c3) ___________ > (c12) ___________ > (10) ___________ > (s14.1) ___________ 'Enge' **G** gr. *geúō* :: **ĝéu̯sos-* > (c11) ___________ > (10) ___________ > (c24) ___________ > (11.2) ___________ 'Gefallen' **H** lat. *vīcus* :: **u̯oi̯k̂ó-* > (c7) ___________ > (10.3) ___________ > (11.1) ___________ 'Wohnung'

Ü2 Die Entstehung der Lautgruppe *ṣṭ*

A √*darś-* (c7) < ___________ 'sehen' :: **dr̥k̂tó-* > (c13) ___________ > (10) ___________ 'gesehen' **B** √*piś-* (c7) < ___________ 'gestalten' :: **pik̂to-* > (c13) ___________ > (10) ___________ 'gequält' **C** √*diś-* (c7) < ___________ 'zeigen' :: **dídei̯k̂ti* > (c13) ___________ > (10) ___________ > (11.1) ___________ 'zeigt' **D** **déi̯-dik̂toi̯* > (c13) ___________ > (10) ___________ > (11.1) ___________ 'erweist' **E** √*vaś-* (c7) < ___________ 'wünschen' :: **u̯ék̂ti* > (c13) ___________ > (10) ___________ 'wünscht' **F** √*naś-* (c7) < ___________ 'vergehen' :: **nek̂tó-* > (c13) ___________ > (10) ___________ 'verloren'

10: **e/o > a* und **ē/ō > ā*	**22.1:** *G > K / _K*	**c13:** **k̂t > ṣṭ*
10.1: **e > a*	**c3:** **h₂e > *Ha > a*	**c24:** **s > ṣ / r, r̥, ŭ, k, ĭ _*
10.3: **o > a*	**c7:** **k̂ > ś*	**s14.1:** *m + C > m̥_C*
11.1: **ai̯ > e*	**c11:** **g > j / _(ĕ, ĭ, i̯)*	
11.2: **au̯ > o*	**c12:** **gʰ > h / _(ĕ, ĭ, i̯)*	

KONSONANTEN

14 Die sekundäre Palatalisierung

- Die uridg. Labiovelare *k^w, *g^w, *g^{wh} verloren in den Satem-Sprachen zunächst ihr labiales Element und fielen so mit den Velaren *k, *g, *g^h zusammen. Diese blieben vor den nicht-palatalen Vokalen *o und *u und vor Konsonanten erhalten; vor den palatalen Vokalen *e und *i wurden sie hingegen zu c [t̠š], j [d̠ž], h palatalisiert. Analog zu der Entwicklung von *k > c und *g > j erfolgte auch bei *g^h zunächst die Palatalisierung und Affrizierung zu [d̠žh]. Anschließend wurde [d̠žh] jedoch weiter zu [žh] deaffriziert, bevor der stimmhafte Sibilant [ž] schwand und [h] entstand.

		Delabialisierung		Palatalisierung/Affrizierung		Deaffrizierung		Sibilantenschwund
*k, *k^w	>	*k	>	č [t̠š] = c				
*g, *g^w	>	*g	>	ǰ [d̠ž] = j				
*g^h, *g^{wh}	>	*g^h	>	$ǰ^h$ [d̠žh]	>	[žh]	>	h [h]

- **Regelmäßiger Wechsel palataler und velarer Konsonanten**

Einen Zusammenhang zwischen palatalen und velaren Konsonanten sieht man beim Vergleich der Reduplikationssilben mit dem Wurzelanlaut von *cakā̆ra* 'er hat gemacht' < *$k^w e\text{-}k^w ólh_1\text{-}e$, *jagā̆ma* 'er ist gegangen' < *$g^w e\text{-}g^w óm\text{-}e$ und *jaghā̆na* 'er hat geschlagen' < *$g^w e\text{-}g^{wh} ón\text{-}e$, wobei velare Anlaut der Wurzeln √*kar-*, √*gam-* und √*han-* < **ghan* durch einen palatalen Konsonanten wiedergegeben wird, weil die Konsonanten der Reduplikationssilben vor dem Palatalvokal *e der Palatalisierung unterworfen waren, wohingegen dieselben Konsonanten vor dem *o der Wurzel nicht palatalisiert wurden. Auch der Wechsel palataler und velarer Verschlusslaute in verwandten Formen wie *arká-* 'Strahl' < *$h_1 erk^w ó$- und *árcati* 'strahlt' < *$h_1 érk^w eti$, *pakvá-* 'gekocht, reif' < *$pek^w\text{-}u̯ó$- und *pácati* 'kocht' < *$pék^w eti$, *bhága-* 'Reichtum' < *$b^h ágo$- und *bhájati* 'teilt aus' < *$b^h ágeti$, *arghá-* 'Wert' < *$h_2 elg^{wh} ó$- und *árhati* 'verdient' < *$h_2 élg^{wh} eti$ geht darauf zurück, dass die velaren oder labiovelaren Laute *k^w, *g, *g^{wh} vor folgendem *o zu velarem *k, g, gh* und vor *e zu palatalisiertem *c, j, h* wurden.

- **Palatalisierung und relative Chronologie**

Der Vokalwandel *e > (10) *a* muss nach der sekundären Palatalisierung *k > c, *g > j, *gh > h erfolgt sein, da diese Palatalisierung eben genau dieses *e als Bedingung für den Lautwandel braucht. In der Entstehung des Wortes *ca* < *$k^w e$ 'und' wurde zunächst *k^w zu *k* delabialisiert und anschließend vor *e zu *c* palatalisiert, bevor *e zu *a* wurde: *$k^w e$ > (4.1) *ke > (c10) *ce > (10) *ca*. Diese Erklärung widerlegte frühe Thesen der Indogermanistik, in denen man den Vokal *a* des Ai. für ursprünglich und für die Vorstufe der lat. und gr. Wörter hielt, die *e* als Entsprechung von ai. *a* zeigen.

- **Analogische Verallgemeinerung palataler Formen im Paradigma**

Das obige Beispielpaar *arká-* 'Strahl' < *$h_1 erk^w ó$- und *árcati* 'strahlt' < *$h_1 érk^w eti$ zeigt das Nebeneinander nicht-palatalisierter und palatalisierter Weiterentwicklungen von *k^w. Das Verbum *árcati* hat im Prs. die Formen *arcāmi* < *$h_1 erk^w\text{-}ō\text{-}mi$, *arcasi* < *$h_1 erk^w\text{-}e\text{-}si$, *arcati* < *$h_1 erk^w\text{-}e\text{-}ti$. Die Vorform der 1. Sg. *$h_1 erk^w\text{-}ō\text{-}mi$ hätte aber eigentlich ˣ*arkāmi* ergeben sollen, da *k^w vor *ō lautgesetzlich nicht zu *c* palatalisiert wurde. In diesem und vielen weiteren Fällen breitete sich jedoch die palatalisierte Variante *c* über das gesamte Paradigma aus, um die Formen einheitlicher zu machen. Deshalb erscheint auch in den Wurzeln meistens der palatalisierte Konsonant. Man vergleiche dazu √*nij-* 'waschen' ~ *nénekti* 'wäscht sich', √*bhaj-* 'zuteilen' ~ *bhaktá-* 'zugeteilt', √*bhuj-* 'biegen' ~ *bhugná-* 'gebogen', √*bhuj-* 'verzehren' ~ *bhuktá-* 'verzehrt'.

Lit.: Lipp 2009; Thumb 1905:97ff; Wackernagel 1896:138ff.

Übungen

Ü1 Delabialisierung ohne Palatalisierung

A lat. *iecur* :: **i̯ek^{w}r̥t* > (4.1) ___________ > (10.1) ___________ ‘Leber’ **B** lat. *coctus* :: **pek^{w}-u̯ó-* > (4.1) ___________ > (10) ___________ ‘gekocht, gereift’ **C** lat. *nūdus* :: **neg^{w}-nó-* > (4.2) ___________ > (10) ___________ ‘nackt’

Ü2 Beispiele für Palatalisierungen

A gr. *pénte* :: **pénk^{w}e* > (4.1) ___________ > (c10) ___________ > (10.1) ___________ ‘fünf’ **B** lat. *vīvus* :: **g^{w}īu̯ós* > (4.2) ___________ > (c11) ___________ > (10.3) ___________ ‘Leben’ **C** gr. *érebos* :: Gen. Sg. **h$_{1}$rég^{w}es-es* > (13.2) ___________ > (4.2) ___________ > (c11) ___________ > (10.1) ___________ ‘Dunkelheit’ **D** gr. *delphús* :: **g^{w}ólb^{h}o-* > (4.2) ___________ > (9) ___________ > (10) ___________ ‘Leibesfrucht’ **E** gr. *sébomai* :: **ti̯eg^{w}eti* > (4.2) ___________ > (c11) ___________ > (10.1) ___________ ‘verlässt’ **F** ahd. *quena* :: **g^{w}énH-* > (4.2) ___________ > (c11) ___________ > (1.7) ___________ > (10.1) ___________ ‘Frau’ **G** **sék^{w}-mon-* > *sákman-* ‘Gefolgschaft’ :: **sék^{w}-e-ti* > (4.1) ___________ > (c10) ___________ > (10.1) ___________ ‘folgt’ **H** 3. Pl. *ghnánti* ‘sie töten’ :: 3. Sg. **g^{wh}én-ti* > (4.3) ___________ > (c12) ___________ > (10) ___________ ‘tötet’ **I** lat. *ninguit* ‘schneit’ :: **snig^{wh}-e-ti* > (4.3) ___________ > (c12) ___________ > (10.1) ___________ ‘liebt’ **J** lat. *foveō* :: **d^{h}ég^{wh}eti* > (4.3___________ > (c12) ___________ > (27.1) ___________ > (10.1) ___________ ‘brennt’ **K** lat. *vovēre* :: **h$_{1}$éu̯g^{wh}-e-toi̯* > (c1) ___________ > (4.3) ___________ > (c12) ___________ > (10) ___________ > (11.2) ___________ ‘spricht feierlich’ **L** gr. *óphis* :: **h$_{3}$ég^{wh}i-* > (c5) ___________ > (4.3) ___________ > (c12) ___________ > (10.3) ___________ ‘Schlange’ **M** lat. *augēre* ‘vermehren’ :: Gen. Sg. **h$_{2}$éu̯geses* > (c3) ___________ > (c11) ___________ > (10.1) ___________ > (11.2) ___________ ‘Kraft’ **N** lat. *lūcēre* :: **lou̯kéi̯eti* > (c10) ___________ > (9) ___________ > (10) ___________ > (11.1/2) ___________ ‘leuchtet’

1.7: *H > i / _##*	**9:** **l/l̥ > r/r̥*	**11.1:** **ai̯ > e*	**c5:** **h$_{3}$e > *Ho > o*
4.1: **k^{w} > *k*	**10:** **e/o > a* und **ē/ō > ā*	**13.2:** *H > Ø / #_C*	**c10:** **k > c / _(ĕ, ĭ, i̯)*
4.2: **g^{w} > *g*		**27.1:** *C^{h}...C^{h} > C...C^{h}*	**c11:** **g > j / _(ĕ, ĭ, i̯)*
4.3: **g^{wh} > *g^{h}*	**10.1:** **e > a*	**c1:** **h$_{1}$e > *He > e*	**c12:** **g^{h} > h / _(ĕ, ĭ, i̯)*
	10.3: **o > a*		

15 Konsonantencluster mit palatalen Konsonanten

Die Entwicklung der Lautgruppen *tḱ > kṣ und *ḱs > kṣ

Eine Verbindung aus palatalen und dentalen Konsonanten ergab durch reziproke Assimilation eine retroflexe Lautverbindung. Dies zeigt die in Kap. 13 beschriebene Entwicklung von *ḱt > ṣṭ in *oḱtṓ > iir. *aštā́ > aṣṭā́. Die entgegengesetzte Lautverbindung *tḱ ergab zunächst iir. *tć [tt̠š] und anschließend retroflexes *ṭṣ: *tḱéi̯-ti > (5.1) *tćéi̯ti [tt̠šéi̯ti] > (18.4) *ṭṣéi̯ti > (10) *ṭṣái̯ti. Diese Lautkombination *ṭṣ war jedoch aus phonotaktischen Gründen im Sanskrit nicht stabil und entwickelte sich weiter zu kṣ: *ṭṣái̯ti > (19.1) *kṣái̯ti > (11.1) kṣéti 'wohnt' (gr. ktízein, lat. situs).
Die Lautfolge *ḱs ergab analog zunächst iir. *ćs [t̠šs] und wurde anschließend zu retroflexem *ṭṣ, bevor sie sich der oben dargestellten Entwicklung zu kṣ anschloss. Dies erklärt die Etymologie von ákṣa- 'Achse' (gr. áksōn, lat. axis), das wie folgt entstand: *h_2éḱso- > iir. *áćsa- [át̠šsa] > (18.6) *áṭṣa- > (19.1) ákṣa-. Ein weiteres Beispiel ist das mit gr. erékhthō 'zermürbe' verwandte *réḱs-es- > iir. *rácsas- > (c14) rákṣas- 'Schaden'. Die Ähnlichkeit von uridg. *ḱs und ai. kṣ ist also rein oberflächlich. Während der Entwicklung von *ṭṣ > kṣ wirkte ebenfalls Lautgesetz 28.1, das bewirkte, dass eine auslautende Mehrfachkonsonanz auf ihren ersten Konsonanten reduziert wurde. Da Lautgesetze stets über einen längeren Zeitraum hinweg aktiv sind, war davon sowohl *ṭṣ als auch kṣ betroffen, was zur Folge hat, dass man für die gleiche Ausgangsform *ḱs im Auslaut eine Doppelvertretung von ṭ < *ṭṣ und k < *kṣ antrifft. Dies erklärt den Unterschied im Auslaut zwischen *rēǵs > *rēḱs > iir. *rāćs > (18.6) *rāṭṣ > (28.1) rāṭ 'König' und *diḱs > iir. *dićs > (18.6) *diṭṣ > (19.1) *dikṣ > (28.1) dik 'Richtung'.

Lit.: Lipp 2009 Band I:210; Thumb 1905:117ff.

Die Entwicklung der Lautgruppen *$d^h\hat{g}^h$ > kṣ und *d^hg^{wh} > kṣ

Die Lautgruppe *$d^h\hat{g}^h$ in *$d^h\hat{g}^h$ém- > kṣám- 'Erde' wurde über *$d^h\check{j}^h$ zu *$d\check{j}^h$, bevor aus dentalem d und palatalem $\check{j}^h$ retroflexes *ḍẓ entstand: *$d^h\hat{g}^h$ém- > (5.3)*$d^h\check{j}^h$ém- > (22.4) *$d\check{j}^h$ém- [dd̠žhém] > (18.5) *ḍẓhém- > (10) *ḍẓhám-. Anschließend wurde analog zu der obigen Entwicklung von *ṭṣ > kṣ die Lautgruppe *ḍẓh zu *gẓh: *ḍẓhám- > (19.2) *gẓhám-. Da die Lautgruppe [gẓh] nach dem Bartholomaeschen Gesetz als Ausdruck eines phonologisch zugrundeliegenden /g^hṣ/ aufgefasst wurde, trat Desonorisierung und Deaspirierung zu kṣ ein: *gẓhám- /*g^hṣám-/ > (19.3) kṣám-. Analog erklärt sich auch die Entwicklung von *d^hg^{wh} in *d^hg^{wh}íti- > kṣíti- 'Untergang'. Zunächst wurde *d^hg^{wh} zu *d^hg^h und danach zu *dg^h, bevor *g^h vor *i zu *$\check{j}^h$ palatalisiert wurde: *d^hg^{wh}íti- > (4.3) *d^hg^híti- > (22.4) *dg^híti- > (5.6)*$d\check{j}^h$íti- [dd̠žhíti]. Die entstandene Lautgruppe *$d\check{j}^h$ gleicht der oben aus *$d^h\hat{g}^h$ entstandenen Gruppe *$d\check{j}^h$ und entwickelte sich gleichermaßen weiter: *$d\check{j}^h$íti- [dd̠žhíti] > (18.5) *ḍẓhíti > (19.2) *gẓhíti = */g^hṣíti/ > (22.5) kṣíti-.

Die Entwicklung von *sḱ > ch und *$sg^{(h)}$ > jj

Einige Wörter wie *sḱeh_1-i̯éh_2 > chāyā́- f. 'Schatten' (gr. skiā́, toch. B skiyo) zeigen im Anlaut die Entwicklung *sḱ > ch. Im Inlaut bei *g^wm̥-sḱé-ti > (c20) gacchấti 'geht' und *i̯m̥-sḱé-ti > (c20) yacchấti 'streckt aus' findet man hingegen die Entwicklung *sḱ > cch. Die Gemination von cch im Wortinneren im Unterschied zu anlautendem ch kommt daher, dass die ursprüngliche Lautgruppe *sḱ aus zwei Konsonanten bestand, die eine vorangehende Silbe schlossen. Um diese Silbenaufteilung aufrechtzuerhalten, wurde ch zu cch geminiert, da ch nur als einzelner Konsonant zählte. Eine ähnliche Entwicklung zeigt die stimmhafte Lautgruppe *zg^h vor palatalem *e wie in *mazg^h-én- > (16.4) *mo$z\check{j}^h$-én- > (22.11) majján- 'Mark' sowie in *rézge/o- > rájju- 'Strick' (lat. restis 'Seil'), dessen u-Stamm eine Neuerung sein muss, da *g vor u nicht palatalisiert worden wäre.

Lit.: Allen 1972:47; Thumb 1905:113.

Übungen

Ü1 Entwicklungen in Einzelschritten

A gr. *téktōn* :: **tétk̂on-* > (5.1) __________ [__________] > (18.4) __________ > (19.1) __________ > (10) *tákṣan-* ‘Zimmermann’ **B** gr. *phthísis* :: **d^{h}g^{wh}íti-* > (4.3) __________ > (22.4) __________ > (5.6) __________ > (18.5) __________ > (19.2) __________ = /*g^{h}ṣíti/ > (19.3) __________ ‘Zerstörung’ **C** lat. *ursus* :: **Hr̥̂tk̂o-* > (13.1) __________ > (5.1) __________ [__________] > (18.4) __________ > (19.1) __________ > (10) __________ ‘Bär’ **D** lat. *hum-us* :: **d^{h}ĝ^{h}ém-* > (22.4) __________ > (5.3) __________ [__________] > (18.5) __________ > (19.2) __________ = /*g^{h}ṣém-/ > (19.3) __________ > (10) __________ ‘Erde’ **E** jav. *cašte* :: **k^{w}ék̂s-toi̯* > (4.1) __________ > (5.1) __________ [__________] > (6.3) __________ > (c10) __________ > (10) __________ > (18.1) __________ > (11.1) __________ ‘verkündet’ **F** lat. *rēx* :: **rēĝs* > (22.1) __________ > (5.1) __________ [__________] > (18.4) __________ > (10) __________ > (28.1) __________ ‘König’ **G** gr. *kteínō* :: **tk̂n̥-néu̯-ti* > (5.1) __________ [__________] > (18.4) __________ > (19.1) __________ > (15.1) __________ > (10) __________ > (11.2) __________ ‘verletzt’

Ü2 Übungen zur Lautgruppe **sk̂*

A av. *saδaiieiti* :: **sk̂n̥d-éi̯e-ti* > (c19) __________ > (15.1) __________ > (10) __________ ‘scheint, gefällt’ **B** lat. *pōscō* :: **pr̥k̂-sk̂é-ti* > (6.2) __________ > (c20) __________ > (10) __________ ‘fragt’ **C** *vāsáyati* ‘lässt hell werden’ < **h$_2$u̯os-éi̯e-ti* :: **h$_2$us-sk̂é-ti* > (3.1) __________ > (13.1) __________ > (c20) __________ > (10) __________ ‘wird hell’ **D** jav. *isaiti* :: **h$_2$is-sk̂é-ti* > (3.1) __________ > (13.1) __________ > (c20) __________ > (10) __________ ‘sucht, erstrebt’ **E** gr. *érkhomai* ‘komme, gehe’ :: **h$_1$r̥-sk̂é-ti* > (13.1) __________ > (c20) __________ > (10) __________ ‘erreicht’

3.1: **ss > s*	**5.2:** **ĝ > *ȷ́* [d̠ž]	**11.1:** **ai̯ > e*	**18.4:** **t̠tš* /tć/ > **ṭṣ*	**22.1:** *G > K / _K*
4.1: **k^w > *k*	**5.3:** **ĝ^h > *ȷ́^{h}* [d̠žh]	**11.2:** **au̯ > o*	**18.5:** **dd̠ž$^{(h)}$* /dǰ/ > **ḍẓ*	**22.4:** *D^H > D / _D^H*
4.2: **g^w > *g*	**5.6:** **g^h > *ǰ^h / _(ĕ, ĭ, i̯)*	**13.1:** *H > Ø / _V*	**19.1:** **ṭṣ > kṣ*	**28.1:** **C$_1$C$_2$(C$_3$) > C$_1$ / _##*
4.3: **g^{wh} > *g^h*	**6.3:** **ćt* [t̠št] > *[št]	**15.1:** **n̥ > a*	**19.2:** **ḍẓ$^{(h)}$ > *gẓ$^{(h)}$*	**c10:** **k > c / _(ĕ, ĭ, i̯)*
5.1: **k̂ > *ć* [t̠š]	**10:** **e/o > a; *ē/ō > ā*	**18.1:** **št > ṣṭ*	**19.3:** **gẓ$^{(h)}$ > kṣ*	**c19:** **sk̂ > ch / #_*
				c20: **sk̂ > cch / V_V*

16 Konsonantencluster der Struktur *CsC* sowie **ss*

Die Entwicklung der Lautgruppe **k̂sd^(h)*

Die Entwicklung der Lautgruppe **k̂sd^h* > **ẓḍ* ist das stimmhafte Gegenstück zu der in Kap. 13 präsentierten Entwicklung der Lautgruppe **k̂t* > *ṣṭ*, nur dass stimmhaftes **ẓ* anschließend schwand. Der zu 3. Pl. *tákṣati* 'sie fertigen' < **tak̂-s-n̥ti* gebildete Imp. 2. Sg. **tak̂-s-dhi* > *tāḍhi* 'fertige!' erklärt sich dadurch, dass **k̂sdh* zunächst zu iir. **ćsdh* [t̠šsdh] wurde. Anschließend verschmolzen die beiden Sibilanten zu palatalem *š*, wodurch eine Clusterstruktur *CsC* entstand, bevor das anlautende [t̠] schwand und das *dh* seine Stimmhaftigkeit regressiv auf das vorangehende *š* übertrug: **t̠šsdh* > **t̠šdh* > **šdh* > **ždh*. Anschließend trat reziproke Assimilation von Palatal+Dental zu Retroflex ein **ždh* > **ẓḍh*, bevor **ẓ* unter Ersatzdehnung schwand: **tak̂sdhi* > (5.1) **taćsdhi* [tat̠šsdhi] > (6.7) **tat̠šdhi* > (6.4) **tašdhi* > (22.2) **taždhi* > (18.3) **taẓḍhi* > (20.3) *tāḍhi.*

Einschub und Ausstoß von *s* zwischen dentalen Verschlusslauten

Schon in uridg. Zeit wurde zwischen zwei Dentallaute *(*-t-t-, *-d^(h)-d^(h)-)* ein **s* eingeschoben, das im Iir. noch erhalten war und im Sanskrit wieder ausgestoßen wurde. Weiterhin wurde auch jedes weitere morphologisch bedingte *s* zwischen Verschlusslauten getilgt, was vor allem beim athematischen *s*-Aorist zu sehen ist, wenn die Verbalwurzel auf Verschlusslaut endete und die auf das Aoristmorphem *s* folgende Personalendung mit Verschlusslaut begann. So lautet die zu √*rudh-* 'hemmen' gebildete 3. Sg. Aor. Med. **á-rudh-s-ta* > *árutta* 'hemmte', wobei vermutlich zunächst die Form **árut-s-ta* entstand, bevor das *s* ausgestoßen wurde **á-rudh-s-ta* > (22.5) **á-rut-s-ta* > (6.1) *árutta.* Der Ausstoß von *s* war im Iir. noch nicht erfolgt, da man im Ai. und Av. unterschiedliche Weiterentwicklungen gleicher Vorformen findet. Das PPP **b^hn̥d^h-tó-* 'gebunden' zur Wurzel √*bhand-* < **b^hend^h-* ergab iir. **badzdhá-* über die Stufen **b^hn̥d^h-tó-* > (2.3) **b^hn̥d^hztó-* > (7.3) **b^hn̥dzd^hó-* > (15.1) **bhadzdhó-* > (10) **bhadzdhá-* > (27.1) **badzdhá-*, bevor im Ai. das **z* ausgestoßen wurde, was zu *baddhá-* führte. Im Av. wurde **dzdh* nach LWP 6.5 über **zdh* zu **zd* vereinfacht, wie man an jav. *basta-* < **bazda-* sehen kann, wobei die Stimmlosigkeit der Lautgruppe *st* nicht direkt auf **zd* zurückgeht, sondern nach anderen *ta*-Partizipien geneuert ist.

Vereinfachung von uridg. **ss* > **s* und die Entwicklung **ss* > *ts*

Schon im Uridg. wurde die Abfolge **ss* zu **s* vereinfacht, was man daran sehen kann, dass ai. *asi* und gr. *eĩ* beide auf eine Vorform **esi* 'du bist' mit einfachem *s* deuten, obwohl diese Form morphologisch auf **h₁és-si*, einem athematischen Präsens der Wurzel **h₁es-* 'sein', zurückgeht. Eine Ausnahme zu dieser Regel bietet allerdings die 2. Sg. *śā́s-si* < **k̂eHs-si* 'du befiehlst', in der die Folge *ss* analogisch geneuert wurde, um die Morphemgrenzen deutlicher zu machen.

In einigen Formen der Wurzeln √*vas-* 'wohnen' und √*ghas-* 'essen' wurde bei Bildungen, in denen an die mit *s* auslautenden Wurzeln ein mit *s* anlautendes Morphem gefügt wurde, die Doppelkonsonanz **ss* nicht zu *s* vereinfacht sondern das erste *s* zu *t* „verstärkt". So bildet das zu √*vas-* 'wohnen' gebildete Prs. *vásati* 'wohnt' ein Fut. **vas-sya-ti* > (25.2) *vatsyati* 'wird wohnen' und das zu √*ghas-* 'essen' gebildete *ghasati* 'isst' ein Des. **ji-ghas-sa-ti* > (25.2) *jighatsati* 'will essen'. Diese Entwicklung lässt sich als das Bestreben deuten, die Morphemgrenze der Wurzeln stärker zu remarkieren. Wäre **vassyati* zu ˣ*vasyati* vereinfacht worden, hätte man diese Form nicht mehr eindeutig als Fut. erkennen können, sondern sie wäre von den Sprechern wahrscheinlich als **vas-ya-ti* interpretiert worden.

Dieser Lautwandel betraf ebenfalls retroflexes **ṣṣ* in der 2. Sg. Ipf. *adveṭ* 'du hasstest' < **a-dvai̯ṣ-s* von √*dviṣ-* 'hassen'. An die gunierte Wurzel wurde das Morphem der 2. Sg. angefügt, das sich an das vorangehende *ṣ* assimilierte: **a-dvai̯ṣ-s* > **a-dvai̯ṣ-ṣ*. Anschließend wurde **ṣṣ* zu **ṭṣ*, bevor durch die Vereinfachung der auslautenden Doppelkonsonanz und Monophthongierung *adveṭ* entstand: **a-dvai̯ṣ-ṣ* > (25.3) **a-dvai̯ṭ-ṣ* > (28.1) **a-dvai̯ṭ* > (11.1) *adveṭ*. Die Entwicklung **ss* > *ts* kann alternativ auch als Dissimilation gedeutet werden.

Übungen

Ü1 Veränderungen in Konsonantengruppen

A *vásati* 'wohnt' :: Aor. **e-u̯ēs-sīt* > (10) ___________ > (25.2) ___________ 'wohnte' **B** *bhájati* 'teilt zu' :: Aor. **e-bʰag-s-to* > (22.1) ___________ > (10) ___________ > (6.1) ___________ 'teilte zu' **C** *ghasati* 'isst' :: **e-gʰs-to-* > (10) ___________ > (6.1) ___________ > (7.4) ___________ 'ungegessen' **D** *jíghatsati* 'will fressen' :: 2. Sg. Imp. **jaghsdhi* > (6.1) ___________ > (22.4) ___________ 'iss!' **E** √*lip-* 'beschmieren' :: 3. Sg. Aor. Med. **a-lip-s-ta* > (6.1) ___________ 'beschmierte' **F** *sthitá-* 'stehend' :: **ud-sth₂-to-* > (1.8) ___________ > (1.6) ___________ > (10) ___________ > (22.1) ___________ > (6.1) ___________ 'aufgestanden' **G** *stambha-* 'Stütze' :: **ud-stémbʰHeno-* > (22.1) ___________ > (13.1) ___________ > (10) ___________ > (6.1) ___________ 'Stützbalken' **H** *sthāpáyati* 'stellt' :: **úd-sthāpayati* > (22.1) ___________ > (6.1) ___________ 'stellt auf' **I** *stabhitá-* 'gestützt' :: **úd-stm̥bʰH-to-* > (22.1) ___________ > (1.6) ___________ > (15.2) ___________ > (10) ___________ > (6.1) ___________ 'aufgerichtet' **J** het. *kappilalli-* 'verflucht' :: Aor. 2. Pl. **k̂ēp-s-to* > (c7) ___________ > (10) ___________ > (6.1) ___________ 'verflucht' **K** *tápati* 'ist heiß' :: Aor. 2. Dual **a-tāp-s-tam* > (6.1) ___________ 'ihr zwei brennt'

1.6: $H > i \,/\, C\_C$	**10:** **e/o > a* und **ē/ō > ā*	**22.4:** $D^H > D \,/\, \_D^H$
1.8: $T > T^h \,/\, \_h_2$	**13.1:** $H > Ø \,/\, \_V$	**25.2:** **ṣṣ > ṭṣ*
6.1: **CsC > CC*	**15.2:** **m̥ > a*	**c7:** **k̂ > ś*
7.4: **gʰt > gdh*	**22.1:** $G > K \,/\, \_K$	

INFO ZU LWP 1.8: Der Laryngal hat hier einen behauchenden Effekt auf einen vorangehenden Verschlusslaut. Nach der Behauchung bleibt der Laryngal jedoch zunächst als *H* erhalten, welches nach LWP 1.6/1.7 zu *i* wird.

KONSONANTEN

17 Vereinfachungen / Übergangslaute / Fernassimilationen

Schwer zu artikulierende Konsonantengruppen wurden manchmal vereinfacht. So lässt sich *stána-* 'weibliche Brust' durch Vergleich mit jav. *fštāna-*, auf iir. **pstana-* zurückführen. Weiterhin ist der Anlaut von *turī́ya-* 'der Vierte' eine Vereinfachung aus **kturī́ya-* < **kʷtur-i̯ó-* , einer schwundstufigen Bildung zur Vollstufe **kʷetu̯er-* > *catvar-* 'vier', wobei das im ai. Anlaut geschwundene **k* im Inlaut von av. *ā-xtūirīm* 'vier' noch als *x* vertreten ist. Auch der Anlaut von idg. **k̑m̥tóm* > *śatám* 'hundert' kann weiter auf ***dk̑m̥tóm* zurückgeführt werden, wenn es als Ableitung von **dek̑m̥* 'zehn' > *daśa* zu interpretieren ist. Der zu *nápāt-* 'Nachkomme, Enkel' gebildete Dat. Pl. **náptbhyas* > *nádbhyas* zeigt die Vereinfachung von **ptbh* zu *dbh*, wobei zunächst *p* verloren ging und anschließend *t* vor *bh* zu *d* assimiliert wurde: **ptbh* > **tbh* > *dbh*. In ved. Handschriften findet sich weiterhin gelegentlich der Ausfall eines Verschlusslautes zwischen Nasal und Verschlusslaut, wie es der Beleg *paṅti* für *paṅkti* 'Fünfzahl' zeigt. Eine Vereinfachung tritt auch im Falle des Instr. Sg. von *man*-Stämmen wie *bhūmán-* 'Größe' oder *mahimán-* 'Größe' auf. Da der Instr. in diesen Fällen mit einem schwundstufigen Suffix *-mn-* und der Endung *ā* gebildet wird, würde man **bhūmnā́* und **mahimnā́* erwarten. Die belegten Formen lauten jedoch *bhūnā́* und *mahinā́* und zeigen die Vereinfachung der zwei aufeinandertreffenden Nasale **mn* > *n*.

Eine Vereinfachung liegt auch in ved. Lok. *jmán* < **dʰg̑ʰm-én*, Gen. *jmás* < **dʰg̑ʰm-és* von *kṣám-* < **dʰg̑ʰom-* 'Erde' vor. Da im Anlaut von uridg. **dʰg̑ʰm-és/én* drei Konsonanten aufeinandertrafen, fiel der erste Konsonant weg, bevor **g̑ʰ* vor *m* seine Aspiration einbüßte und zu *j* wurde: **dʰg̑ʰm-én* > **g̑ʰm-én* > *jmán* (zu *kṣám-* vgl. LWP c17, Kap. 15).

Auch der Vergleich des variierenden Anlauts von Nom. *ātmā́* und Dat. *tmáne* von *ātmán-* 'Hauch, Seele' deutet zunächst auf eine Vereinfachung hin. Da hier aber wohl ursprünglich ein uridg. ablautendes Paradigma Nom. Sg. **éh₁-t-mō(n)* > **ā́tmā(n)* > *ātmā́* mit Akzentwechsel sowie Dat. Sg. **h1t-mén-ei̯* > *tmáne* vorgelegen hat, scheint die Varianz im Anlaut morphonologisch begründet zu sein.

Fernassimilation

Der häufigste Fall von Assimilationen geschieht durch die Kontaktstellung zweier Laute. Es kann aber auch vorkommen, dass voneinander entfernte Laute sich assimilatorisch beeinflussen, was als Fernassimilation bezeichnet wird. Durch den Vergleich mit lit. *smakras* kann man *śmáśru-* 'Bart' daher auf **smáśru-* und weiter auf **smék̑ru-* zurückführen. Die Abfolge *s…ś* wurde somit zu *ś…ś*. Das mit dt. *Hase* verwandte Wort *śaśa-* 'Hase' geht auf **śasa-* und weiter auf **k̑aso-* zurück, wobei diesmal die Abfolge *ś…s* zu *ś… ś* wurde.

Einschub von homorganen Verschlusslauten beim Sandhi von Nasal plus Sibilant

Traf im Sandhi ein auslautender Nasal auf einen anlautenden Sibilanten, wurde gelegentlich ein zum Nasal homorganer Verschlusslaut eingeschoben. Beispiele sind *prāṅ śete* > (s14.6) *prāṅk_śete* 'er liegt nach Osten' sowie *tān sahate* > (s14.7) *tānt_sahate* 'er bewältigt sie', wobei im ersten Beispiel der Erhalt des ursprünglichen Auslauts des Stammes *prāṅk- / prāñc-* vorliegt und das zweite Beispiel die im vorigen Kapitel besprochene Entwicklung von **ss* > *ts zeigt*, da *tān* auf **tāns* zurückgeht. Der Sandhi *tān śaśān* > (s14.5) *tāñ_chaśān* 'diese Hasen' bewahrt wohl ebenfalls einen früheren Sprachzustand. Wenn man von der Vorform iir. **tāns_ćasān* ausgeht, ergibt sich in der Kompositionsfuge der Wörter die Lautverbindung **s_ć*, also [s_t̠š]. Dies ähnelt dem Lautkontext von **gʷm̥-sk̑e-ti* > iir. **gasćati* > *gacchati* 'geht', wobei *sć* inlautend zu *cch* wurde. Der Anlaut *ch* der Sandhiform *tāñ_chaśān* könnte daher den iir. Anlaut **ć* [t̠š] reflektieren.

Lit.: Lipp 2009 Band I:173ff.

Übungen

Ü1 Fernassimilationen und Vereinfachungen

A av. *sąŋuhaṇt-* :: **śasvant-* > (27.3) __________ ‘häufig’ **B** lett. *sàuss* ‘trocken’ :: **seu̯sei̯eti* > (c24) __________ > (10) __________ > (11.2) __________ > (*s…ṣ* > *ś…ṣ*) __________ ‘trocknet’ **C** *bhūmán-* ‘Menge, Fülle’ :: Instr. Sg. **bhūmnā́* > (27.2) __________ **D** *mahimán-* ‘Größe’ :: Instr. Sg. **mahimnā́* > (27.2) __________ **E** *drāghimán-* ‘Länge’ :: Instr. Sg. **drāghmnā́* > (27.2) __________ **F** *raśmán-* ‘Zügel’ :: Instr. Sg. **raśmnā́* > (27.2) __________ **G** *yunákti* ‘schirrt an’ :: 2. Pl. Imp. **yuṅgdhi* > (27.3) __________ ‘schirr an!’

Ü2 Übungen zu Kapitel 18 und 19 (Achtung: schwierig!)

A **séĝʰtr̥-* > (5.3) __________ > (7.6) __________ > (6.6) __________ > (10) __________ > (18.2) __________ > (20.3) __________ ‘Sieger’ **B** aav. *dərəz-* ‘Fessel’ :: **dʰr̥ĝʰ-tó-* > (5.3) __________ > (7.6) __________ > (6.6) __________ > (27.1) __________ > (10) __________ > (18.2) __________ > (20.1) __________ ‘fest, entschlossen’ **C** *br̥háti* ‘reißt aus’ :: **br̥ĝʰtó-* > (5.2) __________ > (7.6) __________ [__________] > (6.6) __________ > (10) __________ > (18.3) __________ > (20.1) __________ ‘herausgerissen’ **D** av. *dißžaidiiāi* :: **dʰí-dʰbʰ-sati* > (22.4) __________ > (7.2b) __________ > (Vereinfachung *dbz* >*bz*) __________ > (27.1) __________ > (19.4) __________ ‘will antun’ **E** *bábhasti* < **bʰe-bʰosti* ‘kaut’ :: 3. Pl. **bʰé-bʰs-ati* > (7.2b) __________ > (27.1) __________ > (19.4) __________ ‘kauen’ **F** *dáhati* < **dʰégʷʰeti* ‘verbrennt’ :: **dʰégʷʰ-s-n̥t-* > (4.3) __________ > (15.1) __________ > (7.5b) __________ > (8.2) __________ > (10.1) __________ > (27.1) __________ > (23.2) __________ > (19.3) __________ ‘verbrennend’ **G** av. *pasča* :: **po-skʷ-éh_1* > (c2) __________ > (4.1) __________ > (5.4) __________ > (10) __________ > (22.10) __________ ‘hinten’ **H** lat. *mergit* :: **mézgeti* > (5.5) __________ > (10) __________ > (22.11) __________ ‘sinkt’

4.3: **gʷʰ* > **gʰ*	**8.2:** **z* > **ž* / *r, r̥, ŭ̄, k, ĭ̄* _	**20.1:** **z* /*ẓ* > Ø ohne ED	**27.2:** **mn* > *n*
5.3: **ĝʰ* > **ǰʰ* [d̲žh]	**10:** **e/o* > *a* und **ē/ō* > *ā*	**20.3:** **ẓ* > Ø / _*G* + ED	**27.3:** $NC_1C_2 > NC_2$
5.5: **g* > **ǰ* [dj] / _(*ĕ̄, ĭ̄, i̯*)	**11.2:** **au̯* > *o*	**22.10:** **sč* > **šč* > *śc*	**27.4:** $C_1 ... C_2 > C_1 ... C_1$
6.6: **ǰdʰ* [d̲ždh] > **ždh*	**18.2:** **žd* > **ẓḍ*	**22.11:** **zǰ* > **žǰ* >**ǰǰ* > *jj*	**c24:** **s* > *ṣ* / *r, r̥, ŭ̄, k, ĭ̄* _
7.6: **ǰʰt* [d̲žht] > **ǰdʰ* [d̲ždh]	**19.3:** **gẓ*(h) /gʰs/ = *kṣ*	**23.2:** **ž* > *ẓ* / *r, r̥, ŭ̄, k, ĭ̄* _	
7.2b: **bʰs* > **bzʰ*	**19.4:** **bzʰ* /bʰs/ = *ps*	**27.1:** *Cʰ…Cʰ* > *C…Cʰ*	

18 Dissimilationen

Grassmannsches Hauchdissimilationsgesetz und analogische Ausnahmen

Vergleichen Sie die folgenden Formen der Wurzeln √*doh-* < **dʰeu̯gʰ-* und √*deh-* < **dʰei̯ĝʰ-* in Bezug auf das Verhältnis aspirierter und unaspirierter Konsonanten im Wurzelanlaut und Wurzelauslaut. Der Konsonant *h* ist dabei stets aspiriert.

Wurzel	1. Sg. Akt.	2. Sg. Akt.	3. Sg. Akt.	2. Pl. Med.
√*doh-* 'melken'	*dohmi* 'ich melke'	*dhokṣi* 'du melkst'	*dogdhi* 'er melkt'	*dhug-dhvam* 'ihr melkt'
√*deh-* 'schmieren'	*dehmi* 'ich schmiere'	*dhekṣi* 'du schmierst'	*degdhi* 'er schmiert'	*dhig-dhvam* 'ihr schmiert'

Die Formen *dohmi* und *dehmi* zeigen unaspiriertes *d* im Anlaut und *h* im Wurzelauslaut. Die Formen *dhokṣi* und *dhekṣi* zeigen aspiriertes *dh* im Anlaut und unaspiriertes *k* im Wurzelauslaut vor der Endung *-ṣi*. Die Formen *dogdhi* und *degdhi* zeigen unaspiriertes *d* im Anlaut und die Gruppe *gdh* < **gh-t*, die auf eine Kombination aus aspiriertem *gh* plus der Endung *-ti* zurückgeht (vgl. Kap. 19). Die Formen *dhugdvam* und *dhigdhvam* zeigen aspiriertes *dh* im Anlaut und aspiriertes *dh* in der Endung.

Der Grund für diesen Wechsel von aspirierten und unaspirierten Konsonanten ist, dass √*doh-* < **dʰeu̯gʰ-* und √*deh-* < **dʰei̯ĝʰ-* ursprünglich einmal zwei aspirierte Konsonanten in der Wurzel aufwiesen, von denen jedoch normalerweise immer nur einer im Wort zulässig war, so dass der erste in den entsprechenden nicht-aspirierten Konsonanten umgewandelt wurde. Daher wurde **dʰeu̯gʰ-mi* > **dhaugh-mi* > *dohmi* sowie **dʰei̯ĝʰ-mi* > **dhaigh-mi* > *dehmi*, jeweils mit Monophthongierung **au* > *o* und **ai* > *e* sowie der Entwicklung **ĝʰ* > *h*, die ihren Ausgangspunkt vor Palatalvokal hatte, mit anschließender analogischer Verallgemeinerung von *h*. Die Aspiration des anlautenden *dh* ging verloren, weil mit *h* im Wurzelauslaut ein aspirierter Konsonant stand.

Der gleiche Fall liegt in **dʰeu̯gʰ-ti* > *dogdhi* und **dʰei̯ĝʰ-ti* > *degdhi* vor, bei denen die Aspiration an der Morphemgrenze zwischen Wurzelauslaut und der Endung *-*ti* als *gdh* erhalten blieb und somit das anlautende *dh* deaspiriert wurde. Die Form *degdhi* ist weiterhin eine Analogiebildung, da **dʰei̯ĝʰti* lautgesetzlich zu ˣ*deḍhi* hätte werden sollen, was sich jedoch lautlich zu weit von den anderen Formen des Paradigmas entfernt hätte. Verlor jedoch die zweite Aspirata durch Assimilation an eine angefügte Endung ihre Aspiration, wie bei **dʰeu̯gʰ-si* > *dhokṣi* und **dʰei̯ĝʰ-si* > *dhekṣi*, so blieb die Aspiration im Anlaut erhalten, was innerhalb des Paradigmas wie ein Umspringen der Aspiration aussieht.

In 2. Pl. Med. *dhugdhvam* und *dhigdhvam* finden sich nun jedoch entgegen der oben formulierten Regel zwei aspirierte Konsonanten im Wort. In diesen Fällen handelt es sich um Analogiebildungen, in denen sowohl eindeutig die Wurzelgestalt als ebenso eindeutig die Endung *-dhvam* zum Ausdruck kommen sollte. Solche Umformungen treten oft auf, wenn der Inhalt des Lexems oder der Endung nicht mehr eindeutig zu erkennen sind.

Lit.: Thumb 1905:102ff; Mayrhofer 1978:25.

Dissimilationen

In einer Abfolge zweier labialer Laute konnte ein Laut dissimilatorisch verändert werden, wie z.B. in dem mit lat. *pulmō* und gr. *pleúmōn* verwandten Wort *klomán-* 'Lunge' < **ploman-* < **pleu̯-mon-*, wobei *p...m* zu *k...m* wurde. Desweiteren lässt sich ved. *kṣumánt-* 'viehreich' durch Vergleich mit av. *pasu-* < **pek̂u-* und ved. *paśá-* < **pek̂ó-* 'Vieh' auf eine Vorform **pk̂u-mént-* zurückführen, bei der zunächst die Abfolge *p...m* zu *t...m* dissimiliert wurde **pk̂u-* > **tk̂u-*, bevor sich anschließend die Gruppe **tk̂* nach LWP c15 regulär zu *kṣ* weiterentwickelte.

Übungen

Ü1 Verlust der Aspiration nach Grassmann

A dáhati 'brennt' < *d^hég^{wh}eti :: *e-d^hēg^{wh}-s-t > (4.3) __________ > (22.5) __________ > (10) __________ > (8.1) __________ > (23.1) __________ > (17.1) __________ > (28.1) __________ 'verbrannte' **B** *di-d^heg^{wh}-s-e-ti > (4.3) __________ > (22.5) __________ > (c24) __________ > (10) __________ 'verbrennt' **C** *gau̯-dhugh-s > (11.2) __________ > (22.5) __________ > (c24) __________ > (28.1) __________ 'Melker' **D** *arthabhudh-s > (22.5) __________ > (28.1) __________ 'sachverständig' **E** dhāyā- 'Schicht, Lage' :: 1. Sg. Med. *d^he-$d^h$$h_1$-ói̯ > (13.1) __________ > (10) __________ > (11.1) __________ > (27.1) __________ 'ich setze' **F** gr. títhēmi :: *d^hé-d^heh_1-ti > (c2) __________ > (27.1) __________ > (10) __________ 'setzt' **G** lat. fiber :: *b^heb^hrú- > (27.1) __________ > (10) __________ 'braunes Tier'

Ü2 Dissimilationen und Vereinfachungen

A jav. taf-nah- :: *tap-mán- > (p...m > k...m) __________ 'Fieber' **B** áp- 'Wasser' :: Dat. Pl. *ap-bhis > (22.2) __________ > (b...b > d...b) __________ > (28.3) __________ 'Wasser' **C** M. Sg. tráyaḥ :: F. Sg. *trisráḥ > (r...r > Ø...r) __________ 'drei' **D** tri- 'drei'+ stár- 'Stern' :: *tri-str-ii̯o- > (8.1) __________ > (tr...tr > t...r) __________ > (23.1) __________ > (ṣr > ṣ) ved. __________ 'Name eines Fixsternbildes. Urspr. der zum Dreigestirn Gehörige' **E** lat. sistō :: *sth_2i-sth_2-e-ti > (1.8) __________ > (8.1) __________ > (10) __________ > (27.1) __________ > (st...št > t...št) __________ > (23.1) __________ 'steht'

1.8: $T > T^h$ / _h_2	**13.1:** H > Ø / _V	**28.3:** *s > ḥ / _##
4.3: *g^{wh} > *g^h	**17.1:** *ṣt > ṣṭ	**c2:** *eh_1 > *eH > *ē
8.1: *s > *š / r, r̥, ŭ, k, ĭ _	**22.2:** K > G / _G	**c24:** *s > ṣ / r, r̥, ŭ, k, ĭ _
10: *e/o > a und *ē/ō > ā	**22.5:** D^H > T / _S	**27.1:** C^h...C^h > C...C^h
11.1: *ai̯ > e	**23.1:** *š > ṣ / r, r̥, ŭ, k, ĭ _	
11.2: *au̯ > o	**28.1:** *$C_1C_2(C_3)$ > C_1 / _##	

19 Das Bartholomaesche Aspiratengesetz

Übergeordnete Regel: D^hT > DD^h

Das **Bartholomaesche Aspiratengesetz** bezeichnet einen iir. Lautwandel, bei dem die Folge aus Media Aspirata plus Tenuis durch eine Folge aus Media plus Media Aspirata (*b^ht, *d^ht, *g^ht, *$ǰ^h$ > *bdh, ddh, gdh,* *ǰdh) ersetzt wurde. Desweiteren sind Bildungen der Struktur *g^hst > *gsd^h sowie *d^hst > *dsd^h von dem Lautwandel betroffen. Der Lautwandel wirkte also auch, wenn zwischen den Lauten ein *s* stand. Dieses *s* wurde anschließend ausgestoßen (vgl. Kap. 16).
Die einfachsten Kombinationen sind dabei die Entwicklungen *b^ht > *bdh* und *g^ht > *gdh*, bei denen zunächst der zweite Konsonant stimmhaft und dann die Aspiration auf die Gruppe als Ganzes übertragen wurde: *b^ht > *b^hd > *bdh* sowie *g^ht > *g^hd > *gdh*. Daher entwickelte sich der Inf. des Verbs *labhate* 'erlangt' aus **labh-tum* > (7.1) *labdhum* 'erlangen' sowie das PPP **mughtá-* > (7.4) *mugdhá-* 'verwirrt, töricht', dessen synchrone Wurzel √*moh-* < **meu̯gh-* auf *h* auslautet.
Schwieriger ist die Erklärung der Entwicklung von *d^ht > *ddh* in **badh-tá-* > (7.2) *baddhá-* 'gebunden' zur Wurzel √*bandh-*, obwohl sich diese oberflächlich in keiner Weise von *b^ht > *bdh* und *g^ht > *gdh* unterscheidet. In eine Abfolge zweier Dentallaute *d^h-t- wurde jedoch im Uridg. ein **s*, bzw. nach stimmhaftem *d^h ein stimmhaftes **z*, eingeschoben, was zu *-d^hzt- führte, welches nach Bartholomae *-dzd^h- ergab, bevor im Ai. der Sibilant wieder ausgestoßen wurde. Die detaillierte Entwicklung von *baddhá-* war demnach *b^hn̥d^h-tó- > (15.1) *b^had^h-tó- > (2.3) *b^had^hztó- > (7.3) **bhadzdhó-* > (27.1) **badzdhó-* > (10) **badzdhá-* > (6.1) *baddhá-*. Einen innerindoiranischen Hinweis auf die ursprüngliche Lautgruppe **dzdh* liefert jav. *basta-* < **bazda-*, wobei *-*dzdh-* zu *-*zd-* vereinfacht wurde und analogisch als *st* erschien. Diese Lautregel betrifft ebenfalls Bildungen von Wurzeln wie √*nah-* < **nedh-*, die synchron auf *h* auslauten, da dieses *h* historisch auch auf *dh* zurückgehen kann. Die Entstehung von **nadh-tá-* > (7.2) *naddhá-* 'gebunden' verlief daher wohl analog zu der von *baddhá-*.
Die uridg. Lautgruppe *-$ĝ^h$t-, die in *li$ĝ^h$tó- > iir. *liǰd^há- > *līḍhá-* 'geleckt' zur Wurzel *li$ĝ^h$- vorkommt, ergab durch Palatalisierung von *$ĝ^h$ > *$ǰ^h$ und der Einwirkung des Bartholomaeschen Gesetzes iir. *liǰd^há- , wobei es schwierig zu sagen ist, ob erst die Palatalisierung *li$ĝ^h$tó- > *li$ǰ^h$tó- oder erst Bartholomae *li$ĝ^h$tó- > *liĝd^hó- wirkte, bevor daraus *liǰd^há- entstand. Diese Form *liǰd^há- [lid̮ždhá] zeigt mit der Lautfolge [d̮ždh] einen vergleichbaren Lautkontext zu [dzdh] im obigen **badzdhá-*. Die Lautfolge [d̮ždh] wurde nun durch Deaffrizierung zu *-*ždh-*, bevor der Sibilant **ž* durch das vorangehende *i* nach der Ruki-Regel zu **ẓ* wurde, bevor er unter Ersatzdehnung schwand, nachdem das Merkmal der Retroflexivität auch auf das folgende *dh* übergegangen war: *liǰd^há- [*lid̮ždhá*] > (6.6) **liždhá-* > (23.2) **liẓdhá-* > (17.3) **liẓḍhá-* > (20.3) **līḍhá-*.

Analogiebildungen und Vermischungen

Da die Sprecher des Ai. keine Kenntnis über die Etymologie eines auslautendes *h* in Wurzeln wie √*nah-* < *ned^h-, √*moh-* < *meu̯g^h- oder √*leh-* < *lei̯$ĝ^h$- hatten, wenn sie dieses nicht anhand von Vergleichswörtern herleiten konnten, erscheint in einigen Fällen ein unberechtigter Retroflex, obwohl das *h* der Wurzel hier gar nicht auf einen alten Palatal zurückgeht. Das Verbum *rohati* 'wächst' < *$h_1$leu̯d^h-e-ti geht auf eine Wurzel mit auslautendem *d^h zurück, so dass das PPP *$h_1$lud^h-tó- eigentlich ˣ*ruddhá-* lauten sollte. Es lautet aber *rūḍhá-*, als ob die zugrundeliegende Wurzel einen alten Palatalkonsonanten aufweisen würde. Die Wurzel √*moh-* < **meu̯gh-* 'verwirrt sein' bildete sogar die zwei PPPs *mugdhá-* und *mūḍhá-*, wobei letztere Form entweder eine analogische Neubildung ist oder auf einer Wurzelvariante *meu̯$ĝ^h$- mit palatalem Konsonanten beruht.

Lit.: Mayrhofer 1978:24; Thumb 1905:107.

Übungen

Ü1 Bartholomae

A ved. *bhásat* :: **ba-bʰs-tām* > (7.2) __________ > (6.1) __________ ‘soll kauen’ **B** *ghasati* ‘isst’ < **gʰeseti* :: **gʰs-to* > (7.5) __________ > (8.2) __________ > (6.1) __________ > (10) __________ ‘soll essen’ **C** √*druh-* ‘schädigen’ :: **dʰrugʰtó-* > (7.4) __________ > (27.1) __________ (10) __________ ‘geschädigt’ **D** *duha-* ‘Milch gebend’ :: **dʰugʰ-tó-* > (7.4) __________ > (27.1) __________ > (10) __________ ‘gemolken’ **E** *budha-* ‘verständig’ :: **bʰudʰ-tó-* > (2.3) __________ > (7.3) __________ > (6.1) > __________ > (27.1) __________ > (10) __________ ‘erwacht’ **F** *dáhati* ‘brennt’ :: **dʰegʷʰtó-* > (4.3) __________ > (7.4) __________ > (27.1) __________ > (10) __________ ‘verbrannt’ **G** av. *azdā* :: **Hedʰ-téh₂* > (c4) __________ > (13.1) __________ > (2.3) __________ > (7.3) __________ > (6.1) __________ > (10) __________ ‘sicher’ **H** √*rudh-* ‘hindern’ :: Aor. 3. Sg. Med. **á-rudʰ-s-ta* > (7.3) __________ > (6.1) __________ ‘hemmte’

Ü2 Bartholomae mit dem Palatalkonsonanten **ĝʰ*

A gr. *leíkhō* :: 3. Sg. **léi̯ĝʰti* > (5.3) __________ [__________] > (7.6) __________ [__________] > (6.6) __________ > (9) __________ > (18.3) __________ > (10) __________ > (11.1) __________ > (20.1) __________ ‘leckt’ **B** *gā́hate* ‘taucht ein’ :: **geĝʰtó-* > (5.3) __________ > (7.6) __________ [__________] > (6.6) __________ > (18.3) __________ > (10) __________ > (20.3) __________ ‘worin man badet’ **C** *vahati* ‘fährt’ :: **uĝʰtó-* > (5.3) __________ > (7.6) __________ > (6.6) __________ > (10) __________ > (18.3) __________ > (20.3) __________ ‘gefahren’ **D** *sáhate* ‘besiegt’ :: **seĝʰtó-* > (5.3) __________ > (7.6) __________ > (6.6) __________ > (18.3) __________ > (10) __________ > (20.3) __________ ‘besiegt’

2.3: **dʰt* > **dʰzt*	**7.2:** **bʰst* > *bzdh*	**8.2:** **z* > **ž / r, r̥, ŭ, k, ĭ _*	**20.1:** **z / z̦* > Ø ohne ED
4.3: **gʷʰ* > **g*	**7.3:** **dʰzt* > **dzdʰ*	**9:** **l/l̥* > *r/r̥*	**20.3:** **z̦* > Ø / _G + ED
5.3: **ĝ* > **j́* [d̠ž]	**7.4:** **gʰt* > *gdh*	**11.1:** **ai̯* > *e*	**27.1:** *Cʰ...Cʰ* > *C...Cʰ*
6.1: **CsC* > *CC*	**7.5:** **gʰst* > *gzdʰ*	**13.1:** *H* > Ø / _*V*	**c4:** **eh₂* > **aH* > *ā*
6.6: **j́dʰ* [d̠ždh] > **ždh*	**7.6:** **j́ʰt* [d̠žht] > **j́dʰ* [d̠ždh]	**18.3:** **ždʰ* > **z̦dʰ*	**c11:** **g* > *j* / _(*ĕ, ĭ, i̯*)

20 Die retroflexen Konsonanten

Retroflexe Konsonanten als Eigenart des Altindischen

Die retroflexen Konsonanten *ṭ, ṭh, ḍ, ḍh, ṇ* sind eine Eigenart des Altindischen und finden sich in dieser Weise nicht in anderen alten idg. Sprachen. Desweiteren ist die Zunahme deren Häufigkeit von den vedischen Texten hin zum klassischen Sanskrit zu beobachten. Da in den dravidischen Sprachen Indiens diese Laute sehr verbreitet sind, geht man davon aus, dass die Entstehung der retroflexen Konsonanten zum Teil auf die Substratwirkung einheimischer Sprachen zurückzuführen ist. Da die retroflexen Konsonanten in einigen Kontexten aber auch lautgesetzlich entstehen (vgl. LWP 18, Kap. 13, sowie weiter unten), muss ihre Entstehung aus dem Zusammenspiel von Substratwirkung und Lautgesetzlichkeit erklärt werden. Die Entwicklung eines nicht retroflexen Konsoanten zu einem retroflexen Konsonanten wird als **Zerebralisierung** bezeichnet.

Die Ruki-Regel

Eine auffallende Übereinstimmung des Baltischen, Slavischen, Albanischen und Indoiranischen ist, dass ein dental-alveolares *s* nach den Lauten *r, u, k, i* in seinem Artikulationsort weiter nach hinten verlagert wurde, so dass normalerweise im Slavischen *x*, im Baltischen *š*, im Albanischen *sh* und im Indoiranischen **š* entstand. Im Altindischen wurde dieses **š* nach *r, r̥, ŭ, k, ĭ* weiter zu zu *ṣ* zerebralisiert. Beispiele für das Ai. sind **tr̥snā-* > (c24) **tr̥ṣnā-* > (24) *tr̥ṣṇā-* 'Durst' sowie **ristó-* > (c24) **riṣtó-* > (17.1) *riṣṭá-* 'beschädigt', wobei in beiden Fällen der Artikulationsort assimilatorisch weiter auf die folgenden Konsonanten *n* bzw. *t* übertragen wurde, die zu *ṇ* und *ṭ* wurden. Ein folgendes *r* konnte die Zerebralisierung dissimilatorisch verhindern, weshalb sich *usra-* 'morgendlich, hell' nicht weiter zu ˣ*uṣra-* entwickelte. Zerebralisierung findet man auch im Sandhi wie in *abhí syāma* > *abhí_ṣyāma* 'wir wollen überlegen sein' oder *diví santu* > *diví_ṣantu* 'sie sollen am/im Himmel sein'. Die Ruki-Regel ist weiterhin der Grund für Allomorphien wie z.B. die alternierenden Lok. Pl. Endungen *-su* und *-ṣu* in *devāsu* 'unter den Göttern' gegenüber *agniṣu* 'in den Feuern' sowie die der 2. Sg. *-si*/*-ṣi* in *ruṇatsi* 'du hemmst' gegenüber *bibharṣi* 'du trägst'.

Entwicklung von dentalem *n* zu retroflexem *ṇ*

Inlautendes dentales *n* wurde retroflexes *ṇ*, wenn dem *n* einer der retroflexen Laute *r̥*, *r̥̄*, *r*, *ṣ* direkt vorausging, oder wenn zwischen dem dentalen *n* und *r̥*, *r̥̄*, *r*, *ṣ* kein Dental, Palatal oder *l*, *s*, *ś* stand. Weiterhin musste dem dentalen *n* ein Vokal nachfolgen. Daher lautet von *kṣatra-* 'Herrschaft' der Instr. Sg. *kṣatreṇa-* < **kṣatrena* mit retroflexem *ṇ*, wohingegen von *bala-* 'Kraft' der Instr. Sg. *balena-* kein retroflexes *ṇ* aufweist. Von *nagara-* 'Stadt' lautet der Nom. Akk. Pl. *nagarāṇi* < **nagarāni* mit retroflexem *ṇ*, wohingegen von *phala-* 'Frucht' der Nom. Akk. Pl. *phalani* ein dentales *n* aufweist. Zwei retroflexe *ṇ* getrennt einzig durch einen Vokal wurden dissimilatorisch verhindert. Daher lautet der zu *prāṇá-* 'Atem' gehörige Instr. Sg. *prāṇena* und nicht ˣ*prāṇeṇa*.

Lit.: Stiehl 2007:320–321.

Dental plus Palatal ergab Retroflex

Retroflexe Konsonanten entstanden auch aus der reziproken Assimilation dentaler und palataler Konsonanten. Dies sieht man an Beispielen wie **dr̥k̂tó-* > *dr̥ṣṭá-* 'gesehen' zur Wurzel √*dr̥ś-*, wobei **k̂t* über **ćt* [t̠št] zu [št] vereinfacht wurde, bevor daraus *ṣṭ* entstand. Auch die umgekehrte Lautfolge **tk̂* ergab über iir. **tć* [tt̠š] zunächst retroflexes **ṭṣ*, bevor dieses aus phonotaktischen Gründen weiter zu *kṣ* wurde: **tétk̂on-* > (5.1+10) iir. **tátćan-* [tátt̠šan] > (18.4) **táṭṣan-* > (19.1) *tákṣan*. Auch **k̂s* wurde zunächst zu iir. **ćs* [t̠šs] und ergab über **ṭṣ* anschließend *kṣ*: **h₂ék̂so-* > (c3) **ák̂so-* > (5.1) iir.**áćsa-* [át̠šsa] > (18.4) **áṭṣa-* > (19.1) *ákṣa-*. Nur die Verbindung **sk̂* hatte kein retroflexes Ergebnis sondern ergab im Anlaut *ch* und im Inlaut *cch*: **sk̂eh₁-i̯eh₂* > (c19) *chāyā́-* 'Schatten', **gʷm̥-sk̂e-ti* > (c20) *gacchati* 'geht', da das Merkmal der Palatalität von **k̂* vor *s* wahrscheinlich früh verloren ging.

Übungen

Ü1 Die Ruki-Regel mit innerindischen Vergleichsformen / Die Entstehung von retroflexem *ṇ*

A √*sad-* 'sitzen' :: **sad-ná-* > (22.3) ____________ 'sitzend' :: **ni-sad-na-* > (22.3) ____________ > (c24) ____________ > (24) ____________ 'gelehnt an' **B** *nayati* 'führt' :: **pari-nayati* > (24) ____________ 'führt umher' **C** *namati* 'verehrt' :: **pra-namati* > (24) ____________ 'verehrt' **D** √*naś-* 'umkommen' :: **pra-naśyati* > (24) ____________ 'kommt um' **E** √*stigh-* 'steigen' :: Des. **ti-stigh-is-ate* > (c24) ____________ > (17.1) ____________ 'will besteigen' **F** √*stubh-* 'jubeln, preisen' :: **anu-stúbh-* > (c24) ____________ > (17.1) ____________ 'Lobgesang' **G** √*syand-* 'schnell dahingleiten' :: **raghu-syád-* > (c24) ____________ 'schnell eilend' **H** *sarpa-* 'Schlange' :: Instr. **sarpena* > (24) ____________ **I** *hari-* Beiname des Viṣṇu :: Instr. **harinā* > (24) ____________

Ü2 Die Ruki-Regel mit Vergleichsformen aus anderen Sprachen

A gr. *dís* :: **du̯is* > (c24) ____________ 'zweimal' **B** gr. *ársēn* :: **h_2u̯ŕ̥sen-* > (13.2) ____________ > (c24) ____________ > (10) ____________ 'männliches Tier' **C** lat. *iūs* :: **i̯ūs* > (c24) ____________ 'Brühe' **D** lat. *mūs* :: **múHs* > (13.4) ____________ > (c24) ____________ 'Maus' **E** lat. *coxa* :: **$kokseh_2$* > (c4) ____________ > (10) ____________ > (c24) ____________ 'Biegung' **F** lat. *ūvidus* :: **ug^w-sé-ti* > (4.2) ____________ > (22.1) ____________ > (c24) ____________ > (10) ____________ 'macht feucht' **G** lat. *perna* :: **pḗrsni-* > (c24) ____________ > (10) ____________ 'Ferse' **H** √*vas-* 'bleiben' :: **pra-ús-tha-* > (c24) ____________ > (17.1) ____________ > (11.2) ____________ 'Nachtlager' **I** gr. *ksyrón* :: **ksu-ró-* > (c24) ____________ > (10) ____________ 'Rasiermesser'

4.2: *g^w > **g*	**13.2:** *H* > Ø / #_*C*	**22.1:** *G* > *K* / _*K*	**c4:** **eh_2* > **aH* > *ā*
10: **e/o* > *a* und **ē/ō* > *ā*	**13.4:** **VH* > *V̄*	**22.3:** *C* > *N* / _*N*	**c24:** **s* > *ṣ* / *r, r̥, ŭ, k, ĭ*_
11.2: **au̯* > *o*	**17.1:** **ṣt* > *ṣṭ*	**24:** **n* > *ṇ*	

KONSONANTEN

21 Auslautprozesse I

Reduzierung auslautender Mehrfachkonsonanz auf einen Konsonanten

Im absoluten Auslaut wurden Konsonantengruppen bis auf ihren ersten Konsonanten vereinfacht. So etwa im Nom. Sg. des Ptz. Prs. **bharant-s* > (28.1) *bharan* 'tragend' im Gegensatz zum Akk. Sg. *bharant-am* oder auch in **prā́nkṣ* > (28.1) *prā́n* 'östlich', dem Nom. zum Stamm *prā́ñc-*. Ein zur Wurzel gehöriges auslautendes *k*, *ṭ*, *t*, *p* blieb wie in *ūrk* 'Stärke' nach *r* jedoch erhalten, um den Informationsgehalt des Wortes nicht zu gefährden. Im Ipf. **abibhar-t* > *abibhar* 'er trug' zur Wurzel √*bhar-* 'tragen' ging hingegen die Endung *-t* der 3. Sg. verloren, weil sie in diesem Fall Flektionsendung war und nicht zur Wurzel gehörte.

Lit.: Thumb 1905:121ff.

Desonorisierung und Deaspirierung von Verschlusslauten im absoluten Auslaut

Im absoluten Auslaut waren im Ai. nur Vokale, Diphthonge, Halbvokale, Nasale, der Visarga *ḥ* sowie stimmlose unaspirierte Konsonanten zulässig. Von den Verschlusslauten einer Reihe war daher jeweils nur der stimmlose unbehauchte zulässig. Daher erscheinen die labialen Konsonanten *p*, *ph*, *b*, *bh* als *p*, die dentalen Konsonanten *t*, *th*, *d*, *dh* als *t*, die retroflexen Konsonanten *ṭ*, *ṭh*, *ḍ*, *ḍh* als *ṭ* und die gutturalen Konsonanten *k*, *kh*, *g*, *gh* als *k*. Die palatalen Konsonanten *c*, *ch*, *j*, *jh* waren im Auslaut nicht zulässig und hatten entweder denselben Reflex wie die gutturalen Konsonanten, also *k*, oder denselben Reflex wie die retroflexen Konsonanten, also *ṭ*. Auch die Konsonanten *h*, *ś*, *ṣ* ergaben entweder *k* oder *ṭ*. Weiterhin wurden *s* und *r* zu *ḥ*.

Lit.: Thumb 1905:128: Stiehl 2007:309.

Verschiedene Resultate derselben Ausgangsform

Bei einigen Formen ergeben sich bei gleicher Ausgangslage unterschiedliche Ergebnisse. Man vergleiche *viṭ* < **u̯ik̂s* 'Dorf' mit *dik* < **dik̂s* 'Himmelsrichtung', deren Stämme *viś-* < **u̯ik̂-* und *diś-* < **dik̂-* lauten, wobei *ś* auf **k̂* zurückgeht. Im Auslaut ergab sich zum einen retroflexes *ṭ* und zum anderen gutturales *k*. Der Grund dafür liegt in einer Überschneidung zweier Lautgesetze, nämlich der oben beschriebenen Vereinfachung auslautender Doppelkonsonanz sowie der Entwicklung **ṭṣ* > (19.1) *kṣ*. Die Lautgruppe **k̂s* der Vorformen **u̯ik̂s* und **dik̂s* ergab durch die Entwicklung **k̂* > **ć* zunächst iir. **ćs* [t̠ʃs], das durch reziproke Assimilation weiter zu **ṭṣ* wurde: **ćš* [t̠ʃs] > *[t̠s] > **ṭṣ*. Diese Lautgruppe entwickelte sich aus phonotaktischen Gründen weiter zu *kṣ* wie in **rék̂ses-* > iir. **raćsas-* > (18.6) **rā́ṭṣas-* > (19.1) *rā́kṣas-* 'Schaden'. Als die Vorformen **u̯ik̂s* und **dik̂s* nun zu **u̯iṭṣ* und **diṭṣ* geworden waren, wirkte bereits LWP 28.1, wodurch **u̯iṭṣ* zu *viṭ* wurde. Die Form **diṭṣ* wurde erst nach ihrer Weiterentwicklung zu **dikṣ* von LWP 28.1 erfasst, wodurch *dik* entstand.

Unterschiede zwischen synchroner und diachroner Herleitung

Die ai. Grammatiker leiteten den Nominativ eines Wortes von dessen Wortstamm her: *vā́k* < *vā́c-* 'Stimme', *ásr̥k* < *ásr̥j-* 'Blut', *divaspŕ̥k* < *divaspŕ̥ś-* 'den Himmel berührend'. Dies ist historisch jedoch nicht korrekt, da etwa im Falle von *vā́k* das *c* des Stammes *vā́c-* bereits die palatalisierte Variante des *k* darstellt, das in *vā́k* erhalten ist. Weiterhin lässt sich *vā́k* auf **u̯ōkʷs* zurückführen, woraus der Nominativ wie folgt entstand: **u̯ōkʷs* > (4.1) **u̯ōks* > (c24) **u̯ōkṣ* > (10) **vā́kṣ* > (28.1) *vā́k*. Nachdem die Nominativendung *s* nach *k* zu *ṣ* geworden war, schwand diese im Auslaut, da dieser auf nur einen Konsonanten reduziert wurde. Da an mehreren Stellen im Paradigma wie im Gen. Sg **u̯ōkʷes* > (4.1) **u̯ōkes* > (c10) *vā́cas* aus **kʷ* palatalisiertes *c* entstanden war, sahen die ai. Grammatiker diesen Laut als Wortstamm an. Die av. Entsprechung *vāxs* 'Stimme' weist das im Indischen geschwundene auslautende *-s* noch auf.

Übungen

Ü1 Vereinfachung auslautender Doppelkonsonanz

A lat. *nox* :: **nok^{w}t-s* > (4.1) __________ > (10.3) __________ > (28.1) __________ 'Nacht' **B** Akk. Sg. *bhavantam* :: Nom. Sg. **bhavants* > (28.1) __________ 'seiend' **C** lat. *rēx* :: **h$_{3}$rēĝ-s* > (13.2) __________ > (22.1) __________ > (5.1) __________ [__________] > (18.6) __________ > (10) __________ > (28.1) __________ 'König' **D** *hanti* 'erschlägt' :: **h$_{1}$e-g^{wh}en-t* > (c1) __________ > (4.3) __________ > (c9) __________ > (10.1) __________ > (28.1) __________ 'er erschlug' **E** *santi* 'sind ' :: **h$_{1}$s-ent-s* > (13.2) __________ > (10.1) __________ > (28.1) __________ 'seiend' **F** *dhákṣu-* 'brennend' :: 3. Sg. Aor. **a-dhāgh-s-t* > (22.5) __________ > (c24) __________ > (17.1) __________ > (28.1) __________ 'brannte' **G** dt. *taugen* :: **h$_{1}$e-d^{h}eu̯g^{h}t* > (c1) __________ > (22.5) __________ > (10.1) __________ > (11.2) __________ > (28.1) __________ 'er molk' **H** lat. *māter* :: **mā́tēr* > (10) __________ > (28.2) __________ 'Mutter' **I** **chand-ti* > (22.1) __________ 'gefällt' :: 3. Sg. Aor. **achānd-s-t* > (22.1) __________ > (28.1) __________ 'gefiel' **J** *aśnóti* 'erreicht' :: Aor. **Hé-Hneḱ-t* > (13.1) __________ > (13.4) __________ > (5.1) __________ [__________] > (18.6) __________ > (10) __________ > (28.1) __________ 'erreichte' **K** *vīrudha-* 'Pflanze' :: **vīrudh-s* > (22.5) __________ > (28.1) __________ 'Kraut' **L** √*marj-* 'abstreichen' < **merĝ-* :: **h$_{1}$e-mērĝ-t* > (c1) __________ > (22.1) __________ > (5.1) __________ [__________] > (10) __________ > (18.6) __________ > (28.1) __________ 'er strich ab' **M** √*leh-* 'lecken' < **leiĝ^{h}-* :: **med^{h}u-liĝ^{h}s* > (22.5) __________ > (5.1) __________ > (18.6) __________ > (10) __________ > (28.1) __________ 'Biene~Honigleckerin' **N** lat. *sex* :: **seḱs* > (5.1) __________ > (18.6) __________ > (10) __________ > (*s… ṣ* > *ṣ… ṣ*) __________ > (28.1) __________ 'sechs' **O** *kāmaduh-* :: Nom. **keh$_{2}$mo-d^{h}ug^{h}s* > (c4) __________ > (22.5) __________ > (10) __________ > (28.1) __________ 'Wunschkuh'

4.1: **k^{w}* > **k*	**10.3:** **o* > *a*	**17.1:** **ṣt* > *ṣṭ*	**28.2:** **r/n* > Ø / *V̄_##*
4.3: **g^{wh}* > **g^{h}*	**11.2:** **au̯* > *o*	**18.6:** **ćs* [t̠šs] > **ṭṣ*	**c1:** **h$_{1}$e* > **He* > *e*
5.1: **k̂* > **ć* [t̠š]	**13.1:** **H* > Ø / *_V*	**22.1:** *G* > *K* / *_K*	**c4:** **eh$_{2}$* > **aH* > *ā*
10: **e/o* > *ā* und **ē/ō* > *ā*	**13.2:** **H* > Ø / *#_C*	**22.5:** *D^{H}* > *T* / *_S*	**c9:** **ĝ^{h}* > *h*
10.1: **e* > *a*	**13.4:** **VH* > *V̄*	**28.1:** **C$_{1}$C$_{2}$(C$_{3}$)* > *C$_{1}$* / *_##*	**c24:** **s* > *ṣ* / *r, r̥, ŭ, k, ĭ* _

KONSONANTEN

22 Auslautprozesse II

Auslautendes *-ns bleibt im Sandhi erhalten

Die im vorangehenden Kapitel beschriebene Vereinfachung auslautender Mehrfachkonsonanz auf einen Konsonanten betraf auch die uridg. Akk. Pl. Endung **-ns*. Daher entwickelte sich die mit lat. *deōs* verwandte Vorform Akk. Pl. **devāns* durch Ausfall des auslautenden *-s* weiter zu *devān* 'Götter'. Da der absolute Auslaut jedoch nur am Ende einer Wortfolge oder bei isoliert gesprochenen Wörtern vorkommt, blieb die alte Endung **ns* an gewissen Positionen im Sandhi erhalten, was synchron jedoch wie ein zusätzlicher Einschub eines *s* aussah. Vom synchronen Standpunkt aus wurde zwischen auslautendem *-n* und den anlautenden stimmlosen Palatalen *c*, *ch*, den Retroflexen *ṭ*, *ṭh* und den Dentalen *t*, *th* der entsprechende Sibilant *ś*, *ṣ*, *s* eingeschoben und *-n* wurde dabei zu Anusvara. Die synchrone Sandhi-Regel lautet *devān ca* > (s15.1) *devāṃś_ca*, wohingegen diachron gesehen eigentlich der folgende Vorgang vorliegt: *devāns ca* > (22.10) *devānś_ca* > (s14.1) *devāṃś_ca*. Zunächst assimilierte sich *s* an folgendes palatales *c* und wurde zu *ś*, bevor anschließend der Nasal *n* vor Konsonant als *ṃ* artikuliert wurde. Im Vedischen findet sich dieser Sandhi nur an den Stellen, an denen er etymologisch berechtigt ist, d.h. in den Fällen, in denen im Auslaut ein ursprüngliches *s* nach *n* stand. Im klassischen Sanskrit wurde daraus dann eine Sandhi-Regel abgeleitet, die anschließend auf alle passenden Lautkontexte erweitert wurde, auch wenn diese historisch nicht aus **ns* entstanden waren.

Lit.: Thumb 1905:130.

Sandhi von auslautendem n und ṅ nach Kurzvokal vor Vokal

Die Vereinfachung auslautender Mehrfachkonsonanz betraf auch auslautendes **-nts* und **-nt* wie beim Ptz. Prs. **bharants* > *bharan* 'tragend' oder bei der 3. Ps. Pl. Prt. **āsant* > *āsan* 'sie waren'. Die Reduzierung des Auslauts auf nur einen Konsonanten hatte vor anlautendem Vokal zur Folge, dass aus der zuvor geschlossenen Endsilbe eine offene Silbe entstand, da das auslautende *n* mit dem vokalischen Anlaut des nächsten Wortes zusammen eine Silbe gebildet hatte. Um die Silbenstruktur aufrechtzuerhalten, verdoppelten die Sprecher in einer Folge aus auslautendem Kurzvokal plus Nasal vor anlautendem Vokal den Nasal und ahmten so die durch den Lautwandel verlorenen Konsonanten in ihrer silbenschließenden Funktion nach. Stand *āsan* also vor einem Wort wie *atra* 'hier', das mit Kurzvokal anlautete, erfolgte der Sandhi *āsan atra* > (s16.1) *āsann_atra* 'sie waren hier'. Diese Regel betrifft nur *n* und *ṅ*, da *ñ* und *ṇ* nicht im Auslaut vorkommen und *m* von der Regel nicht erfasst wird. Weiterhin bezieht sich die Regel bei auslautendem *ṅ* nur auf Richtungsadverbien wie *pratyaṅ* 'nach Westen', was den Sandhi von *pratyaṅ āsīnaḥ* > (s16.2) *pratyaṅṅ_āsīnaḥ* 'nach Westen sitzend' erklärt. Wie beim oben erklärten Sandhi von *devāns ca* > (s15.1) *devāṃś_ca* wurde auch hier der etymologisch entstandene Zusammenhang anschließend auf alle synchronen Kontexte übertragen, auch wenn in diesen Fällen auslautendes *-n* nicht auf eine Mehrfachkonsonanz zurückging.

Sandhi von anlautendem ch nach Vokal

Eine strukturell ähnliche Sandhi-Erscheinung zeigt die Entwicklung von anlautendem *ch* nach Kurzvokal sowie gelegentlich nach Langvokal. Der Laut *ch* geht nach Ausweis einiger klarer Etymologien auf uridg. **sk̂* oder **sk̂ʰ* zurück, wie in *chāyā́-* 'Schatten' < **sk̂eh₁-i̯eh₂-* (gr. *skiā́*, toch. B *skiyo*), √*ched-* 'zerspalten' < **sk̂⁽ʰ⁾ei̯d-* (gr. *skhízō*, lat. *scindō*). Da *ch* synchron ein einzelner Konsonant war, der aus den zwei Konsonanten **sk̂⁽ʰ⁾* entstanden war, wurde auch hier *ch* im Sandhi zu *cch* geminiert, um die Silbenstruktur aufrechtzuerhalten: *na chāyām vindāmi* > (s5.1) *nacchāyāṃ_vindāmi* 'ich finde keinen Schatten'. Dieser Prozess wurde anschließend auf alle inlautenden Kontext wie **gʷm̥-sk̂e-ti* > *gacchati* 'geht' oder **i̯m̥-sk̂e-ti* > *yacchati* 'reicht' übertragen. Dieser Sandhi ist in *ā chādayati* > *ā_cchādayati* 'er bedeckt' auch nach Langvokal zu finden, obwohl hier durch den Langvokal schon eine lange Silbe gegeben war.

Übungen

Ü1 Etymologisches **-ns* taucht im Sandhi wieder auf

A *vr̥kān ca* > (s15.1) ____________ ‘und die Wölfe’ **B** *abharan ca* > (s15.1) ____________ ‘und sie trugen’ **C** *tān ṭaṅkān* > (s15.2) ____________ ‘diese Hacken’ **D** *devān tatra* > (s15.3) ____________ ‘die Götter hier’ **E** *śaśin tvarasva* > (s15.3) ____________ ‘oh Mond, eile!’ **F** *hasan cakāra* > (s15.1) ____________ ‘er tat es lachend’ **G** *pāśān chettum* > (s15.1) ____________ ‘um die Fesseln zu lösen’ **H** *patan taruḥ* > (s15.3) ____________ ‘ein fallender Baum’ **I** *hasan ṭīkate* > (s15.2) ____________ ‘lachend trippelt er’ **J** *calan ṭiṭṭibhaḥ* > (s15.2) ____________ ‘ein laufender Vogel’

Ü2 Sandhi von auslautendem Nasal nach Kurzvokal vor Vokal

A *tasmin adrau* > (s16.1) ____________ ‘auf diesem Berg’ **B** *gacchan īkṣate* > (s16.1) ____________ ‘gehend schaut er’ **C** *pratyaṅ āste* > (s16.2) ____________ ‘er sitzt nach Osten’ **D** *yogin āgaccha* > (s16.1) ____________ ‘Oh Yogi, komm!’ **E** *dhāvan aśvaḥ* > (s16.1) ____________ ‘rennendes Pferd’ **F** *pratyaṅ āsīnaḥ* > (s16.2) ____________ ‘nach Westen sitzend’

Ü3 Nach Kurzvokal sowie *ā* und *mā* wird anlautendes *ch* zu *cch.*

A *tava chāyā* > (s5.1) ____________ ‘dein Schatten’ **B** *taru chāyā* > (s5.1) ____________ ‘Baumschatten’ **C** *ā chādayati* > (s5.1) ____________ ‘er bedeckt’ **D** *ā chāditaḥ* > (s5.1) ____________ ‘zugedeckt’ **E** *mā chidat* > (s5.1) ____________ ‘lass ihn nicht schneiden!’ **F** *mā chaitsīt* > (s5.1) ____________ ‘er soll nicht schneiden!’ **G** *badarī chāyā* > (s5.1) ____________ ‘Schatten des Jujuba-Baums’

s5.1: *V̆+ ch > V̆_cch*	**s15.2:** *n+ ṭ(h) > ṃṣ_ṭ(h)*	**s16.1:** *n > nn / V̆_#V*
s15.1: *n+c(h) > ṃś_c(h)*	**s15.3:** *n+ t(h) > ṃs_t(h)*	**s16.2:** *ṅ > ṅṅ / V̆_#V*

KONSONANTEN

23 Die silbischen Nasale und Liquiden

Zusammenfall von *l/l̥ und *r/r̥ zu *r/r̥

Schon im Uriir. fielen die Phoneme *l und *r zu *r sowie ihre vokalischen Allophone *r̥ und *l̥ zu *r̥ fast vollständig zusammen. In einigen wenigen Wörten wie *lúbhyati* 'ist verwirrt' < *leu̯b^{h}- blieb ein ursprüngliches *l als *l* jedoch erhalten. Beispiele für den Lautwandel sind *u̯l̥k^{w}o- > iir. *u̯ŕ̥ka- > *vŕ̥ka-* 'Wolf' (gr. *lúkos*, lat. *lupus*) sowie*h$_1$élk̂os- > *árśas-* 'Wunde' im Vergleich mit gr. *hélkos*. Vom ai. Standpunkt aus ist es also nicht mehr möglich zu entscheiden, ob ein ursprüngliches *r oder *l vorliegt.

Lit.: Thumb 1905:62–62.

Die silbischen Nasale

Der Vergleich von √*nam-* 'verneigen, beugen' mit dem PPP *nm̥ -tó- > *natá-* 'gebeugt' sowie von √*bandh-* binden' mit *b^{h}n̥d^{h}tó- > *baddhá-* 'gebunden' zeigt einen regelmäßigen Wechsel von Wortformen mit und ohne Nasal, wobei das *a* von *n**a**tá-* und *b**a**ddhá-* in diesem Fall auf die silbische Variante des Nasals zurückgeht, der in √*nam-* und √*bandh-* erhalten ist. Da PPPs regelmäßig von der Schwundstufe der Wurzel gebildet werden, geht das fettgedruckte ***a*** in *natá-* auf silbisches *m̥ und das in *b**a**ddhá* auf silbisches *n̥ zurück. Weitere Beispiele sind *ś**a**tám* 'hundert' < *k̂m̥tóm und *sapt**á*** 'sieben' < *septm̥, denen lat. *c**en**tum* und *sept**em*** entsprechen. Vor folgendem *i̯, *u̯, *m sowie im Auslaut wurden *n̥ und *m̥ zu *an* und *am*, was man an Formen wie *g^{w}m̥ -i̯e-toi̯ > *gamyate* 'geht' und *g^{wh}n̥-i̯e-toi̯ > *hanyate* 'tötet, schlägt' sieht. Der Akk. Sg. der Konsonantenstämme *pā́dam* < *pód-m̥ ist ein Beispiel für den Auslaut (lat. *pedem*, gr. *póda* < *pódm̥). Allerdings ist hier auch eine lautgesetzliche Entwicklung von *pód-m̥ > *pā́d-a mit anschließender analogischer Remarkierung durch *m* denkbar. Das lange *ā* von *pā́dam* ist durch das Brugmannsche Gesetz bedingt (vgl. Kap. 5). Bei *gamyate* und *hanyate* sind analogische Erklärungen oder nicht lautgesetzliche Restituierungen jedoch nicht auszuschließen.

Lit.: Thumb 1905:65–69.

Resonant plus Laryngal vor Konsonant

Die Lautgruppen aus silbischem Resonant plus Laryngal *r̥H, *l̥H fielen zunächst zu *r̥H zusammen und wurden vor einem folgenden Konsonanten anschließend zu *īr*, oder in labialer Umgebung zu *ūr*. Das mit gr. *strōtós* verwandte *stīrṇá-* 'ausgebreitet' geht auf *str̥h$_3$nó- zur uridg. Wurzel *sterh$_3$- und das mit lat. *plēnus* verwandte *pūrṇá-* 'voll' geht auf *pl̥h$_1$nó- zur uridg. Wurzel *pelh$_1$- zurück. Die Lautgruppe *m̥H wurde zu *ām*, wie man an dem mit gr. *ádmētos* verwandten *adā́mta-* 'ungezähmt' < *n̥-dm̥h$_2$-tó- zur uridg. Wurzel *demh$_2$- sehen kann. Dies erklärt auch gelängte Vokale einiger Verben wie etwa √*bhram-* 'schweifen' > *bhrāmyati* 'schweift', da hier die zugrundeliegende uridg. Wurzel *b^{h}remH- einen Laryngal aufweist. Im Falle von *n̥H entstand langes *ā*, wie man an dem mit gr. *gnētós* verwandten *ĝn̥h$_1$-tó- > *jātá-* 'geboren' zur Wurzel *ĝenh$_1$- sieht.

Lit.: Thumb 1905:69–72; Mayrhofer 1978:19.

Resonant plus Laryngal vor Vokal

Vor einem Vokal entwickelten sich die Lautgruppen aus silbischem Resonant plus Laryngal *r̥H, *l̥H zu *ir* oder *ur*, wobei die genaue Verteilung im Einzelfall nicht klar ist, es aber eine Präferenz dahingehend festzustellen gibt, dass *ur* meist vor labialem *u* auftritt. Das mit gr. *barús* verwandte *gurú-* 'schwer' geht auf *g^{w}r̥H-ú- zurück, wobei zunächst der Labiovelar zu einem Velar und anschließend *r̥H zu *ur* wurde: *g^{w}r̥H-ú- > (4.2) *gr̥H-ú- > (14.4) *gurú-*. Dies erklärt auch den Langvokal im Paradigma von Nom. *gīr* 'Loblied' im Gegensatz zu Akk. *giram*, da im Nom. *g^{w}r̥H-s > (4.2) *gr̥H-s > (14.1) *gīrs > (28.1) *gīr* die Lautgruppe *r̥H vor Konsonant und im Akk. *g^{w}r̥H-m̥ > (4.2) *gr̥H-m̥ > (15.4) *gr̥H-am > (14.2) *giram* vor Vokal stand.

Übungen

Ü1 Merger von *l und *r / Silbische Nasale

A lat. *pluit* ‘regnet’ :: 3. Pl. **pleu̯onto* > (9) __________ > (10) __________ ‘sie schwimmen’ **B** lat. *relinquō* :: **linék^{w}ti* > (4.1) **linékti* > (9) __________ > (10.1) __________ > (24) __________ ‘verlässt’ **C** lat. *mollis* :: **ml̥dú-* > (9) __________ ‘weich’ **D** gr. *tatós* :: **tn̥tó-* > (15.1) __________ > (10) __________ ‘gedehnt’ **E** gr. *elakhús* :: **h$_{1}$ln̥g^{wh}ú-* > (13.2) __________ > (4.3) __________ > (15.1) __________ > (9) __________ ‘leicht’ **F** √*bhañj-* ‘brechen’ :: **bhn̥gná-* > (15.1) __________ ‘gebrochen’ **G** lat. *mēns* ‘Verstand’ :: **mn̥tá-* > (15.1) __________ ‘gedacht’ **H** √*dam̥ś-* ‘beißen’ :: **dm̥śati* > (15.2) __________ ‘beißt’ **I** lat. *ventus* :: **g^{w}m̥tó-* > (4.2) __________ > (15.2) __________ > (10) __________ ‘gekommen’ **J** **néb^{h}os-* > (10) __________ ‘Wolke’ :: **n̥b^{h}-ró-* > (15.1) __________ > (10.3) __________ ‘Gewitterwolke’ **K** lat. *nox* :: **n̥k^{w}téh$_{2}$* > (c4) __________ > (4.1) __________ > (15.1) __________ ‘Nacht’ **L** het. *peru* ‘Fels’ :: **péru̯n̥to-* > (15.1) __________ > (10) __________ ‘felsig’

Ü2 Silbischer Resonant plus Laryngal vor Konsonant und vor Vokal

A √*tam-* ‘erstarren’ :: **tm̥H-i̯e-ti* > (14.7) __________ > (10) __________ ‘erstarrt’ **B** √*śram-* ‘ermüden’ :: **k̂rm̥h$_{2}$-i̯e-ti* > (14.7) __________ > (c7) __________ > (10) __________ ‘ermüdet’ **C** *támas-* ‘Dunkelheit’ :: **tm̥H-ró-* > *(14.7)* __________ > (10.3) __________ ‘dunkelrot’ **D** lat. *antae* :: **h$_{2}$n̥Ht-eh$_{2}$-* > (c4) __________ > (14.6) __________ > (13.1) __________ ‘Türrahmen’ **E** lit. *ántis* :: **h$_{2}$n̥h$_{2}$-tí-* > (1.5) __________ > (14.6) __________ > (13.1) __________ ‘Ente’ **F** lat. *glōs* :: **gl̥h$_{2}$-i-* > (9) __________ > (14.2) __________ ‘Schwägerin’ **G** gr. *trõma* ‘Wunde’ :: **tr̥h$_{3}$-o-* > (14.4) __________ > (10.3) __________ ‘krank, wund’ **H** lat. *lātus* ‘getragen’ :: **tl̥h$_{2}$-éh$_{2}$* > (c4) __________ > (14.5) __________ ‘Waage’ **I** het. *tarh-* ‘überwinden’ :: **tr̥Hés* > (14.2) __________ > (10) __________ ‘durch’ **J** √*kr̥̄* ‘ausstreuen’ :: **kr̥H-e-ti* > (14.2) __________ > (10) __________ ‘streut aus’

1.5: *$h_{1/2/3}$ > *H	**10:** *e/o > a und *ē/ō > ā	**14.4:** *r̥H > ur / _V	**15.2:** *m̥ > a
4.1: *k^{w} > *k	**10.3:** *o > a	**14.5:** *l̥h$_{2}$ > ul / _V	**24:** *n > ṇ
4.2: *g^{w} > *g	**13.1:** *H > Ø / _V	**14.6:** *n̥H > *aH > ā	**c4:** *eh$_{2}$ > *aH > ā
4.3: *g^{wh} > *g^{h}	**13.2:** *H > Ø / #_C	**14.7:** *m̥H > ām	**c7:** *k̂ > ś
9: *l/l̥ > r/r̥	**14.2:** *r̥H > ir / _V	**15.1:** *n̥ > a	

24 Laryngale I

Laryngale neben Vokalen

Der uridg. Laryngal *h_2 färbte ein angrenzendes *e* zu *a* und der uridg. Laryngal *h_3 färbte ein angrenzendes *e* zu *o*. Laryngal *h_1 veränderte ein angrenzendes *e* nicht. Anschließend schwanden die Laryngale **vor** Vokalen spurlos und **hinter** Vokalen mit Ersatzdehnung des vorangehenden Vokals. So entstand das anlautende *a* von gr. *antí*, lat. *ante* und ai. *ánti* < *h_2*énti* 'davor' aus *e*, das durch *h_2 zu *a* wurde. Weil der Laryngal vor dem umgefärbten Vokal stand, erfolgte keine Ersatzdehnung im Gegensatz zu *pé$h_2$ti* > (1.2) *pá$h_2$ti* > (1.5) *páHti* > (13.4) *pā́ti* 'schützt', wo der Laryngal *h_2 hinter *e* stand. Ein anderes Beispiel ist das mit lat. *oculus* verwandte *ákṣi-* 'Auge', dessen erster Teil auf *h_3*é*k^w*s-* zurückzuführen ist. Der Laryngal bewirkte die Veränderung von *e* zu *o*, das im Lat. erhalten blieb und im Ai. zu *a* wurde. Dabei ist jedoch theoretisch auch eine Ausgangsform *h_3*ó*k^w*s-* möglich. Das auslautende *i* ist eine Neuerung und kann nicht direkt auf das Uridg. zurückgeführt werden, sondern entstand wohl in Anlehnung an formgleiche Wörter für Körperteile wie *ásthi-* 'Knochen'. Viele Langvokale des Ai. entstanden durch den Wegfall von Laryngalen mit Ersatzdehnung des vorangehenden Vokals. Beispiele für *ū* und *ī* sind *dhūmá-* 'Rauch'< *d^h*u*h_2*-mó-*, das mit lat. *fūmus* verwandt ist, oder *krūrá-* 'Fleisch, roh' < *kruh_2-ró-*, das mit lat. *cruor* 'Blut' verwandt ist, oder auch *vīrá-* 'Mann, Held' < *u̯iH-ró-*, das mit lat. *vīs* 'Kraft, Gewalt' verwandt ist.

Laryngale zwischen Konsonanten

Zwischen Konsonanten sind die uridg. Laryngale *h_1, *h_2, *h_3 einheitlich als *i* fortgesetzt. Ein Beispiel für Laryngal *h_1 ist das PPP *$d^h h_1$*tó-* > (1.6) *dhitó-* > (10.3) *dhitá-* > (29.1) *hitá-* 'gesetzt' von uridg. *d^h*e*h_1- 'setzen, stellen', das gr. *thetós* entspricht. Ein Beispiel für Laryngal *h_2 ist das PPP *st$h_2$tó-* > *sthitá-* 'gestellt' von uridg. *steh_2-* 'stehen', das weiterhin die Behauchung von *t* durch *h_2 aufweist (vgl. nächstes Kap.) und mit gr. *statós* und lat. *status* verwandt ist. Ein Beispiel für Laryngal *h_3 ist das PPP *d$h_3$tó-* > *ditá-* 'gegeben' von uridg. *deh_3-* 'geben', das gr. *dotós* und lat. *datus* entspricht. Im Lat. sind interkonsonantische Laryngale einheitlich als *a* und im Gr. je nach Laryngal *h_1, *h_2, *h_3 als *e*, *a*, *o* fortgesetzt.

Laryngale im Anlaut vor Konsonant

Im Anlaut vor Konsonant schwanden die Laryngale im Altindischen vollständig, wohingegen sie im Griechischen als Vokale reflektiert sind, wie man anhand des Vergleichs von gr. *anḗr* < *h_2*nér-s* mit der Entwicklung von *h_2*néro-* > (1.5) *Hnéro-* > (10) *Hnára-* > (13.2) *nára-* 'Mann' sehen kann. Die Längung des Vorderglieds von ved. *sū-nara-* 'Jüngling, jugendlich schön' < *su-Hnara-* < *su-$h_2$nero-* mit *ū* statt zu erwartendem kurzem *u* kann als Indiz eines früheren Laryngals gedeutet werden. Ein weiteres Beispiel ist der Vergleich von gr. *ophrũs* < *$h_3 b^h$*ruH-s* mit *bhrū́-* < *$h_3 b^h$*ruH-* 'Augenbraue', wobei der Laryngal im Gr. durch den anlautenden Vokal reflektiert ist.

Übersicht der Laryngalentwicklungen vom Urindogermanischen zum Altindischen

Uridg.	*h_1*e*	*e*h_1	*h_2*e*	*e*h_2	*h_3*e*	*e*h_3	*Hi*	*iH*	*Hu*	*uH*	*CHC*
Spät-Uridg.	*He*	*eH*	*Ha*	*aH*	*Ho*	*oH*	*Hi*	*iH*	*Hu*	*uH*	*CHC*
Uriir.	*Ha*	*aH*	*Ha*	*aH*	*Ha*	*aH*	*Hi*	*iH*	*Hu*	*uH*	*CHC*
Altindisch	*a*	*ā*	*a*	*ā*	*a*	*ā*	*i*	*ī*	*u*	*ū*	*CiC*

Übungen

Ü1 Laryngale neben (A - N) und zwischen Vokalen (O - Q)

A jav. sāma- :: *ḱi̯eh$_1$mó- > (c2) __________ > (c7) __________ > (10) __________ 'schwarz' **B** lat. sōns 'schuldig' :: *n̥-h$_1$sn̥t- > (14.6) __________ > (15.1) __________ 'nicht seiend' **C** lat. agō :: *h$_2$í-h$_2$ĝ-e-toi̯ > (1.5) __________ > (13.1+13.4) __________ > (c8) __________ > (10) __________ > (11.1) __________ 'treibt' **D** ákṣi- 'Auge' :: *h$_3$í-h$_3$k^{w}s-oi̯ > (1.5) __________ > (13.1+13.4) __________ > (4.1) __________ > (c24) __________ > (10) __________ > (11.1) __________ 'nehme wahr' **E** *h$_2$í-h$_2$sd-oi̯ > (1.5) __________ > (13.1+13.4) __________ > (22.2) __________ > (c25) __________ > (17.2) __________ > (20) __________ > (10) __________ > (11.1) __________ 'preise' **F** *h$_2$í-h$_2$ḱ-oi̯ > (1.5) __________ > (13.1+13.4) __________ > (c7) __________ > (10) __________ > (11.1) __________ 'herrsche' **G** het. hi-iš-ši 'an der Deichsel' :: *h$_2$iHs-éh$_2$- > (c4) __________ > (1.5) __________ > (13.1+13.4) __________ > (c24) __________ 'Deichsel' **H** lat. vānus 'leer' :: *uh$_2$nó- > (13.4) __________ > (10) __________ 'unzureichend' **I** an. vella 'sprudeln' :: *u̯l̥H-mi- > (14.3) __________ > (27.5) __________ 'Welle' **J** gr. orthós :: *u̯r̥Hd^{h}u̯ó- > (14.3) __________ > (10) __________ > (27.5) __________ 'gerade' **K** gr. orgḗ 'Leidenschaft' :: *u̯r̥Hĝ-éh$_2$- > (c4) __________ > (14.3) __________ > (c8) __________ > (27.5) __________ 'Stärkung' **L** dt. Atem :: *eh$_1$t-men- > (c2) __________ > (10) __________ 'Seele' **M** áp- 'Wasser' < *h$_2$ep- :: *anu-h$_2$p-ó- > (13.4) __________ > (10) __________ 'Marschland' **N** *n̥b^{h}í-h$_3$k^{w}o- > (13.4) __________ > (4.1) __________ > (15.1) __________ > (10) __________ 'Begegnung' **O** lat. fānum :: *d^{h}h$_1$s-ni̯o -> (1.6) __________ > (c24) __________ > (24) __________ > (10) __________ 'heilig' **P** gr. patḗr :: *ph$_2$tḗr > (1.6) __________ > (10.2) __________ > (28.2) __________ 'Vater' **Q** gr. dósis :: *dh$_3$ti- > (1.6) __________ 'Gabe'

1.5:	*h$_{1/2/3}$ > *H	**13.1:**	*H > Ø / _V	**20:**	*z / ẓ > Ø ohne ED	**c4:**	*eh$_2$ > *aH > ā
1.6:	*H > i / C_C	**13.4:**	*VH > V̄	**22.2:**	C > G / _G	**c7:**	*ḱ > ś
4.1:	*k^w > *k	**14.3:**	*l̥H > ūr / _C	**24:**	*n > ṇ	**c8:**	*ĝ > j
9:	*l/l̥ > r/r̥	**14.6:**	*n̥H > *aH > ā	**27.5:**	u̯ > Ø / #_ū	**c24:**	*s > ṣ / r, r̥, ŭ, k, ĭ_
10:	*e/o > a und *ē/ō > ā	**15.1:**	*n̥ > a	**28.2:**	*r/n > Ø / V̄_##	**c25:**	*z > ẓ / r, r̥, ŭ, k, ĭ_
11.1:	*ai̯ > e	**17.2:**	*zd > *ẓḍ	**c2:**	*eh$_1$ > *eH > *ē		

25 Laryngale II

Aspirierung durch Laryngale

Das mit lat. *pōns* ‘Brücke’ und gr. *póntos* ‘Meer’ verwandte Wort *pánthā-* ‘Weg, Bahn’ hat im Vedischen die Formen Nom. Sg. *pánthās*, Akk. Sg. *pánthām*, Gen. Abl. Sg. *pathás*, Instr. Pl. *pathíbhis* und weist somit die Stammvarianten *panth-*, *path-* und *pathi-* auf, die alle drei die Tenuis Aspirata *th* zeigen. Dieses Wort findet sich ebenfalls in av. *pan̨tā̊* mit dem Gen. jav. *paθō*, wo dessen Stamm jedoch einen Wechsel von *t* und *θ* aufweist, wobei sich ai. *t* und av. *t* sowie ai. *th* und av. *θ* entsprechen sollten. Da die außerindoiranischen verwandten Sprachen keine Spur eines ursprünglichen *th* zeigen, kann man davon ausgehen, dass ai. *th* und jav. *θ* sekundär sind. Die Entwicklung _*t > th_ lässt sich in diesem Fall durch die Einwirkung von _*h_$_2$ erklären, da die Vorgeschichte des Wortes *pánthā-* auf ein Paradigma zurückführt, das im Nom. Sg. _*pént-oh_$_2$_-s_ und Akk. Sg. _*pént-oh_$_2$_-m̥_ den starken Stamm der Wurzel _*pent-_ zeigte, die durch ein stammbildendes Element _*-eh_$_2$_-/*-oh_$_2$_-_ und durch die Kasusendungen *-s* sowie *-m* erweitert war. In den schwachen Kasus wie Gen. Sg. _*pn̥t-h_$_2$_-és_ lag einerseits die Schwundstufe der Wurzel _*pn̥t-_ und andererseits eine Kontaktstellung von *t* und *h*$_2$ vor, woraus ai. *th* und av. *θ* entstanden. Diese Behauchung wurde anschließend analogisch auf alle Kasus des Paradigmas übertragen.

Binnenhiat nach Laryngalschwund zwischen Vokalen

Der Schwund intervokalischer Laryngale _*VHV > *VØV_ hinterließ im Rigveda an einigen Stellen einen metrisch relevanten Hiat. So muss der Akk. Sg. *pánthām* < _*pánthaHam_ < _*pént-eh_$_2$_-m̥_ stellenweise dreisilbig als *pán.tha.am* gelesen werden. Nachdem sich in diesem Wort der Stamm *th* analogisch über das gesamte Paradigma ausgebreitet hatte, schwand der Laryngal in der Vorform _*pánthaHam_ > _*pántha.am_ und hinterließ einen Hiat, bevor die beiden *a*-Vokale zu *ā* kontrahierten. Einen vergleichbaren Befund liefert das mit ved. *vā́ta-* verwandte av. *vāta-* ‘Wind’ < _*Hu̯áHata-_, das in Yasna 44,4 vermutlich dreisilbig als *va.a.ta* zu lesen ist. Der Vergleich mit lat. *ventus* und het. *ḫuu̯ant-* ‘Wind’ ermöglich für die ved. und die av. Form *vāta-* die Rekonstruktion der Vorform _*h_$_2$_u̯éh_$_1$_-n̥t-o-_, also ein *nt*-Partizip zur Wurzel _*h_$_2$_u̯eh_$_1$_-_ ‘wehen’. Zwischen den Konsonanten _*h_$_1$ und _*t_ wurde _*n_ dabei als syllabisches _*n̥_ artikuliert. Durch den Zusammenfall der Laryngale _*h_$_{1/2/3}$ in _*H_, sowie den Entwicklungen _*n̥_, _*e_, _*o_ > *a* wurde aus _*h_$_2$_u̯éh_$_1$_-n̥t-o-_ > (1.5) _*Hu̯éHn̥to-_ > (15.1) _*Hu̯éHato-_ > (10) _*Hu̯áHata-_, bevor die Laryngale schwanden und so die als dreisilbig zu lesende av. Form *va.a.ta* entstand. Die Vokalkontraktion von *a+a* > *ā* führte anschließend zu av. *vāta-*. Ein analoger Entwicklungsprozess ist auch für ved. *vā́ta-* wahrscheinlich.

Der durch Laryngalschwund entstandene Hiat wurde im Rigveda anstatt durch Kontraktion auch durch den Einschub eines Übergangslautes *y* umgangen. Das mit lat. *rēs* ‘Sache, Ding’ verwandte ved. *rayíṣ* ‘Besitz, Reichtum’ lässt sich auf uridg. _*reh_$_1$_-i-s_ zurückführen, also auf einen *i*-Stamm zu der auf Laryngal auslautenden Wurzel _*reh_$_1$_-_ ‘darreichen’. Die Entwicklung _*reh_$_1$_-i-s_ führte über _*raHis_ zu _*ra.is_ mit kurzem *a*. Der Binnenhiat des Nom. Sg. _*ra.is_ > *rayíṣ* und Akk. Sg. _*ra.im_ > *rayím* wurde anschließend durch den Einschub eines Übergangslautes *y* getilgt. In Formen mit vokalisch anlautender Endung wurde das stammbildende vokalische Element _*i_ zu seinem unsilbischen konsonantischen Gegenstück _*i̯_ und der Schwund des Laryngals wurde durch Ersatzdehnung des vorangehenden Vokals kompensiert. Ein Beispiel ist der Dat. Sg. _*reh_$_1$_-i̯-ei̯_ > (10.1) _*raHi̯ai̯_ > (c4) _*rāi̯ai̯_ > ved. *rāyé*.

Übungen

Ü1 Aspirierung stimmloser Konsonanten durch Laryngal *h_2

A lat. *sistō* :: **stí-sth$_2$-e-ti* > (1.8) __________ > (*st…st* > *t…st*) __________ > (13.1) __________ > (c24) __________ > (17.1) __________ > (10) __________ ‘steht, stellt’ **B** gr. *platús* :: **pl̥th$_2$ú-* > (1.8) __________ > (13.1) __________ > (9) __________ ‘breit’ **C** **mn̥th$_2$tó-* > (1.8) __________ > (1.6) __________ > (15.1) __________ > (10) __________ ‘geraubt’ **D** gr. *kléos* ‘Ruhm’ :: **k̂léu̯-is-th$_2$o-* > (c7) __________ > (9) __________ > (1.8) __________ > (13.1) __________ > (c24) __________ > (17.1) __________ > (10) __________ ‘der Ruhmreichste’ **E** lat. *rota* ‘Rad’ :: **roth$_2$ó-* > (1.8) __________ > (13.1) __________ > (10) __________ ‘Wagen’ **F** *páñca* ‘fünf’ :: **pn̥k^{w}tHó-* > (1.8) __________ > (4.1) __________ > (13.1) __________ > (15.1) __________ > (10) __________ ‘Quintus’

Ü2 Aspirierung von stimmhaftem *ĝ durch Laryngal *h_2

Laryngal **h_2* bewirkte ebenfalls die Behauchung von **ĝ* zu **ĝ^h*. Die weitere Entwicklung ist identisch mit der Entwicklung von ursprünglichem **ĝ^h* > *h*.

A gr. *méga* :: **méĝh$_2$-* > (1.9) __________ > (1.7) __________ > (c9) __________ > (10) __________ ‘groß’

B lat. *egō* :: **eĝh$_2$óm* > (1.9) __________ > (13.1) __________ > (c9) __________ > (10) __________ ‘ich’

Ü3 Ergänzen Sie das Paradigma von ved. *pánthās.* Die iir. Formen sind noch alle lautgesetzlich. Der ai. Nom. hat anschließend *th* aus den anderen Formen des Paradigmas analogisch übernommen.

	uridg.		**iir.**		**ai.**
Nom.	**pént-oh$_2$-s*	>	__________	>	__________
Akk.	**pént-oh$_2$-m̥*	>	__________	>	__________
Gen.	**pn̥th$_2$-és*	>	__________	>	__________

1.6: *H > i / C_C	**1.9:** G > G^h >/ _*h$_2$	**10:** *e/o > a und *ē/ō > ā	**c7:** *k̂ > ś
1.7: *H> i / _##	**4.1:** *k^w > *k	**15.1:** *n̥ > a	**c9:** *ĝ^h > h
1.8: T > T^h / _h$_2$	**9:** *l/l̥ > r/ r̥	**17.1:** *ṣt > ṣṭ	**c24:** *s > ṣ / r, r̥, ŭ, k, ĭ _

KONSONANTEN

26 Die Stufen Urindogermanisch, Indoiranisch und Altindisch

Das uridg. Phonemsystem

Das für das Urindogermanische rekonstruierbare Phonemsystem befindet sich auf der gegenüberliegenden Seite. Die für die Rekonstruktion relevanten Wortgleichungen finden Sie in Kap. 27. An den Artikulationsorten *labial*, *dental-alveolar*, *palatal*, *velar* und *labiovelar* lassen sich Plosive mit den Artikulationsarten *stimmlos*, *stimmhaft* und *stimmhaft aspiriert* rekonstruieren. Der uridg. Konsonant *b ist aus typologischer Sicht selten und deshalb eingeklammert. Von den drei Gutturalreihen *palatal*, *velar* und *labiovelar* sind in den idg. Sprachen normalerweise entweder die palatale und velare Reihe (Kentum-Sprachen) zusammengefallen oder wie im Indischen die velare und labiovelare Reihe, indem die *labiovelare* Reihe ihre Labialität verlor. Die Laryngale *h_1, *h_2, *h_3 waren Hauchlaute, deren genauer phonologischer Wert unbekannt ist. Larygal *h_2 und *h_3 sind im Anatolischen teilweise als eigene Phoneme erhalten und können in den übrigen idg. Sprachen nur indirekt erschlossen werden.

Veränderungen zum Iir.

Die Reihen der Verschlusslaute wurden durch Tenuis Aspiratae ergänzt, welche hauptsächlich aus der behauchenden Wirkung von *h_2 sowie dem Stimmtonverlust in Lautgruppen wie *sb^h > sp^h entstanden. Die Laryngale *h_1, *h_2, *h_3 fielen in *H zusammen. Aus der uridg. Palatalreihe *k̂, *ĝ, *ĝ^h entstand die sog. erste Palatalreihe *ć, *j́, *j́^{h}. Aus der Palatalisierung von *k/*k^w, *g/*g^w, *g^h/g^{wh} vor Vorderzungenvokalen entstand die zweite Palatalreihe *č, *ǰ, *ǰ^h. Der genaue phonetische Unterschied zwischen den beiden Reihen ist unbekannt. Zum Zeitpunkt des Iir. müssen die Reihen noch verschieden gewesen sein, da sich im Ai. die Fortsetzer von *k/*k^w > c sowie *k̂ > ś unterscheiden. Phonetisch kann man die erste Palatalreihe etwa als IPA *ć [tʃ], *j́ [dʒ], *j́^{h} [dʒ^h] und die zweite Palatalreihe etwa als IPA *č [cç], *ǰ [ɟʝ], *ǰ^h [ɟʝ^h] ansetzen (vgl. Lipp 2009:XXX).
Zu einem gewissen Zeitpunkt müssen dann im Ai. *j́ und *ǰ zu j und *j́^{h} und *ǰ^h via [dʒ^h] zu h zusammengefallen sein, da *ĝ und *g/*g^w vor Palatalvokal einheitlich als j sowie *ĝ^h und *g^h/*g^{wh} vor Palatalvokal einheitlich als h fortgesetzt sind. Daher werden die beiden iir. Reihen *ć, *j́, *j́^{h} und *č, *ǰ, *ǰ^h in diesem Buch vereinfachend als [t̠š], [d̠ž], [d̠žh] transkribiert, wobei [t̠š] einerseits den Fortsetzer ś [š] hat, wenn es auf *k̂ zurückgeht und andererseits als [t̠š] erhalten bleibt, wenn es auf *k/*k^w vor Palatalvokal zurückgeht.
Der Laut *š entstand durch die Ruki-Regel sowie als Ergebnis der Palatalisierung von *k̂ > *[t̠š] > *š. Der Laut *ž entstand ebenfalls aus der Ruki-Regel in stimmhaftem Kontext sowie in den Palatalisierungen *ĝ > *j́ [d̠ž] und *ĝ^h > *j́^{h} [d̠žh]. Die stimmhaften Sibilanten *z und *ž sind Allophone der entsprechenden stimmlosen Sibilanten.

Vom Indoiranischen zum Altindischen

Die beiden iir. Palatalreihen wurden zu einer Palatalreihe vereinfacht. Der aus *$h_{1/2/3}$ entstandene Laryngal *H schwand. Die neuen retroflexen Laute erklären sich durch reziproke Assimilation dentaler und palataler Konsonanten in Clustern wie *k̂t > ṣṭ und *tk̂ > *ṭṣ, aus der Ruki-Regel (c24/c25) sowie aus dem Substrateinfluss dravidischer Sprachen. Der Laut [ḥ] war stimmloses Allophon des *s/r*-Visarga.

Urindogermanisch

		Labial	Dental / Alveolar	Palatal	Velar	Labio-velar	Glottal
Plosive	**stl.**	*p	*t	*k̂	*k	*k^w	? *h$_1$ = ʔ
	sth.	*(b)	*d	*ĝ	*g	*g^w	
	sth. asp.	*b^h	*d^h	*ĝ^h	*g^h	*g^{wh}	
Frikative			*s ~ *[z]		? *h$_2$ = χ ? *h$_3$ = γ	? *h$_3$ = γ^w	? *h$_1$ = h
Nasale		*m ~ *[m̥]	*n ~ *[n̥]	*[ɲ]	*[ŋ]		
Laterale			*l ~ *[l̥]				
Vibranten			*r ~ *[r̥]				
Approximanten		*u̯		*i̯			

Proto-Indo-Iranisch

		Labial	Dental/ Alveolar	Palatal 1	Palatal 2	Velar	Glottal
Plosive	**stl.**	*p	*t	*ć	*č	*k	
	stl. asp.	*p^h	*t^h	*ć^h ?	*č^h ?	*k^h	
	sth.	*b	*d	*ȷ́	*ǰ	*g	
	sth. asp.	*b^h	*d^h	*ȷ́^{h}	*ǰ^h	*g^h	
Frikative			*s ~ *[z]	*š ~ *[ž]			*H
Nasale		*m ~ *[m̥]	*n ~ *[n̥]	*[ɲ]		*[ŋ]	
Laterale			*l ~ *[l̥]				
Vibranten			*r ~ *[r̥]				
Approximanten		*u̯		*i̯			

Altindisch

		Labial	Dental / Alveolar	Retroflex	Palatal	Velar	Glottal
Plosive	**stl.**	p	t	ṭ	c	k	
	stl. asp.	p^h	t^h	ṭ^h	c^h	k^h	
	sth.	b	d	ḍ	j	g	
	sth. asp.	b^h	d^h	ḍ^h	j^h	g^h	
Frikative			s ~ *[z]	ṣ ~ *[ẓ]	ś		h / [ḥ]
Nasale		m	n	[ṇ]	[ɲ]	[ŋ]	
Laterale			*l ~ *[l̥]				
Vibranten				*r ~ *[r̥]			
Approximanten		u̯			i̯		

Vom Urindogermanischen zum Indoiranischen

Vokalumfärbung durch Larnygale / Anschließend Zusammenfall der Laryngale zu *H

Der für das uridg. rekonstruierbare Laryngal *h_2 wandelt ein nebenstehendes *e zu *a und der für das uridg. rekonstruierbare Laryngal *h_3 wandelt ein nebenstehendes *e zu *o. Anschließend erfolgte der Zusammenfall der Laryngale *h_1/*h_2/*h_3 zu iir. *H.

Laut	Uridg.	>	Iir.	>	Ai.	
*h_2	*péh$_2$ti	>	*páHti	>	pā́ti	'schützt'
*h_3	*h$_3$épos-	>	*Hápas-	>	ápas-	'Werk'

Zusammenfall der Labiovelare und Velare

Die für das uridg. rekonstruierbaren Labiovelare *k^w, *g^w, *g^{wh} und Velare *k, *g, *g^h fallen zu Velaren zusammen, indem die Labiovelare ihre labiale Koartikulation verlieren.

*k^w	*sm̥-h$_3$k^w-ó-m	>	*saHkám	>	sākám	'zusammen'
*g^w	*g^{w}ṓu̯s	>	*gā́u̯s	>	gáuṣ	'Kuh'
*g^{wh}	*g^{wh}ormó-	>	*gharmá-	>	gharmá-	'Hitze'

Entwicklung der uridg. Palatale

Die für das uridg. rekonstruierbaren Palatale *k̂, *ĝ, *$\hat{g}^h$ werden zu iir. *ć, *ȷ́, *$ȷ́^h$.

*k̂	*k̂m̥tóm	>	*ćatám	>	śatám	'hundert'
*ĝ	*ĝónu-	>	*ȷ́ā́nu-	>	jā́nu-	'Knie'
*$\hat{g}^h$	*ĝ^{h}imó-	>	*ȷ́^{h}imá-	>	himá-	'Winter'

Zusammenfall von *r/r̥ und *l/l̥ zu *r/r̥

Die im Uridg. getrennten Laute *r/r̥ und *l/l̥ fallen zu *r/r̥ zusammen.

*l	*k̂lutó-	>	*ćrutá-	>	śrutá-	'gehört'
*l̥	*u̯ĺ̥k^{w}o-	>	*vŕ̥ka-	>	vŕ̥ka-	'Wolf'

Entwicklung von *n̥ und *m̥ zu *a

Die silbischen Nasale *n̥ und *m̥ werden zu *a und *n̥H zu ā.

*n̥	*mn̥tó-	>	*matá-	>	matá-	'gedacht'
*m̥	*k̂m̥tóm	>	*ćatám	>	śatám	'hundert'
*n̥H	*ĝn̥h$_1$tó-	>	*jaHtá-	>	jātá-	'geboren'

Affrizierung von Dentalclustern

In die Abfolge zweier dentaler Verschlusslaute *d, *d^h, *t wurde noch im Uridg. ein *s bzw. *z eingeschoben oder anders gesagt, der erste Verschlusslaut wurde affriziert. Auf dem Weg vom Uriir. zum Ai. wurde dieses *s wieder ausgestoßen.

*dt	*u̯oi̯d-th$_2$a	>	*u̯ai̯t-s-tha	>	véttha	'du weißt'
*d^ht	*b^{h}n̥d^h-tó-	>	*bhadzdhá-	>	baddhá-	'gebunden'
*tt	*u̯r̥t-tó-	>	*u̯r̥tstá-	>	vr̥ttá-	'gedreht'

Bartholomaesches Gesetz

Die Folge eines stimmhaften aspirierten Verschlusslautes *b^h, *d^h, *g^h, *$ǰ^h$ gefolgt von einem stimmlosen Verschlusslaut *t wird zu einer Folge aus stimmhaftem plus stimmhaft aspiriertem Verschlusslaut.

***b^ht**	*lub^h-tó-	>	*lubdha-	>	lubdhá-	‘gierig’
***d^ht**	*b^hn̥d^htó-	>	*bhadzdhá-	>	baddhá-	‘gebunden’
***$ĝ^h$t**	*li$ĝ^h$tó-	>	*liǰdhá-	>	līḍhá-	‘geleckt’
***g^{wh}t**	*d^heg^{wh}tó-	>	*dhagdhá-	>	dagdhá-	‘verbrannt’

Die Ruki-Regel

Nach *r, *r̥, *u, *u̯, *ū, *k, *i, *i̯, *ī wird *s zu iir. *š, bevor daraus ai. ṣ entstand.

***r̥_**	*pr̥sth$_2$ó-	>	*pr̥št^{h}Há-	>	pr̥ṣṭhá-	‘Rücken’
***u̯_**	*ĝéu̯s-o-	>	*jáu̯ša-	>	jóṣa-	‘Belieben’
***k_**	*k^wsép-	>	*kšáp-	>	kṣáp-	‘Nacht’
***i_**	*nizdó-	>	*niždá-	>	nīḍá-	‘Nest’

Palatalisierung vor Palatalvokal

Nachdem Labiovelare und Velare zusammengefallen waren, wurden *k, *g, *gh vor den Palatalvokalen *e, *ē, *i, *ī zu *č, *ǰ, *$ǰ^h$ palatalisiert und affriziert. Dieser Lautwandel muss vor der Entwicklung von *e > a stattgefunden haben.

***k^w**	*k^we	>	*če	>	ca	‘und’
***g^w**	*g^wiHu̯o-	>	*ǰīu̯a-	>	jīva-	‘lebendig’
***g^{wh}**	*g^{wh}énti	>	*$ǰ^h$énti	>	hánti	‘er schlägt’

Vokalwandel *e/*o > *a und *ē/ō > *ā

Die im Uridg. getrennten Laute *e und *o fallen in iir. a zusammen. Dasselbe gilt für die entsprechenden Langvokale *ē und *ō, die zu ā zusammenfallen.

***e**	*$h_2$néro-	>	*Hnára-	>	nára-	‘Mann’
***o**	*póti-	>	*páti-	>	páti-	‘Herr, Gatte’
***ē**	*rēĝ-s	>	*rāćs	>	rā́ṭ	‘König’
***ō**	*u̯ōk^w-s	>	*u̯ākš	>	vā́k	‘Stimme’

Das Brugmannsche Gesetz

In einigen Fällen ergab uridg. *o in offener Silbe neben Resonant iir. ā.

***o**	*ĝónu-	>	*ǰā́nu-	>	jā́nu-	‘Knie’
***o**	*dóru-	>	*dā́ru-	>	dā́ru-	‘Holz’

Vom Indoiranischen zum Altindischen

Schwund des Laryngals *H

Nachdem uridg. *h_1/*h_2/*h_3 zu *H zusammengefallen waren, schwand *H vor Vokal sowie im Anlaut vor Konsonant.

***h_2**	**$h_2$elgʷʰó-*	>	**Harghá-*	>	*arghá-*	'Wert'
***h_2**	**$h_2$ép-nes-*	>	**Hápnas-*	>	*ápnas-*	'Besitz'
***h_3**	**$h_3$épos-*	>	**Hápas-*	>	*ápas-*	'Werk'

Nach Vokal schwand *H unter Ersatzdehnung des vorangegehenden Vokals.

***h_2**	**péh$_2$ti*	>	**páHti*	>	*pā́ti*	'schützt'

Resonant plus Laryngal

Die Folge aus Resonant plus Laryngal *r̥H ergab vor Konsonant *īr* oder *ūr*. Die Folge *m̥H ergab *ām*.

***r̥HC**	**dl̥h$_1$gʰó-*	>	**dr̥Hghá-*	>	*dīrghá-*	'lang'
***l̥HC**	**h$_2$u̯l̥H-neh$_2$*	>	**Hur̥HnaH-*	>	*ū́rṇā*	'Wolle'
***r̥HV**	**gʷr̥H-í-*	>	**gr̥H-í-*	>	*girí-*	'Berg'
***r̥HV**	**gʷr̥H-ú-*	>	**gr̥H-ú-*	>	*gurú-*	'schwer'
***m̥H**	**n̥-dm̥h$_2$-tó-*	>	**adm̥Htá-*	>	*adāṃtá-*	'ungezähmt'

Deaffrizierung affrizierter Palatalkonsonanten

Aus uridg. *k̂, *ĝ, *ĝʰ entstanden iir. *ć [t̠š], *j́* [d̠ž], *j́ʰ* [d̠žh], wobei es nicht klar ist, wann genau die Affrizierung einsetzte. Der Laut *j́ [d̠ž] veränderte sich nicht weiter und ergab *j* [d̠ž]. Der Laut *ć [t̠š] wurde durch Deaffrizierung zu *ś* [š]. Der Laut *j́ʰ* [d̠žh] wurde ebenfalls deaffriziert und ergab die Zwischenstufe [žh], deren stimmhafter Sibilant anschließend schwand, was zu *h* führte.

***ć**	**km̥tóm*	>	**ćatám*	>	*śatám*	'hundert'
***j́**	**ĝónu-*	>	**j́ā́nu-*	>	*jā́nu-*	'Knie'
***ǰ**	**gʷiHu̯ó-*	>	**ǰīu̯á-*	>	*jīvá-*	'lebendig'
***j́ʰ**	**ĝʰimó-*	>	**j́ʰimá-*	>	*himá-*	'Winter'
ǰʰ	**gʷʰénti*	>	**ǰʰénti*	>	*hánti*	'er schlägt'

Monophthongierung von *ai̯ und *au̯

Durch den Zusammenfall von uridg. *e* und *o* fielen ebenfalls die Diphthonge *ei̯ und *oi̯ zu *ai̯ sowie *eu̯ und *ou̯ zu *au̯ zusammen. Der Diphthong *ai̯ wurde zu langem *e* und der Diphthong *au̯ zu langem *o* monophthongiert.

***ei̯**	**ĝʰéi̯men-*	>	**j́ʰái̯man-*	>	*héman-*	'Winter'
***oi̯**	**toi̯*	>	**tai̯*	>	*te*	'diese'
***eu̯**	**leu̯kes-*	>	**rau̯čas-*	>	*rocas-*	'Licht'

Zerebralisierung von *š und *ž

Im Ai. wurden die aus der Ruki-Regel entstandenen *š und *ž weiter zu *ṣ* und *ẓ zerebralisiert.

***r̥s**	**tr̥sneh$_2$-*	>	**tr̥šnā-*	>	*tr̥ṣṇā-*	'Durst'
***u̯s**	**teu̯so-*	>	**tau̯ša-*	>	*toṣa-*	'Zufriedenheit'

***ks**	**ksuró-*	>	**kšurá-*	>	*kṣurá-*	‘scharfes Messer’
***īs**	**u̯isó-*	>	**u̯išá-*	>	*viṣá-*	‘Gift’

Schwund der stimmhaften Sibilanten *z, *ẓ, *ž

Stimmhafte Sibilanten schwanden meist unter Ersatzdehnung des vorangehenden Vokals.

***z**	**se-sĝʰ-u̯os-*	>	**sazj́ʰu̯as-*		>	*sāhvas-*		‘mächtig’
***ẓ**	**ĝʰéi̯sd-os-*	>	**j́ʰái̯ždas-*	[d̠žhái̯ždas]	>	**žhái̯ẓdas-*	>	*héḍas-* ‘Zorn’
***ž**	**ĝʰimó-*	>	**j́ʰimá-*	[d̠žhimá]	>	**žhimá-*	>	*himá-* ‘Winter’

Entwicklung von Konsonantenclustern

Konsonantencluster mit palatalen Konsonanten zeigen im Ai. komplizierte Weiterentwicklungen.

***k̂sV**	**rék̂s-es-*	>	**rácsas-*	>	*rákṣas-*	‘Schaden’
***k̂t**	**ok̂tṓ*	>	**aćtā́*	>	*aṣṭā́*	‘acht’
***tk̂**	**tétk̂on-*	>	**tá́ćtan-*	>	*tákṣan-*	‘Zimmermann’
***sk̂**	**gʷm̥-sk̂-e-ti*	>	**gasćati*	>	*gacchati*	‘geht’

Auslautentwicklung

Auslautende Mehrfachkonsonanz wurde bis auf einen Konsonanten vereinfacht.

***kʷts**	**nókʷt-s*	>	**nákts*	>	*nák*	‘Nacht’
***ĝs**	**rḗĝ-s*	>	**rā́ćs* [rā́t̠šs] > **rā́ṭṣ*	>	*rā́ṭ*	‘König’

Übungen

Ü1 **Bei der nachfolgenden Übung sollen vom uridg. Rekonstrukt ausgehend die Stufen Indoiranisch und Altindisch ergänzt werden. Die Stufe Indoiranisch erreichen Sie durch Anwendung der Lautregeln LWP 1–10.**

- **Diphthonge und uridg. *e/*o**

Uridg.	>	Iir.	>	Ai.	
**ĝ^{h}éi̯men-*	>	________	>	________	'Winter'
**toi̯*	>	________	>	________	'diese'
**leu̯kes-*	>	________	>	________	'Licht'
**ĝ^{h}éi̯sd-os-*	>	________	>	________	'Zorn'
**teu̯so-*	>	________	>	________	'Zufriedenheit'
**$h_2$éi̯d^{h}es-*	>	________	>	________	'Brennholz'
**u̯oi̯d-th$_2$a*	>	________	>	________	'du weißt'
**se-sĝ^h-u̯os-*	>	________	>	________	'mächtig'
**nizdó-*	>	________	>	________	'Nest'
**póti-*	>	________	>	________	'Herr, Gatte'
**dóru-*	>	________	>	________	'Holz'
**aĝó-*	>	________	>	________	'Ziegenbock'
**$h_2$néro-*	>	________	>	________	'Mann'
**k^{w}e*	>	________	>	________	'und'

- **Konsonantencluster**

**rék̂s-es-*	>	________	>	________	'Schaden'
**ok̂tṓ*	>	________	>	________	'acht'
**ték̂on-*	>	________	>	________	'Zimmermann'
**g^{w}m̥-sk̂-e-ti*	>	________	>	________	'geht'
**nók^{w}t-s*	>	________	>	________	'Nacht'
**rḗĝ-s*	>	________	>	________	'König'
**u̯r̥t-tó-*	>	________	>	________	'gedreht'

- **Laryngale**

**$h_2$énto-*	>	________	>	________	'Grenze, Ende'
**$h_2$énd^{h}es-*	>	________	>	________	'Sproß'

**h*$_2$*épo*	>	____________	>	____________	‘fort, hinweg’
**h*$_1$*erh*$_1$*tér-*	>	____________	>	____________	‘Ruderer’
**Hómso-*	>	____________	>	____________	‘Schulter’
**h*$_2$*onk̂ó-*	>	____________	>	____________	‘Anteil’
**h*$_2$*énĝ*^{h}*es-*	>	____________	>	____________	‘Angst’
**h*$_2$*éĝtreh*$_2$*-*	>	____________	>	____________	‘Peitsche’
**h*$_2$*ósth*$_2$*-*	>	____________	>	____________	‘Knochen’
**h*$_3$*éh*$_1$*-s-*	>	____________	>	____________	‘Mund’
**h*$_2$*n̥h*$_2$*tí-*	>	____________	>	____________	‘Ente’
**h*$_2$*ŕ̥tk̂o-*	>	____________	>	____________	‘Bär’
**HúHd*^{h}*-er-*	>	____________	>	____________	‘Euter’
**h*$_2$*iHs-éh*$_2$*-*	>	____________	>	____________	‘Deichselstange’
**Hói̯ko-*	>	____________	>	____________	‘eins’
**h*$_2$*i-h*$_2$*k̂ó-*	>	____________	>	____________	‘Herr’
**Hénos-*	>	____________	>	____________	‘Lastwagen’
**dl̥h*$_1$*g*^{h}*ó-*	>	____________	>	____________	‘lang’

- Labiovelare

**g*^{w}*r̥H-í-*	>	____________	>	____________	‘Berg’
**g*^{w}*r̥H-ú-*	>	____________	>	____________	‘schwer’
**g*^{w}*ṓu̯s*	>	____________	>	____________	‘Kuh’
**g*^{wh}*ormó-*	>	____________	>	____________	‘Hitze’
**u̯ĺ̥k*^{w}*o-*	>	____________	>	____________	‘Wolf’
**g*^{w}*iHu̯o-*	>	____________	>	____________	‘lebendig’
**k*^{w}*sép-*	>	____________	>	____________	‘Nacht’
**g*^{wh}*énti*	>	____________	>	____________	‘er schlägt’
**u̯ōk*^{w}*-s*	>	____________	>	____________	‘Stimme’
**h*$_2$*elg*^{wh}*ó-*	>	____________	>	____________	‘Wert’

- Das Bartholomaesche Gesetz

**lub*^{h}*-tó-*	>	____________	>	____________	‘gierig’
**liĝ*^{h}*tó-*	>	____________	>	____________	‘geleckt’
**d*^{h}*eg*^{wh}*tó-*	>	____________	>	____________	‘verbrannt’

Silbische Nasale

*b^hn̥d^htó- > ________ > ________ ‘gebunden’

*n̥-$h_2$ei̯g^{wh}és- > ________ > ________ ‘tadellos’

*n̥b^hró- > ________ > ________ ‘Gewitterwolke’

*h_1r̥sn̥-b^hó- > ________ > ________ ‘Stier’

*h_3r̥s-u̯ó- > ________ > ________ ‘hoch’

*h_2m̥b^hí > ________ > ________ ‘um’

*ĝn̥$h_1$tó- > ________ > ________ ‘geboren’

*mn̥tó- > ________ > ________ ‘gedacht’

*k̂m̥tóm > ________ > ________ ‘hundert’

*n̥-dm̥h_2-tó- > ________ > ________ ‘ungezähmt’

Palatalisierungen

*$ĝ^h$imó- > ________ > ________ ‘Winter’

*$h_1$élk̂es- > ________ > ________ ‘Hämorrhoiden’

*$h_2$ék̂mon- > ________ > ________ ‘Stein’

*$h_2$ék̂ru- > ________ > ________ ‘Träne’

*$h_1$ék̂u̯o- > ________ > ________ ‘Pferd’

*$h_3$éng^wes- > ________ > ________ ‘Salbung’

*k̂lutó- > ________ > ________ ‘gehört’

*ĝónu- > ________ > ________ ‘Knie’

Ruki-Regel

*$h_2$uksén- > ________ > ________ ‘Jungstier’

*$h_2$us-és- > ________ > ________ ‘Morgenröte’

*$h_2$ék̂so- > ________ > ________ ‘Achse’

*ksuró- > ________ > ________ ‘scharfes Messer’

*u̯isó- > ________ > ________ ‘Gift’

*pr̥sth_2ó- > ________ > ________ ‘Rücken’

*ĝéu̯s-o- > ________ > ________ ‘Belieben’

*tr̥sneh_2- > ________ > ________ ‘Durst’

27 Die Rekonstruktion urindogermanischer Phoneme

Systematische Ähnlichkeiten und Entsprechungen sind ein Indiz für Sprachverwandtschaft

Findet man in Wortschatz und Grammatik verschiedener Sprachen systematische Übereinstimmungen, deren Häufigkeit über die Wahrscheinlichkeit des Zufalls hinausgeht, kann man eine Sprachverwandtschaft postulieren und durch den Vergleich der Entsprechungen eine gemeinsame Vorstufe oder Ursprache erschließen. Die Rekonstruktion mithilfe von Wörtern aus anderen Sprachen nennt man Externe Rekonstruktion im Gegensatz zur Internen Rekonstruktion, die ihre Erkenntnisse intern aus den Daten einer Sprache ermittelt. Für das Wortpaar lat. *tremō* und Gr. *trémō*, die beide „ich zittere" bedeuten, lässt sich auf diese Weise eine übersprachliche Vorform **trémō* erschließen, aus der die beiden einzelsprachlichen Formen hervorgegangen sind, wobei Ausgangsform und Endformen in diesem Fall identisch sind. Vergleichen wir weiterhin lat. *serpō* mit Gr. *hérpō*, die beide „ich krieche" bedeuten, sehen wir, dass die Formen nicht identisch sind, sondern dem lateinischen s ein griechisches *h* entspricht. Man kann nun einerseits **sérpō* als Vorform postulieren und Gr. *hérpō* durch einen Lautwandel *s* > *h* / #_V erklären oder andererseits **hérpō* als Vorform ansetzen und die lat. Form *sérpō* durch einen Lautwandel *h* > *s* / #_V erklären. Nehmen wir nun als weitere Vergleichsform ai. *sárpā-mi* 'ich krieche' hinzu (*-mi* ist hier die erweiterte Endung der 1.Sg.), so wird die erste Lösung wahrscheinlicher, da nun schon zwei Sprachen für ein s im Anlaut sprechen. Natürlich könnte **hérpō* theoretisch immernoch die Vorform aller Formen sein und das Lat. und Ai. hätten eine Parallelentwicklung erfahren. Da jedoch die Mehrzahl der idg. Sprachen als Entsprechung von gr. *h* und lat., ai. *s* ein *s* zeigt, setzt man uridg. **serpō* mit **s* als Ausgangsform an. Dies entspricht den Prinzipien der Mehrheit und der Ökonomie: Was die meisten miteinander verwandten Sprachen zeigen und was die wenigsten Zwischenschritte auf der Entwicklungslinie zwischen grundsprachlicher und einzelsprachlicher Form erfordert, ist tendenziell als Grundform anzusetzen.

Phonologische Entsprechungen zwischen Altindisch, Altgriechisch und Latein

Die folgenden Tabellen zeigen auf der linken Seite etymologische Wortgleichungen der Sprachen Altindisch, Altgriechisch und Latein, in der Mitte die für das Urindogermanische rekonstruierbare Vorform und deren Bedeutung und auf der rechten Seite die Lautentsprechungen, die sich aus dem Vergleich der Formen ableiten lassen, wobei ein Beispiel oft für mehrere Laute Ergebnisse liefert. Der in der Zeile verglichene Laut ist in den Beispielworten **fett** gedruckt. Die folgende Darstellung soll eine Einführung in die komparative Methode geben und nicht erschöpfend alle Entsprechungen oder Ausnahmen darstellen. Die Bedeutungen der Einzelsprachen entsprechen normalerweise der uridg. Bedeutung und sind ansonsten im Kommentar aufgeführt. Die Abkürzung **Z** steht für Zeile.

1. Kurzvokale

	Verglichene Sprachen			Vorform und Bedeutung		Lautentsprechungen			
	Alt-indisch	Griechisch	Latein	Uridg.	Bedeutung	Ai.	Gr.	Lat.	Uridg.
1	haṃsá-	kʰḗn < *kʰans	ānser	*ĝʰans-	‘Gans’	a	*a	*ā	*a
2	jánas-	génos	genus	*ĝenos-	‘Geschlecht’	a	e	e	*e
3	i-tá-	(i-énai)	i-ter	*h_1i-tó-	‘Gang’	i	i	i	*i
4	áṃsa-	ō̃mos	umerus	*(H)ómso-	‘Schulter’	a	ō̃	u	*o
5	nú	ný	nu-dius	*nú	‘jetzt’	u	y	u	*u

Z1: Es liegen verschiedene Stammbildungen vor: ai. haṃsá- < *ĝʰans-ó-, gr. khḗn < *khā́n < *kháns < *ĝʰáns-, lat. ānser < *hanser < *ĝʰans-ro- mit sekundärer Vokallängung von *a > ā vor ns. Auch dt. *Gans* ist etymologisch verwandt.
Z2: Exakte Übereinstimmung der verglichenen Wörter. Im Lat. -us < *-os und im Ai. j < *ĝ und a < *e, *o.
Z3: Es liegen verschiedene Stammbildungen vor: ai. itá- < *i-tó- , lat. iter < *i-ter ‘Gang, Weg’. Das gr. Wort ist der Inf. *iénai* ‘gehen’.
Z4: Ai. áṃsa- < *ómso- durch a < *o und der Entwicklung ṃ < *m vor Konsonant. Gr. ō̃mos < *omsos mit Schwund von s vor m und Ersatzdehnung des vorangehenden Vokals. Andere Stammbildung in umerus < *omesos mit Rhotazismus *s > r.
Z5: Zu idg. *nú gibt es eine Variante *nū mit Langvokal in Formen wie ai. nū, nūnám, gr. nū̃n und lat. nūper.

2. Langvokale

Man kann durch einzelsprachliche Entsprechungen auch Langvokale für die Grundsprache rekonstruieren, die sich allerdings in den meisten Fällen auf eine Kombination aus Kurzvokal plus Laryngal zurückführen lassen. Ursprüngliche Langvokale sind die Dehnstufen *ē und *ō des Ablautvokals *e/o.

	Verglichene Sprachen			Vorform und Bedeutung		Lautentsprechungen			
	Alt-indisch	Griechisch	Latein	Uridg.	Bedeutung	Ai.	Gr.	Lat.	Uridg.
6	mā́tar-	dor. mā́tēr	māter	*mā́ter-	‘Mutter’	ā	ē	ā	*ā
7	mā́tra-	mē̃tis	mētior	*meh$_1$-	‘messen’	ā	ē	ē	*ē
8	(viṣá-)	ī́ós	vīrus	*u̯īsos	‘Gift’	(i)	ī	ī	*ī
9	(udrá-)	hýdōr	(unda)	*u̯edōr-	‘Wasser’	-	ō	-	*ō
10	kūpa-	kȳ́pē	cūpa	*kūp-ā/o-	‘Rundung’	ū	ȳ	ū	*ū

Z6: Gleichungen für uridg. *ā sind noch rarer als für das seltene *a. In den meisten Fällen entstand *ā neu durch Laryngalschwund *eh$_2$ > *ā. Das uridg. Wort für ‘Mutter’ mit Laryngal als *meh$_2$ter- anzusetzen, ist m.E. falsch, da das Wort eher auf das Lallen *ma-ma-ma* von Babys zurückgeht.
Z7: Ai. mā́tra- f. ‘Maß’, gr. mē̃tis ‘Klugheit, Plan’ < *‘Erwägen, mit dem Geiste abmessen’, lat. mētior ‘messe’ sind Bildungen zu einer Wurzel *meh$_1$- ‘messen’, die auch in den Bezeichnungen des Monats und des Mondes steckt: lat. mēnsis, gr. mḗn, ai. mā́s-, eng. moon.

Z8: Während lat. *vīrus* < **u̯īsos* mit Rhotazismus und *-us* < **-os* sowie gr. *ī́ós* < **u̯īsos* mit Schwund von anlautendem **u̯* und inlautendem **s* eindeutig auf **u̯īsos* mit langem **ī* deuten, lässt ai. *viṣá-* n. nur eine Rekonstruktion **u̯isó-* mit kurzem **i* zu. Für kurzes **i* sprechen auch toch. A *wäs* und toch B *wase*. Eventuell wurde der einsilbige uridg. Stamm **u̯is-* im Nom. Akk. Sg. zu **u̯īs* gedehnt und diese Alternanz in den Einzelsprachen unterschiedlich ausgeglichen.

Z9: Ai. *udrá-* ist die Bezeichnung eines Wassertiers, vermutlich 'Otter', womit es auch etymologisch verwandt ist. Lat. *unda* 'Welle' ist wohl aus **udna-* umgestellt worden und zeigt somit den *n*-Stamm, des ursprünglich heteroklitisch flektierten Wortes für Wasser Nom. Akk **u̯ed-ōr*, Gen. **ud-né-s*, dessen Flexion in gr. *hýdōr, hýdatos* sowie het. *u̯ātar, u̯itenaš* reflektiert ist. Das Het. ist die einzige Sprache, die den grundsprachlichen Wurzelablaut noch im Wort selbst reflektiert. In allen anderen idg. Sprachen ist der Ablaut ausgeglichen, z.B. im Gr. mittels der Schwundstufe **ud-* > *hyd-*, die sekundär behaucht wurde.

Z10: Ai. *kūpa-* 'Brunnen, Grube', gr. *kýpē* 'Höhlung', lat. *cūpa* 'Tonne, Fass' scheinen auf eine Wurzel **kūp-* zurückzugehen, die in irgend einer Weise wohl mit dem Wurzelkomplex für 'biegen, beugen' **keu̯-p/bʰ-* zusammenhängen muss.

3. Diphthonge

Im Indischen fielen durch die weiter oben erwähnten Lautwandel **e* > *a* und **o* > *a* die Diphthonge **ei̯*, **oi̯* und **ai̯* zunächst in **ai̯* zusammen, bevor daraus durch Monophthongierung *e* entstand. Ebenso fielen **eu̯*, **ou̯* und **au̯* zu **au̯* zusammen, bevor daraus *o* entstand. Die Längen von *e* [ē] und *o* [ō] werden in der ai. Umschrift traditionell nicht bezeichnet.

	Verglichene Sprachen			Vorform und Bedeutung		Lautentsprechungen			
	Altindisch	Griechisch	Latein	Uridg.	Bedeutung	Ai.	Gr.	Lat.	Uridg.
14	*héman-*	*kheĩma*	*(hībernus)*	**ĝʰéi̯men-*	'Winter'	*e*	*ẹ̄*	*ī*	***ei̯**
15	*éka-*	*õios*	*ūnus*	**(h)oi̯-ko-*	'eins'	*e*	*oi̯*	*ū*	***oi̯**
16	*rocá-*	*leukós*	*lūx*	**leu̯k-*	'leuchten'	*o*	*eu̯*	*ū*	***eu̯**
17	*loká-*	-	*lūcus*	**lou̯kó-*	'heller Bereich'	*o*	*ū*	*ū*	***ou̯**

Z14: Ai. *héman-* < **hái̯man-* < **ĝʰéi̯-men-* nur in ved. Lok. Sg. *héman* 'im Winter', ansonsten weitergebildet zu *hemantá-* 'Winter'. Gr. *kheĩma* < **ĝʰei̯mn̥*. Lat. *hībernus* < **ĝʰei̯brinos* 'winterlich' zu lat. *hiems, hiemis* 'Winter'.

Z15: Es liegen verschiendene Stammbildungen vor. Ai. *éka-* < **ái̯ka-* < **(H)ói̯-ko-* zeigt Monophthongierung und das Suffix **-ko-*. Gr. *õios* 'einzig' < **oi̯u̯os* < **(H)oi̯-u̯o* zeigt das Suffix **-u̯o-* sowie den Schwund von inlautendem **u̯*. Lat. *ūnus* < **oi̯nos* < **(H)oi̯-no-* zeigt ein Suffix **-no-* und die Entwicklung **oi̯* > *ū*. Letztendlich sind das alles Ableitungen eines deiktischen Stammes **Hi*, der auch in lat. *is* 'dieser' und ai. *idam* 'dieses' vorliegt.

Z16: Ai. *róca-* < **léu̯ke-* zeigt Monophthongierung **eu̯* > **au̯* > *o* und die Entwicklung von **l* > *r*. Der Laut *c* ist die palatalisierte Variante von **k* vor Vorderzungenvokalen und entstand lautgesetzlich vor **e*, bevor er analogisch im Paradigma verallgemeinert wurde.

Z17: Hier liegt eine Ablautvariante **lou̯ke-* der vorangehenden Zeile vor, die in alat. LOUCOM vorliegt. Im Ai. liegt der seltene Erhalt von **l* vor sowie ebenfalls der Erhalt von **k*, da dieses vor **o* nicht zu *c* palatalisiert wurde.

4. Silbische Resonanten

Die Nasale **n*, **m* und die Liquiden **r*, **l* hatten im Uridg. die silbischen Allophone **n̥*, **m̥* , **r̥*, **l̥*, wenn sie als Silbenträger fungierten.

	Verglichene Sprachen			Vorform und Bedeutung		Lautentsprechungen			
	Altindisch	Griechisch	Latein	Uridg.	Bedeutung	Ai.	Gr.	Lat.	Uridg.
18	*sa-kŕ̥t*	*hápaks*	*sim-plex*	**sm̥-*	'einmal'	*a*	*a*	*im*	***m̥***
19	*matí-*	*émathon*	*mēns, mentis*	**mn̥-tí-*	'Geist, Gedanke'	*a*	*a*	*en*	***n̥***
20	*śŕ̥ṅga-*	*kárnos*	*cornu*	**k̂ŕ̥n-g-o-*	'Horn'	*r̥*	*ar*	*or*	***r̥***
21	*vŕ̥ka-*	*lúkos*	*lupus*	**u̯ĺ̥kʷo-*	'Wolf'	*r̥*	*lu*	*(lu)*	***l̥***

Z18: Uridg. **sm̥* - als Schwundstufe von **sem-* 'eins', welches ohne Erweiterung in gr. nt. **sém* > *hén*, fem. **smía* > *mía* 'eins' sowie im ai. Präverb *sam-* 'zusammen' vorliegt. Die Präfixe von ai. *sa-kŕ̥t* 'einmal, plötzlich, früher' und gr. *há-paks* 'einmal' gehen auf **sm̥* und das Präfix von lat. *sim-plex* 'einfach' auf **sem-* zurück.
Z19: Von der Wurzel √*men-* 'denken' abgeleitete *ti*-Bildung, deren ursprüngliche Schwundstufe und Betonung in ai. *matí-* < **mn̥tí-* vorliegt. Lat. *mēns* < **mens* mit sekundärer Vokallängung vor /ns/ und dessen Genitiv *mentis* können nur durch den externen Sprachvergleich auf die schwundstufige Bildung **mn̥-ti-s* zurückgeführt werden, da *mēns* lautgesetzlich ebenfalls auf die vollstufige Bildung **men-ti-s* zurückgehen kann. Gr. *émathon* 'erkannte' ist der Aorist zum Verb *manthánō* 'erkennen'.
Z20: Ai. *śŕ̥ṅga-* 'Horn' < **k̂r̥n-g-o-* weist im Gegensatz zu gr. *kárnos* 'Hornvieh' < **k̂ŕ̥nos* und lat. *cornu* < **k̂ŕ̥nu-* 'Horn' ein Element *-g-* auf. Uridg. **r̥* bleibt im Ai. erhalten und wird lautgesetzlich zu gr. *ar* und lat. *or*.
Z21: Ai. *vŕ̥ka-* bewahrt wie im vorangehenden Wort *śŕ̥ṅga-* den ursprünglich akzentuierten silbischen Resonanten *ĺ̥*. Im Gr. Metathese im Anlaut von **u̯l̥* > *lu* und Delabialisierung von **kʷ* zu *k* neben *u*. Lat. *lupus* ist wohl ein Lehnwort aus den sabellischen Sprachen, in denen **kʷ* als *p* vertreten ist.

5. Silbischer Resonant plus Laryngal vor Vokal

Die Kombinationen aus silbischem Resonanten plus Laryngal wurde früher meist als „Lange Sonanten" bezeichnet. Im Ai. finden wir vor Vokal und Konsonant unterschiedliche Fortsetzungen.

	Verglichene Sprachen			Vorform und Bedeutung		Lautentsprechungen			
	Altindisch	Griechisch	Latein	Uridg.	Bedeutung	Ai.	Gr.	Lat.	Uridg.
22	*tura-*	*trõma*	*(terō)*	**tr̥h$_3$-ó-*	'verwundet'	*ur*	*rõ*	-	***r̥h$_3$***
23	*giri-*	*gálōs*	*glōs*	**gl̥h$_2$-i-*	'Schwägerin'	*ir*	*al*	*lō*	***l̥h$_2$***

Z22: Ai. *turá-* 'krank, wund' < **tr̥h$_3$ó-*, gr. *trõma* 'Wunde'< **tr̥h$_3$mn̥*, lat. *terō* 'reibe' < **terh$_1$ō* aus der Wurzelvariante √**terh$_1$-*, deren auslautender Laryngal **h$_1$* aufgrund von gr. *téretron* 'Bohrer' < **térh$_1$-tro-*, sowie gr. *trētós* 'aufgerieben' < **tr̥h$_1$-tó-* angesetzt wird. Die Wurzelvarianten √**terh$_1$- und* √**terh$_3$-* müssen letztendlich auf eine Primärwurzel √**ter-* 'reiben, bohren, etc.' zurückgeführt werden.
Z23: Ai. *giri-* 'Schwägerin', gr. *gálōs*, lat. *glōs* 'Schwester des Gatten'. Im Ai. wird zunächst **l̥* zu **r̥*, also **gl̥h$_2$-i-* > **gr̥h$_2$-i-*, anschließend wird die Gruppe **r̥h$_2$* über **r̥H* vor dem Vokal *i* zu *ir*: **gr̥h$_2$-i-* > **gr̥H-i-* > *giri-*. Im Gr. strukturell ähnliche Entwicklung von Resonant plus Laryngal zu Vokal plus Resonant vor Vokal.

6. Resonant plus Laryngal vor Konsonant

	Verglichene Sprachen			Vorform und Bedeutung		Lautentsprechungen			
	Altindisch	Griechisch	Latein	Uridg.	Bedeutung	Ai.	Gr.	Lat.	Uridg.
24	*śr**ā́m**yati*	*krémamai*	-	***ḱr̥m̥h**$_2$i̯eti*	'wird schlaff'	*ām*	*(mē)*	*mā*	***m̥h**$_2$*
25	***ā**tí-*	***nē̃**tta*	*a**n**at-*	**h$_2$**n̥h**$_2$-tí-*	'Ente'	*ā*	**nā*	*na*	***n̥h**$_2$*
26	*p**ūr**ṇá-*	-	*p**lē**nus*	**p**l̥h**$_1$nó-*	'voll'	*ūr*	-	*lē*	***l̥h**$_1$*

Z24: Ai. *śrā́myati* zur Wurzel √*śram-* 'ermüden'. Die Entwicklung war **ḱr̥m̥h$_2$-i̯e-ti* > **ḱrāmi̯eti* > **śrāmi̯eti* > *śrā́myati* 'ermüdet'. Für die Lautgruppe **m̥h$_2$* gibt es nur wenige Beispiele. Gr. *krémamai* < **ḱrémh$_2$-mai* 'hänge, schwebe' mit der Entwicklung von **h$_2$* > *a* zwischen Konsonanten.
Z25: Ai. *ātí-* 'Ente' < **Hn̥Htí-* < **h$_2$n̥h$_2$-tí-*, gr. *nē̃tta* < **nāti̯a*, lat. *anas*, *anat-is* < **h$_2$anh$_2$t-* < **h$_2$enh$_2$t-*. Bezeichnung eines Wasservogels, wahrscheinlich *Ente*. Ebenfalls verwandt sind ahd. *anut* und ahd. *enita* > mhd. *ente* > nhd. *Ente*.
Z26: Im Indischen wird **l̥h$_1$* zunächst zu **r̥H*, bevor sich diese Gruppe nach Labiallaut zu *ūr* entwickelt: **pl̥h$_1$nó-* > **pr̥Hnó-* > **pūrnó-*. Anschließend **o* > *a* sowie Zerebralisierung von **n* > *ṇ* neben *r*. Lat. *plēnus* < **plānus* zur Differenzierung von lat. *plānus* 'eben'.

7. Nichtsilbische Resonanten, Halbvokale und der Frikativ *s

	Verglichene Sprachen			Vorform und Bedeutung		Lautentsprechungen			
	Altindisch	Griechisch	Latein	Uridg.	Bedeutung	Ai.	Gr.	Lat.	Uridg.
27	*nā́**m**an-*	*óno**m**a*	*nō**m**en*	**(h$_1$)neh$_3$**m**n̥*	'Name'	*m*	*m*	*m*	***m***
28	***n**á*	***n**e-*	***n**e-*	***n**e*	'nicht'	*n*	*n*	*n*	***n***
29	*ant**á**r*	*énte**r**on*	*inte**r***	**n̥te**r** / *ente**r***	'innen'	*r*	*r*	*r*	***r***
30	*tu**l**ā́-*	*tá**l**anton*	*to**ll**ō*	√**te**l**h$_2$-*	'aufheben'	*l*	*l*	*l*	***l***
31	*ha**r**i-*	*khó**l**os*	*he**l**vus*	**ǵʰe**l**-*	'gelb, hell'	*r*	*l*	*l*	***l***
32	***y**ā́tar-*	*enátēr*	***i**anitrīx*	**H**i̯**n̥h$_2$-tér-*	'Brudersfrau'	*i̯*	*Ø*	*i̯*	***Hi̯***
33	***v**amiti*	*eméō*	***v**omō*	√****u̯**emh$_1$-*	'speien'	*u̯*	*Ø*	*u̯*	***u̯***
34	*si-**s**ar-ṣi*	***h**állomai*	***s**aliō*	√****s**el- / √***s**al-*	'springen'	*s*	*h*	*s*	***s***

Z27/28: Uridg. **m* ist genau wie **n* einer der veränderungsresistentesten Laute im Idg. und wird nur selten durch Lautwandel verändert. Im Indischen Ausfall des initialen Laryngals sowie Entwicklung von **eh$_3$* > **oh$_3$* > **oH* > **ō* > *ā*. Im Griechischen wurde die vom Ai. verschiedene Ablautstufe **h$_1$nh$_3$mn̥* zunächst zu **enoma* und durch regressive Vokalassimilation weiter zu *ónoma*.
Z29: Gr. *énteron* 'Darm' < *'das Innere'. Im Lat. Hebung von **e* > *i* vor Nasal.
Z30: Ai. *tulā́* 'Waage, Gewicht' < **tl̥h$_2$-éh$_2$* mit dem seltenen Erhalt des Lautes **l* als *l* und der Entwicklung der Gruppe **l̥H* zu *ul* vor Vokal: **tl̥h$_2$éh$_2$* > **tl̥HáH* > **tl̥Hā́* > *tulā́*. Gr. *tálanton* < **tl̥h$_2$-nt-* 'Waage', woher dt. *Talent*. Lat. *tollō* < **tol-nō* 'hebe'.
Z31: Ai. *hari-* < iir. **ǰʰali-* < **ǵʰeli-*. Gr. *khólos* 'Galle' ist verwandt mit dt. *Galle* und *gelb* als Bezeichnung der Gallenflüssigkeit nach ihrer Farbe. Lat. *helvus* < **ǵʰel-u̯o-s*.
Z32: Ai. *yā́tar-* < **Hi̯n̥h$_2$-tér-* mit Entwicklung von **n̥H* > *ā* und sekundärem Akzent. Gr. *enátēr* aus der Ablautvariante **Hi̯énh$_2$ter-*.
Z33: Ai. *vamiti* < **u̯emh$_1$ti* mit Laryngalreflex *i* zwischen Konsonanten. Lat. *vomō* < **u̯emō*. Gr. *eméō* < **u̯eméō* < **u̯emh$_1$i̯ō*.
Z34: Ai. *sisarṣi* < **si-sel-si* 'du läufst'. Gr. *hállomai* < **sali̯omai*. Lat. *saliō* < **sel-i̯ō*. Laut LIV-Eintrag sprechen tocharische Formen gegen einen Ansatz **sal-* mit **a*. Die gr. und lat. Formen sind jedoch einfacher aus einer Wurzel √**sal-* herzuleiten.

8. Labiale und dentale Verschlusslaute

Für labiale und dentale Verschlusslaute finden wir genaue Übereinstimmungen.

	Verglichene Sprachen			Vorform und Bedeutung		Lautentsprechungen			
	Alt-indisch	Griechisch	Latein	Uridg.	Bedeutung	Ai.	Gr.	Lat.	Uridg.
36	*bála-*	*beltíōn*	*dē-bilis*	**bel-*	‘kräftig’	*b*	*b*	*b*	**b**
37	*prá-*	*pró*	*prō*	**prŏ̄-*	‘vor, vorwärts’	*p*	*p*	*p*	**p**
38	*sádas-*	*hédos*	*sēdēs*	**sédos-*	‘Sitz’	*d*	*d*	*d*	**d**
39	*tanú-*	*tanu-*	*tenuis*	**ten-ú-*	‘dünn’	*t*	*t*	*t*	**t**

9. Die stimmhaften behauchten Verschlusslaute (Mediae Aspiratae)

	Verglichene Sprachen			Vorform und Bedeutung		Lautentsprechungen			
	Alt-indisch	Grie-chisch	Latein	Uridg.	Bedeutung	Ai.	Gr.	Lat.	Uridg.
40	*bhū-*	*phū-*	*fū-*	√*b^huH-	‘sein, werden’	b^h	p^h	*f*	*b^h
41	*dhā-*	*thē-*	*fē-*	√*d^heh_1-	‘setzen, stellen’	d^h	t^h	*f*	*d^h
42	*áṃhas-*	*ánkhō*	*angor*	*h_2éN$\hat{g}^h$es-	‘Bedrängnis’	*h*	k^h	*g*	*$\hat{g}^h$

Z40: Ai. √*bhū-* ‘entstehen, werden’ z.B. in *bhūtá-* ‘Wesen’, *bhū́ti-* ‘Kraft’, *bhū́mi-* ‘Erde’, *bhūmán-* ‘Fülle’. Gr. *phū-* z.B. in *phúō* ‘werde’ < **phū-ō*, *phúsis* < **phū́-ti-* < *b^hū-ti- ‘Erzeugung, Natur’. Lat. *fū-* im Pfk. *fūī* ‘bin gewesen’ zu *sum* ‘bin’ sowie im Inf. Fut. *fore* ‘werde sein’ < **fū-se*.
Z41: Ai. √*dhā-* ‘setzen, stellen’ z.B. in *dá-dhā-ti* ‘setzt’, *dhātu-* ‘Schicht’, *dhātár-* ‘Gründer’, *dhā́man-* ‘Wohnung’. Gr. *tí-thē-mi* ‘setze’, *thémis* ‘natürliches Recht’ < *$d^h h_1$-mi-s, *thésis* < *$d^h h_1$-ti-s ‘Setzen’. Lat. Pfk. *fē-cī* < *d^heh_1-k- ‘ich tat’ zu *faciō* < *$d^h h_1$-k-i̯ō mit unerklärtem *k*.
Z42: Der Nasal der Vorform *h_2éN$\hat{g}^h$es- kann nicht genau bestimmt werden und wird deshalb mit dem Coversymbol *N* angegegeben. Falls het. /hamenk-/ ‘binden’ zu diesem Wort gehört, ist die Wurzel als *$h_2$ém$\hat{g}^h$- zu bestimmen. In allen Sprachen wurde *h_2e > **Ha*, wodurch *Háń$\hat{g}^h$es- entstand. Im Ai. ist **e* als *a*, *$\hat{g}^h$ als *h* und **m* vor Konsonant als *ṃ* vertreten: *Háń$\hat{g}^h$es- > *áṃhas-*. Im Lat. bleibt *$\hat{g}^h$ nach Nasal als *g* erhalten. Das auslautende *r* des Nom. *angor*, *angōris* ist analogisch aus den anderen Kasus übertragen, wo es lautgesetzlich durch Rhotazismus entstand: **angōsis* > *angōris*.

10.1 Die Gutturalreihen

	Verglichene Sprachen			Vorform und Bedeutung		Lautentsprechungen			
	Alt-indisch	Griechisch	Latein	Uridg.	Bedeutung	Ai.	Gr.	Lat.	Uridg.
43	*áṅká-*	*ónkos*	*uncus*	**(H)óṅko-*	‘Haken’	*k*	*k*	*k*	**k**
44	*gárgara-*	*gargarízdō*	*gurguliō*	**gar-gar-*	‘Wasser-geräusch’	*g*	*g*	*g*	**g**
45	*śván-*	*kúōn*	*canis*	**ḱ(u)u̯ōn-*	‘Hund’	*ś*	*k*	*k*	**ḱ**
46	*yájati*	*hágios*	*iaiiūnus*	√**Hi̯aĝ-*	‘verehren’	*j*	*g*	*i̯*	**ĝ**

Z43: Exakte Entsprechung der drei Sprachen. **k* bleibt erhalten, der Nasal **n* erscheint überall als [ŋ], im Ai. wird **o* > *a*. Im Gr. bleibt altes **o* erhalten und im Lat. wird dieses zu *u*.
Z44: Obwohl sich Onomatopoetika nur bedingt zum etymologischen Sprachvergleich eignen, weil diese leicht unabhängig voneinander entstehen können, drängt sich die formale Identität der Vergleichswörter auf. Ai. *gárgara-* und lat. *gurgēs* sind Bezeichnungen des fließenden Wassers, gr. *gargarízdō* ahmt das Geräusch des ‘Gurgelns’ nach und in lat. *gurguliō* ‘Gurgel, Luftröhre’ findet sich die gleiche semantische Verbindung wie bei dt. *gurgeln* und *Gurgel*.

Z45: Lat. *canis* zeigt unerwartetes *a*. Gelegentlich liest man, dies Wort sei etymologisch auf ***pk̑uu̯ōn* ‘der zum Vieh gehörige’ zurückzuführen und somit als Ableitung des Wortes **pék̑u-* ‘Vieh’ zu interpretieren. Es existieren jedoch auch hamito-semitische Rekonstruktionen wie **kun-* und **küHen-* (siehe die Einträge 1498 und 1511 im *Hamito-Semitic Etymological Dictionary* von Vladimir Orel und Olga Stolbova), die Lehnwörter oder auch der Ursprung des uridg. Wortes sein können, wodurch die erste Ableitungshypothese hinfällig wäre.
Z46: Ai. *yájati* < **Hi̯aĝ-e-ti* ‘verehrt’, gr. *hágios* < **Hi̯aĝ-i̯o-s*, lat. *iaiiūnus* ‘frühstücken’ < **Hi̯áĝ-i̯u-* im Sinne von ‘Kultausübung in früher Morgenzeit’ (siehe Mayrhofer 1956–1982). Später dann lat. *ieiūnus* durch Assimilation *a* > *e* zwischen Palatalvokalen.

10.2 Labiovelare

Das Uridg. besaß velare Verschlusslaute, die mit dem zusätzlichen Merkmal der Lippenrundung ausgesprochen wurden und als Labiovelare bezeichnet werden. Die Tabellen der nächsten Abschnitte sind aus Liesner 2015:86–87 entnommen.

	Verglichene Sprachen			Vorform und Bedeutung		Lautentsprechungen			
	Alt-indisch	**Griech.**	**Latein**	**Uridg.**	**Bedeutung**	**Ai.**	**Gr.**	**Lat.**	**Uridg.**
47	*riṇákti*	*leí**p**ō*	*re-lin**qu**ō*	~ **li-n-**k**^{w}-*	‘verlassen’	*k*	*p*	*ku̯*	***k**^{w}
48	*pa**k**vás*	*pe**p**tós*	*co**c**tus*	**pe**k**^{w}-u̯o-*	‘gekocht, gereift’	*k*	*t*	*k*	***k**^{w}
49	*pá**ñ**ca*	*pé**n**te*	*quī**nqu**e*	**pén**k**^{w}e*	‘fünf’	*c*	*t*	*ku̯*	***k**^{w}
50	***g**atá-*	***b**atós*	***v**entus*	***g**^{w}m̥tó-*	‘gekommen’	*g*	*b*	*u̯*	***g**^{w}
51	***j**īvás*	***b**íos*	***v**īvus*	***g**^{w}iHu̯ós*	‘Leben’	*j*	*b*	*u̯*	***g**^{w}
52	*tyá**j**ati*	*sé**b**omai*	-	√**ti̯e**g**^{w}-*	‘sich zurückziehen’	*j*	*b*	-	***g**^{w}
53	*uk**ṣ**áti*	*hu**g**rós*	*ū**v**idus*	√**u̯e**g**^{w}-*	‘feucht (machen) ’	*k*	*g*	*u̯*	***g**^{w}
54	*ó**h**ate*	*eú**kh**omai*	*vo**v**ēre*	√**h$_1$u̯e**g**^{wh}-*	‘feierlich sprechen’	*h*	*k^{h}*	*gu*	***g**^{wh}
55	*á**h**i-*	*ó**ph**is*	*an**gu**is*	**h$_3$e**g**^{wh}i-*	‘Schlange’	*h*	*p^{h}*	*gu*	***g**^{wh}
56	*ra**gh**ú-*	*ela**kh**ús*	*le**v**is*	**h$_1$ln̥**g**^{wh}u-*	‘leicht’	*gh*	*k^{h}*	*u̯*	***g**^{wh}

Z47: Ai. *riṇákti* < **linék^{w}ti*. Retroflexes *ṇ* aufgrund des vorangehenden *r*. Die Labialität von **k^{w}* ging verloren und der ind. Reflex ist einfaches *k*. Im Gr. *leípō* < **lei̯k^{w}ō*. Im Lat. liegt wie im Ai. ein Nasalinfixpräsens vor. Der Labiovelar blieb im Lat. nach Nasal erhalten.
Z48: Ai. *pakvá-* <**pek^{w}-u̯ó-* mit Delabialisierung von **k^{w}* sowie **e/o* > *a* . Gr. *peptós* < **pek^{w}-tó-s* zur Verbalwurzel **pek^{w}-* ‘kochen, reifen’ zeigt eine analogische *e*-Stufe, da im PPP Schwundstufe und somit **pk^{w}tós* zu erwarten ist. Im Lat. Verlust des labialen Elements vor Konsonant sowie Angleichung an das verwandte Verb *coquō* ‘koche’, in dem die Folge **p...k^{w}* zu **k^{w}...k^{w}* assimiliert worden war. Aus **pek^{w}ō* entstand **k^{w}ek^{w}ō* und anschließend wurde *e* neben dem Labiovelar zu *o* **k^{w}ek^{w}ō* > **k^{w}ok^{w}ō*, bevor das labiale Element des ersten Labiovelars vor folgendem *o* schwand **k^{w}ok^{w}ō* > **kok^{w}ō*. Dies hätte eigentlich auch beim zweiten Labiovelar geschehen sollen. Dieser blieb jedoch analogisch zu Formen wie Konj. 2. Sg. *coquās* erhalten.
Z49: Im Ai. zunächst **k^{w}* > *k* und anschließend Palatalisierung **k* > *c*, wobei das Phonem /n/ vor *c* allophonisch als [ñ] realisiert wurde. Gr. *pénte* zeigt die Entwicklung von Labiovelar zu Dental vor Palatalvokal. Lat. *quīnque* zeigt wie in Z48 die Assimilation **peŋk^{w}e* > **k^{w}eŋk^{w}e*, anschließend die Schließung *e* > *i* vor [ŋ] **k^{w}eŋk^{w}e* > **k^{w}iŋk^{w}e* und eine Längung von *i* > *ī* vor [ŋ].
Z50: Genaue Übereinstimmung der Perfektpartizipien. Im Ai. wurde **g^{w}* delabialisiert und **m̥* zwischen Konsonanten zu *a*. Das Gr. entwickelte **g^{w}* zu *b* und stimmt mit dem Ai. in der Entwicklung **m̥* > *a* überein. Im Lat. wurde der anlautende Labiovelar **g^{w}* zu *u̯* vereinfacht.
Z51: Uridg. **g^{w}* ergibt zunächst ai. *g* und anschließend durch sekundäre Palatalisierung *j*. Uridg. **g^{w}* ergibt gr. *b* vor *i* und lat. *v* im Anlaut. Die Folge **iH* ergab zunächst *ī*, das im Ai. und Lat. erhalten blieb und im Gr. vor Vokal zu *i* gekürzt wurde.

REKONSTRUKTION

Z52: Uridg. *g^{w} ergibt zunächst ai. *g* und anschließend durch sekundäre Palatalisierung *j*. Uridg. *g^{w} ergibt gr. *b* vor *o*. In gr. *sébomai* 'scheue mich' ist anlautendes **ti̯* als *s* fortgesetzt. Keine Entsprechung im Lat.
Z53: Uridg. *g^{w} ergibt zunächst ai. *g* und durch Stimmtonverlust *k*. Uridg. *g^{w} ergibt gr. *g* neben *u* und intervokalisch lat. *v*. Ai. *ukṣáti* 'besprengt' < *ug^{w}séti* zur Wurzel *$u̯eg^{w}$-. Retroflexes *ṣ* nach der Ruki-Regel. Gr. *hygrós* 'feucht' < *ug^{w}rós*. mit sekundärer Behauchung im Anlaut.
Z54: Uridg. *g^{wh} ergibt zunächst ai. *gh* und durch sekundäre Palatalisierung *h*. Die Vorform von *óhate* muss zunächst als **au̯hate* bestimmt werden, welches das LIV als redupliziertes Präsens *h_1é-h_1u̯g^{wh}-e-toi̯* erklärt. Die Entwicklung wäre demnach *h_1é-h_1u̯g^{wh}-e-toi̯* > iir. **HáHu̯ǰatai̯* > **áu̯ǰatai̯* > *óhate*. Im lat. *vovēre* < *h_1u̯og^{wh}-éi̯e-* zeigt sich die intervokalische Vereinfachung von *g^{wh} > *v*. Im Gr. wird uridg. *g^{wh} zu urgr. *k^{wh} und neben *u* zu k^{h}.
Z55: Uridg. *g^{wh} ergibt zunächst ai. *gh* und vor *i* durch sekundäre Palatalisierung *h*. Uridg. *g^{wh} wird gr. p^{h} vor *i* und ergibt lat. *gu̯* nach Nasal. In lat. *anguis* liegt wohl die Bildung *$h_2$en$g^{wh}$is* einer lautlich ähnlichen Wurzel vor. Gr. *o* durch Laryngalumfärbung aus *h_3o*.
Z56: Uridg. *g^{wh} ergibt ai. *gh*, sowie gr. k^{h} neben *u*, sowie lat. *v* zwischen Vokalen. Der gr. Anlaut ist entweder auf Laryngal zurückzuführen oder ist Vokalprothese. Falls lat. *levis* etymologisch zugehörig ist, fehlt dort der inlautende Nasal.

10.3 Die traditionelle Unterteilung der idg. Sprachen in „Kentum"- und „Satem"-Sprachen

Aufgrund der Wortgleichungen von Z43, Z45 und Z47 muss man für das Uridg. drei Reihen von gutturalen Verschlusslauten ansetzen: Eine velare, eine palatale und eine labiovelare Reihe. Ansonsten ist es nicht möglich alle Übereinstimmungen zu systematisieren.

	Verglichene Sprachen			Vorform und Bedeutung		Lautentsprechungen			
	Altindisch	Gr.	Latein	Uridg.	Bedeutung	Ai.	Gr.	Lat.	Uridg.
~43	*kaví-*	*koéō*	*caueō*	*(s)**k**eu̯h_1-*	'schauen'	*k*	*k*	*k*	***k***
~45	*árśas-*	*hél**k**os*	*ulcus*	*$h_1$él**k̂**os*	'Wunde'	*ś*	*k*	*k*	***k̂***
47	*riṇákti*	*leípō*	*re-lin**qu**ō*	*lei̯**k^{w}**-*	'verlassen'	*k*	*p*	*ku̯*	***k^{w}***

In den einzelnen idg. Sprachen sind i.d.R. nun aber stets nur zwei Gutturalreihen fortgesetzt. In den sog. „Kentum"- Sprachen findet man eine gemeinsame Fortsetzung der velaren und palatalen Reihe, in den sog. „Satem"- Sprachen findet man aufgrund des Verlustes des labialen Elementes der Labiovelare eine gemeinsame Fortsetzung der velaren und labiovelaren Reihe. Die palatale Reihe zeigt eine Weiterentwicklung zu *s*-ähnlichen Zischlauten oder Affrikaten, wobei es im Slavischen und Baltischen Abweichungen von dieser Verteilung gibt. Die anatolische Sprache Luwisch, die man normalerweise als „Kentum"-Sprache klassifizieren würde, zeigt nun offenbar eine Fortsetzung aller drei Reihen. Die Beispiele, die für die Argumentation angeführt werden können, sind allerdings aufgrund alternativer Etymologien und geringer Beleglage umstritten.

11 Die Laryngale

Die anatolische Sprache Hethitisch, die bereits ab 1700 v.Chr. überliefert und somit die älteste überlieferte idg. Sprache ist, zeigt in gewissen Positionen einen Hauchlaut *ḫ*, den die restlichen Sprachen nicht mehr aufweisen. Man kann daraus schließen, dass es zu einem älteren Sprachzustand mindestens ein Phonem gab, das auf dem Weg zu den später belegten Einzelsprachen Altindisch, Griechisch und Latein verloren ging. Aufgrund verschiedener struktureller Argumente geht die Indogermanistik heute normalerweise von drei „Laryngal" genannten Phonemen aus, die man für das Uridg. rekonstruieren kann (vgl. Meier-Brügger 2000:98–115).

	Verglichene Sprachen				Vorform und Bedeutung		Lautentsprechungen				
	Het.	**Ai.**	**Gr.**	**Lat.**	**Uridg.**	**Bedeutung**	**Het.**	**Ai.**	**Gr.**	**Lat.**	**Uridg.**
57	*ḫant-*	*anti*	*antí*	*ante*	*$\boldsymbol{h_2}$énti	'vorne'	*ha*	*a*	*a*	*a*	*h_2e
58	*paḫs-*	*pā-*	-	*pāstor*	*peh$_2$-(s)-*	'schützen'	*ah*	*ā*	-	*ā*	*eh_2
59	*ḫau̯i*	*ávi-*	*ói̯s*	*ovis*	*$\boldsymbol{h_2}$óu̯is	'Schaf'	*ha*	*a*	*o*	*o*	*h_2o

Z57: Das het. Wort bedeutet 'Vorderseite' und offenbart die Bildungen der anderen Sprachen als alten Lokativ mit der Bedeutung 'an der Vorderseite', aus der die Bedeutung 'vorne, gegenüber' hervorgegangen ist. Uridg. *h_2 verursachte die „Umfärbung" von uridg. **e* zu **a*. Danach schwand der Laryngal, der im Het. noch zu sehen ist. Auslautendes lat. *e* entstand aus **i*.
Z58: Auch hier bewirkte *h_2 die Umfärbung von **e* zu **a*. Danach schwand der Laryngal und bewirkte eine Ersatzdehnung des vorangehenden Vokals.
Z59: *h_2 bewirkte hier keine Umfärbung, da uridg. **o* nicht umgefärbt wurde.

	Verglichene Sprachen			Vorform und Bedeutung		Lautentsprechungen			
	Alt-indisch	**Gr.**	**Latein**	**Uridg.**	**Bedeutung**	**Ai.**	**Gr.**	**Lat.**	**Uridg.**
60	*hitá-*	*thetós*	*factus*	*$d^h\boldsymbol{h_1}$tó-	PPP 'gesetzt'	*i*	*e*	*a*	***$\boldsymbol{h_1}$**
61	~ *aniti*	*ánemos*	*animus*	*$h_2$én$\boldsymbol{h_1}$mo-	'Wind'	*i*	*e*	*i*	***$\boldsymbol{h_1}$**
62	*sthitá-*	*statós*	*status*	*st$\boldsymbol{h_2}$tó-	PPP 'gestellt'	*i*	*a*	*a*	***$\boldsymbol{h_2}$**
63	*ditá-*	*dotós*	*datus*	*d$\boldsymbol{h_3}$to-	PPP 'gegeben'	*i*	*o*	*a*	***$\boldsymbol{h_3}$**

Z60: Zwischen Konsonanten ergeben alle Laryngale ai. *i* sowie lat. *a*. Im Gr. hängt der Vokal von der Art des Laryngals ab. Im Ai. ist *d^h gelegentlich als *h* fortgesetzt. Das PPP *d^hh_1tós zum Verbum *d^heh_1- 'setzen, stellen, legen' ist im Lat. nicht direkt lautgesetzlich als ˣ*fatus* fortgesetzt, sondern durch das zu *facere* gebildete *factus* mit *k*-Erweiterung der Wurzel ersetzt.
Z61: Die Verbalbildung ai. *aniti* 'atmet' geht auf *h_2enh_1ti zurück. In lat. *animus* < **anamos* liegt Binnensilbenschwächung *a* > *i* vor, osk. *anams* zeigt noch das urital. **a*.
Z62: Im Ai. Behauchung von **t* durch *h_2.
Z63: Der lat. Reflex ist ohne Binnensilbenschwächung stets *a*, im Ai. ist stets *i* zu finden.

Lösungen der Aufgaben

Kapitel 5: Vokalwandel

Die Entwicklung von uridg. **ĕ und *ŏ*

A lat. *novus* :: **néu̯o-* > (10.1) **náu̯o-* > (10.3) *náva-* ‘neu’ **B** lat. *lubet* :: **lub^{h}eti* > (10.3) *lubhati* ‘gefällt’ **C** gr. *treĩs* :: **tréi̯es* > (10.1) *tráyas* ‘drei’ **D** gr. *beltíōn* :: **bélo-* > (10.1) **balo-* > (10.3) *bála-* ‘kräftig’ **E** av. *x^{u}afna-* :: **su̯épno-* > (10) *svápna-* ‘Schlaf’ **F** lat. *fert* :: **b^{h}éreti* > (10.1) *bhárati* ‘trägt’ **G** lat. *iugum* :: **i̯ugóm* > (10.3) *yugám* ‘Joch’ **H** gr. *nephélē* :: **nébhos-* > (10.1) **nábhos-* > (10.3) *nábhas-* ‘Nebel’ **I** gr. *thūmós* :: **dhū́mo-* > (10.3) *dhū́ma-* ‘Rauch’ **J** lat. *medius* :: **médhi̯o-* > (10.1) **mádhyo-* > (10.3) *mádhya-* ‘Mitte’ **K** gr. *eruthrós* :: **rudhiró-* > (10.3) *rudhirá-* ‘rot’ **L** lat. *augēre* ‘vermehren’ :: **ugró-* > (10.3) *ugrá-* ‘groß’ **M** gr. *hēdús* :: **su̯ēdú-* > (10.2) *svādú-* ‘süß’ **N** gr. *títhēmi* :: **dhé-dhē-mi* > (10) **dhádhāmi* > (27.1) *dádhāmi* ‘ich stelle’ **O** lat. *serpō* :: **serpō-mi* > (10.1) **sarpōmi* > (10.4) *sarpāmi* ‘ich krieche’ **P** gr. *phérō* :: **b^{h}érō-mi* > (10.1) **bhárōmi* > (10.4) *bhárāmi* ‘ich trage’ **Q** lat. *monēre* :: **monéi̯eti* > (10.1+10.5) *mānáyati* ‘ehrt’ **R** gr. *nõton* ‘Rücken’ :: **sónu-* > (10.5) *sā́nu-* ‘Bergrücken’

Monophthongierungen und Kürzung von Langdiphthongen

A alat. *loucos* :: **lou̯ko-* > (10.3) **láu̯ka-* > (11.2) *lóka-* ‘Lichtung’ **B** Dat. Pl. gr. *lukois* :: Instr. Pl. **u̯lk^{w}ōi̯s* > (4.1) **u̯lkōi̯s* > (9) **u̯r̥kōi̯s* > (10.4) **u̯r̥kāi̯s* > (12.1) **vr̥kais* > (28.3) *vr̥kaiḥ* **C** lat. *ūrō* :: **h₁éu̯s-e-ti* > (c1) **éu̯seti* > (10.1) **áu̯sati* > (c24) **áu̯ṣati* > (11.2) *óṣati* ‘brennt’ **D** *sūnú-* ‘Sohn’ :: Lok. Sg. **sūnḗu̯* > (10.2) **sūnā́u* > (11.2) *sūnau* **E** gr. *Zeús* :: **di̯ēu̯s* > (10.2) **di̯āu̯s* > (c24) **di̯āu̯ṣ* > (12.2) *dyaúṣ* ‘Himmel’ **F** lat. *octō* :: **ok̑tōu̯* > (c13) **oṣṭōu̯* > (10) **aṣṭāu̯* > (12.2) *aṣṭaú* ‘acht’ **G** *leípō* ‘ich verlasse’ :: **é-lēi̯k^{w}-s-m̥* > (4.1) **élēi̯ksm̥* > (9) **érēi̯ksm̥* > (15.4) **érēi̯ksam* > (c24) **érēi̯kṣam* > (10.2) **árāi̯kṣam* > (12.1) *áraikṣam* ‘ich ließ’

Kapitel 6: Vokalsandhi I – Vokal plus Vokal

Bilden Sie die Sandhiformen

A *kā iyam* > (s2.1) *keyam* ‘wer ist diese?’ **B** *tasya auṣadham* > (s2.7) *tasyauṣadham* ‘dessen Arznei’ **C** *trīṇi etāni* > (s3.1) *trīṇy_etāni* ‘diese drei’ **D** *na aikṣata* > (s2.5) *naikṣata* ‘er sah nicht’ **E** *vinā īrṣyayā* > (s2.1) *vinerṣyayā* ‘ohne Eifersucht’ **F** *astu etat* > (s3.2) *astv_etat* ‘dies soll sein’ **G** *asti iha* > (s1.2) *astīha* ‘ist hier’ **H** *devī iva* > (1.2) *devīva* ‘wie eine Göttin’ **I** *adya eva* > (s2.4) *adyaiva* ‘noch heute’ **J** *bahūni ahāni* > (s3.1) *bahūny_ahāni* ‘viele Tage’ **K** *na īkṣe* > (s2.1) *nekṣe* ‘ich sehe nicht’ **L** *tasya autsukyam* > (s2.7) *taysautsukyam* ‘dessen Sehnsucht’ **M** *narī īkṣate* > (s1.2) *narīkṣate* ‘die Frau sieht’ **N** *madhu iva* > (s3.2) *madhv_iva* ‘wie Honig **O** *sā r̥ddhiḥ* > (s2.3) *sarddhiḥ* ‘diese Wunderkraft’ **P** *sā oṣadhiḥ* > (s2.6) *sauṣadhiḥ* ‘dieses Heilkraut’ **Q** *yadi icchet* > (s1.2) *yadīcchet* ‘wenn er wünschen könnte’ **R** *yathā aiśvaryam* > (s2.5) *yathaiśvaryam* ‘wie die Herrschaft’ **S** *sā uktvā* > (s2.2) *soktvā* ‘nachdem sie gesprochen hatte’ **T** *pitr̥ anuvartanāt* > (s3.3) *pitr_anuvartanāt* ‘aus Gehorsam gegenüber dem Vater’ **U** *tena uktam* > (s2.2) *tenoktam* ‘von ihm ist gesagt worden’ **V** *sahasā utthāya* > (s2.2) *sahasotthāya* ‘plötzlich aufstehend’

Leiten Sie die Sandhiformen historisch her

A *adya eva* > (s2.4) *adyaiva* ‘noch heute’

**adya_aiva* > (26.1) **adyāiva* > (12.1) **adyaiva*

Hier ist von der Vorform **adya_aiva* auszugehen, wobei zunächst die Vokale *a* und *a* zu *ā* kontrahierten und somit aus **adya_aiva* > **adyāiva* entstand. Anschließend wurde der Langdiphthong **āi* zu *ai* gekürzt.

B *na auñchat* > (s2.7) *nauñchat* ‘er sammelte nicht’

**na_āuñchat* > (26.1) *nāuñchat* > (12.2) *nauñchat*

Hier ist von der Vorform **na_āuñchat* auszugehen, wobei zunächst die Vokale *a* und *ā* zu *ā* kontrahierten und somit aus **na_āuñchat* > *nāuñchat* entstand. Anschließend wurde der Langdiphthong **āu* zu *au* gekürzt.

C *yathā r̥ṣiḥ* > (s2.3) *yatharṣiḥ* ‘wie ein Seher’

yathā r̥ṣiḥ > (12.3) *yathārṣiḥ* > (12.3) *yatharṣiḥ*

Hier kontrahierten *ā* und *r̥* zum Langdiphthong *ār*, der anschließend zu *ar* gekürzt wurde.

D ***sā uktvā*** **> (s2.2)** ***soktvā*** **'nachdem sie gesprochen hatte'**
sā uktvā > (Kürzung des auslautenden *ā*) **sa_uktvā* > (11.2) *soktvā*
Der auslautende Vokal *ā* wurde zu *a* gekürzt, bevor *a_v* zu *o* monophthongierte.

Kapitel 7: Vokalsandhi II – Diphthong vor Vokal

Bilden Sie die Sandhiformen

A *mriyante iti* > (s4.1) *mriyanta_iti* 'so sagten sie' **B** *dyotate avati ca* > (s4.3) *dyotate 'vati* ca 'sie scheint und erquickt' **C** *nagare iha* > (s4.1) *nagara_iha* 'in der Stadt hier' **D** *te api* > (s4.3) *te 'pi* 'diese sogar' **E** *vane āste* > (s4.1) *vana_āste* 'er sitzt im Wald' **F** *guro īkṣasva* > (s4.4) *gura_īkṣasva* 'oh Lehrer, sieh!' **G** *tau ubhau* > (s4.9) *tāv_ubhau* 'diese beiden' **H** *īkṣāvahai indum* > (s4.7) *īkṣāvahā_indum* 'wir beide wollen den Mond sehen' **I** *gr̥he agaccham* > (s4.3) *gr̥he 'gaccham* 'ich ging in das Haus'

Erklären Sie die historische Herleitung folgender Sandhiformen

A ***mriyante iti*** **> (s4.1)** ***mriyanta_iti*** **'so sagten sie'**
Von der Vorform **mriyantay_iti* ausgehend schwand *y* zwischen Vokalen, was nach LWP 21.1 zu *mriyanta_iti* führte. Die Form *mriyante* ist das Ergebnis der Diphthongierung **ai̯* > *e* und nicht als Ausgangsform des Lautwandels anzusehen.
B ***tau ubhau*** **> (s4.9)** ***tāv_ubhau*** **'diese beiden'**
Von der Vorform **tāu_ubhau* ausgehend *blieb* **tāu* im Sandhi erhalten. Die Form *tau* ist das Ergebnis der Kürzung des Langdiphthongs **āu̯* > (12.2) *au̯*.
C ***īkṣāvahai indum*** **> (s4.7)** ***īkṣāvahā_indum*** **'wir beide wollen den Mond sehen'**
Von der Vorform **īkṣāvahāy indum* ausgehend schwand der Halbvokal **y* nach LWP 21.1 zwischen zwei Vokalen. Es liegt kein Lautwandel *ai̯* > *ā* vor, da der Diphthong *ai̯* das Ergebnis der Kürzung von **āi̯* > (12.1) *ai̯* ist.
D ***vane āste*** **> (s4.2)** ***vanay_āste*** **'er sitzt im Wald'**
Die Sandhi-Form *vanay* zeigt den Diphthong **ai̯* vor dessen Weiterentwicklung zu *e*. Es liegt somit gar kein Lautwandel vor. In der Sandhi-Form blieb der ursprüngliche Lautzustand erhalten.
E ***gr̥he agaccham*** **> (s4.3)** ***gr̥he 'gaccham*** **'ich ging in das Haus'**
Von der Vorform **gr̥hay_agaccham* ausgehend wurde die Lautfolge **aya* nach LWP 21.5 durch mittelindische Lautung zu *e*. Es fand keine Elision des anlautenden *a* statt.

Leiten Sie die Sandhiformen historisch her (Aufgabe zum folgenden Kapitel)

A Synchroner Sandhi: *āgatāḥ r̥śayaḥ* > (s6.4) *āgatā_r̥śayaḥ* 'die Seher sind gekommen'
Historische Herleitung: *āgatās r̥śayaḥ* > (22.2) **āgatāz_r̥śayaḥ* > (20.1) *āgatā_r̥śayaḥ*
B Synchroner Sandhi: *gīḥ rocate* > (s6.6) *gī_rocate* 'die Stimme gefällt'
Historische Herleitung: *gīs rocate* > (22.2) **gīz rocate* > (c26) **gīẓ_ rocate* > (20.1) *gī_rocate*
C Synchroner Sandhi: *gataḥ araṇye* > (s6.3) *gato 'araṇye* 'in den Wald gegangen'
Historische Herleitung: *gatas araṇye* > (22.2) **gataz_ araṇye* > (20.1) **gata_araṇye* > (21.3) **gatau̯_araṇye* > (11.2) *gato 'raṇye*

Kapitel 8: Visarga-Sandhi vor stimmhaften Lauten

Bilden Sie die synchronen Sandhiformen

A *āgatāḥ r̥śayaḥ* > (s6.4) *āgatā_r̥śayaḥ* 'die Seher sind gekommen' **B** *gīḥ rocate* > (s6.6) *gī_rocate* 'die Stimme gefällt' **C** *śiśuḥ roditi* > (s6.6) *śiśū_roditi* 'das Kind weint' **D** *punaḥ rohati* > (s6.6) *punā_rohati* 'er wächst wieder' **E** *kaḥ api* > (s6.3) *ko 'pi* 'irgend jemand' **F** *gataḥ araṇye* > (s6.3) *gato 'araṇye* 'in den Wald gegangen' **G** *ānītaḥ dīpaḥ* > (s6.2) *ānīto_dīpaḥ* 'die gebrachte Lampe' **H** *nr̥paḥ ādiśat* > (s6.1) *nr̥pa_ādiśat* 'der König befahl' **I** *naraḥ ayam* > (s6.3) *naro 'yam* 'dieser Mann' **J** *devaḥ api* > (s6.3) *devo 'pi* 'auch der Gott' **K** *nr̥paḥ uvāca* > (s6.1) *nr̥pa_uvāca* 'der König sprach' **L** *devāḥ ūcuḥ* > (s6.4) *devā_ūcuḥ* 'die Götter sprachen' **M** *vidhuḥ rājate* > (s6.6) *vidhū_rājate* 'der Mond scheint' **N** *dāsāḥ gacchanti* > (s6.4) *dāsā_gacchanti* 'die Sklaven gehen' **O** *vr̥kṣāḥ rohanti* > (s6.4) *vr̥kṣā_rohanti* 'die Bäume wachsen' **P** *punaḥ rogī* > (s6.6) *punā_rogī* 'wieder krank' **Q** *kaḥ r̥ṣiḥ* > (s6.1) *ka_r̥ṣiḥ* 'Wer ist der Seher?' **R** *bālaiḥ rūpavadbhiḥ* > (s6.6) *bālai_rūpavadbhiḥ* 'mit schönen Kindern' **S** *vr̥kṣaḥ rohati* > (s6.2) *vr̥kṣo_rohati* 'der Baum wächst' **T** *nr̥pāḥ jayanti* > (s6.4) *nr̥pā_jayanti* 'die Könige siegen'

Kapitel 9: Visarga-Sandhi vor stimmlosen Lauten

Bilden Sie die Sandhi-Formen

Vorform	Vedischer Sandhi	Klassischer Sandhi	Übersetzung
puruṣas khanati	*puruṣax_khanati*	*puruṣaḥ_khanati*	'der Mensch gräbt'
kapis pibati	*kapiφ_pibati*	*kapiḥ_pibati*	'der Affe säuft'
prathamas sargaḥ	*prathamas_sargaḥ*	*prathamaḥ_sargaḥ*	'der erste Gesang'
gurus śapate	*guruś_śapate*	*guruḥ_śapate*	'der Lehrer flucht'
naras ṣṭhīvati	*naraṣ_ṣṭhīvati*	*naraḥ_ ṣṭhīvati*	'der Mann spuckt'

Visarga-Entwicklungen vor stimmhaftem Anlaut (Zusätzliche Aufgabe zum vorigen Kapitel)

A *āgatāḥ r̥ṣayaḥ* > (s6.4) *āgatā_r̥ṣayaḥ* 'die Seher sind gekommen' **B** *nr̥paḥ uvāca* > (s6.1) *nr̥pa_uvāca* 'der König sprach' **C** *ānītaḥ dīpaḥ* > (s6.2) *ānīto_dīpaḥ* 'die gebrachte Lampe' **D** *nadyaḥ avahan* > (s6.3) *nadyo 'vahan* 'die Flüsse flossen' **E** *vidhuḥ rājate* > (s6.6) *vidhū_rājate* 'der Mond scheint' **F** *guruḥ īkṣate* > (s6.5) *gurur_īkṣate* 'der Guru blickt'

Kapitel 10: Assimilationen I

Assimilationen von Verschlusslauten in Sandhi-Bildungen

A *apatat bhuvi* > (s11.2) *apatad_bhuvi* 'er fiel auf die Erde' **B** *vaṇik bhāṣate* > (s11.1) *vaṇig_bhāṣate* 'der Kaufmann spricht' **C** *mahat dhanuḥ* > (s11.2) *mahad_dhanuḥ* 'großer Bogen' **D** Nom. Sg. *marut* :: Instr. Pl. **marutbhiḥ* > (22.2) *marudbhiḥ* **E** *kakup atra* > (s11.4) *kakub_atra* 'die Gegend hier' **F** *ap jaḥ* > (s11.4) *ab_jaḥ* 'wassergeboren' **G** *nagarāt girim* > (s11.2) *nagarād_girim* 'von der Stadt zum Berg' **H** *parivrāṭ ayam* > (s11.3) *parivrāḍ_ayam* 'er ist ein Lügner' **I** *suhr̥t dhāvati* > (s11.2) *suhr̥d_dhāvati* 'der Freund läuft' **J** *suhr̥t ahasat* > (s11.2) *suhr̥d_ahasat* 'der Freund lachte' **K** *parivrāṭ gacchati* > (s11.3) *parivrāḍ_gacchati* 'der Lügner geht' **L** *abharat annam* > (s11.1) *abharad_annam* 'er brachte Speise' **M** *sarit atra* > (s11.2) *sarid_atra* 'der Fluss hier' **N** *samyak uktam* > (s11.1) *samyag_uktam* 'gut gesagt' **O** *tat hi* > (s13.2) *tad_dhi* 'denn dieses' **P** *āsīt hanuḥ* > (s13.2) *āsīd_dhanuḥ* 'es war das Kinn' **Q** *tat hetuḥ* > (s13.2) *tad_dhetuḥ* 'die Ursache davon' **R** *vāk hi* > (s13.1) *vāg_ghi* 'denn diese Rede' **S** *samyak hutaḥ* > (s13.1) *samyag_ghutaḥ* 'richtig geopfert' **T** *kakup hi* > (s13.4) *kakub_bhi* 'denn die Richtung'

Desonorisierung und Deaspirierung in morphologischen Bildungen

A √*pad-* 'fallen' :: 3. Sg. Des. **pid-s-a-ti* > (22.1) *pitsati* 'will fallen' **B** √*dā-* 'geben' :: 3. Sg. Des. **dí-d-s-a-ti* > (22.1) *dítsati* 'will geben' **C** 3. Sg. Med. **dá-d-te* > (22.1) *dátte* 'gibt' **D** **da-d-tá-* > (22.1) *dattá-* 'gegeben' **E** √*nud-* 'stoßen' :: **nudtá-* > (22.1) *nuttá-* 'gestoßen' **F** √*syand-* 'schnell dahingleiten' :: **syand-tr̥-* > (22.1) *syánttr̥* 'fahrend' **G** √*bhid-* 'spalten' :: 3. Sg. **bhinád-ti* > (22.1) *bhinátti* 'spaltet' **H** √*mad-* 'glücklich sein' :: PPP **madtá-* > (22.1) *mattá-* 'betrunken' **I** √*bādh-* 'bedrängen' :: 3. Sg. Des. **bī-bhadh-s-a-te* > (22.5) *bībhatsate* 'ekelt sich vor' **J** √*labh-* 'nehmen' :: Fut. 1. Sg. **labh-sye* > (22.5) *lapsye* 'ich werde nehmen'

Kapitel 11: Assimilationen II

Verschlusslaut plus Nasal

A *manāk magnaḥ* > (s12.1) *manāṅ_magnaḥ* 'ein wenig untergesunken' **B** *dik nāgaḥ* > (s12.1) *diṅ_nāgaḥ* 'Weltelefant' **C** *tat mama* > (s12.3) *tan_mama* 'das meine' **D** *vāk muñcati* > (s12.1) *vāṅ_muñcati* 'Sprache befreit' **E** *kīdr̥k naraḥ* > (s12.1) *kīdr̥ṅ_naraḥ* 'was für ein Mensch?' **F** *prāk mukhaḥ* > (s12.1) *prāṅ_mukhaḥ* 'ostwärts' **G** *nagarāt nagaram* > (s12.3) *nagarān_nagaram* 'von Stadt zu Stadt' **H** *jagat nāthaḥ* > (s12.3) *jagan_nāthaḥ* 'Weltenherr' **I** *yāvat na* > (s12.3) *yāvan_na* 'so lange nicht' **J** *ṣaṭ māsaḥ* > (s12.2) *ṣaṇ_māsaḥ* 'Zeitraum von sechs Monaten' **K** √*pad-* 'fallen' :: PPP **padná-* > (22.3) *panná-* 'gefallen' **L** √*bhid-* 'spalten' :: **bhidná-* > (22.3) *bhinná-* 'gespalten'

Assimilationen des auslautenden Dentals

A *mahat cāpam* > (s10.1) *mahac_cāpam* 'großer Bogen' **B** *aharat śiraḥ* > (s10.6) *aharac_chiraḥ* 'er schlug den Kopf ab' **C** *mr̥t chādayati* > (s10.2) *mr̥c_chādayati* 'der Lehm bedeckt' **D** *tat chinatti* > (s10.2) *tac_chinatti* 'er schneidet dies' **E** *etat ṭhakkuraḥ* > (s10.4a) *etaṭ_ṭhakkuraḥ* **F** *tat jāyate* > (s10.3) *taj_jāyate* 'dieses wird geboren' **G** *tat ślokena* > (s10.6) *tac_chlokena* 'durch diesen Vers' **H** *tat ca* > (s10.1) *tac_ca* 'und dieses' **I** *abhavat jaḍaḥ* > (s10.3) *abhavaj_jaḍaḥ* 'er wurde starr' **J** *suhr̥t ṭīkate* > (s10.4a) *suhr̥ṭ_ṭīkate* 'der Freund trippelt' **K** *tat labdham*

> (s10.5) *tal_labdham* ‘dies genommen’ **L** *tat ḍhaukate* > (s10.4b) *taḍ_ḍhaukate* ‘es nähert sich’ **M** *vidyut-latā* > (22.6) *vidyullatā* ‘Blitzstrahl’ **N** *mr̥d-* ‘Lehm’ :: **mr̥d-loṣṭa-* > (22.6) *ml̥loṣṭa-* ‘Erdklumpen’

Sandhi von auslautenden Nasalen

A *arīn jayati* > (s14.3) *arīñ_jayati* ‘er besiegt die Feinde’ **B** *bhadram te* > (s14.1) *bhadraṃ_te* ‘Heil dir!’ **C** *tān jayati* > (s14.3) *tāñ_jayati* ‘er besiegt sie’ **D** *yān jantūn* > (s14.3) *yāñ_jantūn* ‘welche Geschöpfe’ **E** *svargam jagāma* > (s14.1) *svargaṃ_jagāma* ‘er ging in den Himmel’ **F** *kim karomi* > (s14.1) *kiṃ_karomi* ‘was soll ich tun?’ **G** *pakṣin ḍīyasva* > (s14.2) *pakṣiṇ_ḍīyasva* ‘oh Vogel, flieg!’ **H** *mahān ḍamaraḥ* > (s14.2) *mahāṇ_ḍamaraḥ* ‘großer Aufruhr’ **I** *yachhan śrāddham* > (s14.5) *yacchañ_chrāddam* ‘das Ahnenopfer reichend’ **J** *tān śasāpa* > (s14.5) *tāñ_chaśāpa* ‘er verfluchte sie’ **K** *paśyan lokān* > (s14.5) *paśyaṃl̥_lokān* ‘die Leute sehend’

Kapitel 12: Schwund stimmhafter Sibilanten

Die Entwicklung **az > e*

A av. *nazdišta-* :: **nn̥sd-istho-* > (22.2) **nn̥zdistho-* > (15.1) **názdistho-* > (c24) **názdiṣṭho-* > (10) **názdiṣṭha-* > (c23) *néd-iṣṭha-* ‘der nächste’ **B** gr. *mastós* ‘Brust’ :: **másdes-* > (22.2) **mázdes-* > (10) **mázdas-* > (c23) *médas-* ‘Fett’ **C** aav. *mazdā-* :: **mn̥s-dʰéh$_1$-* > (c2) **mn̥sdʰḗ-* > (22.2) **mn̥zdʰḗ-* > (15.1) **mazdhā́-* > (c23) *medhā́-* ‘Weisheit’ **D** jav. *pazdu-* ‘Käfer’ :: **pasdú-* > (22.2) **pazdú-* > (c23) *pedú-* Personenname **E** jav. *dazdi* :: **da-d-dhí* > (2.4) **dadzdhí* > (6.5) **dazdhi* > (c23) **dedhí* > (29.1) *dehí* ‘gib!’ **F** √*dhā-* :: 2. Sg. Imp. **dha-d-dhí* > (2.4) **dhadzdhí* > (6.5) **dhazdhí* > (c23) **dhedhí* > (27.1) **dedhí* > (29.1) *dehí* ‘stell!’ **G** **másdi̯eti* > (22.2) **mázdi̯eti* > (10) **mázdi̯ati* > (c23) *médyati* ‘wird/ist fett’ **H** av. *miiazda-* :: **mii̯ázdʰa-* > (c23) *miyédha-* ‘Opfermahl’

Retroflexivierung von **z* mit anschließendem Schwund

A **dus-dāśa-* > (22.2) **duz-dāśa-* > (c25) **duẓdāśa-* > (17.2) **duẓḍāśa-* > (20.3) *dū-ḍāśa-* ‘unfromm’ **B** **dus-dhī-* > (22.2) **duzdhī-* > (c25) **duẓdhī-* > (17.3) **duẓḍhī-* > (20.3) *dūḍhī-* ‘böse gesinnt’ **C** **dus-nā́śa-* > (22.2) **duz-nā́śa-* > (c25) **duẓnā́śa-* > (17.2) **duẓṇā́śa-* > (20.3) *dū-ṇā́śa-* ‘schwer erreichbar’

Schwund von retroflexem **ẓ* mit Ersatzdehnung nach Kurzvokal

A lat. *nīdus* :: **nisdo-* > (22.2) **nizdo-* > (10.3) **nizda-* > (c25) **niẓda-* > (17.2) **niẓḍa-* > (20.3) *nīḍa-* ‘Nest’ **B** gr. *misthós* :: **misdʰo-* > (22.2) **mizdʰo-* > (10.3) **mizdʰa-* > (c25) **miẓdha-* > (17.3) **miẓḍha-* > (20.3) *mīḍha-* ‘Lohn’ **C** got. *aistan* ‘achten’ :: **h$_2$i-h$_2$isd-h$_2$éi̯* > (22.2) **h$_2$i-h$_2$izd-h$_2$éi̯* > (c3) **h$_2$ih$_2$izdHái̯* > (1.5) **Hi-Hizd-ái̯* > (13.4) **iizd-ái̯* > (26.2) **īzdái̯* > (c25) **īẓdái̯* > (11.1) **īẓdé* > (17.2) **īẓḍé* > (20.3) *īḍé* ‘verehrt’ **D** √*stu-* ‘preisen’ :: 2. Pl. Aor. **á-stau̯-s-dhvam* > (22.2) **ástau̯zdhvam* > (c25) **á-stau̯ẓdhvam* > (17.3) **á-stau̯ẓḍhvam* > (20.1) **á-stau̯ḍhvam* > (11.2) *ástoḍhvam* ‘ihr prieset’

Kapitel 13: Die primäre Palatalisierung

Die Entwicklung von stimmlosem palatalem **k̂*, **ĝ*, und **ĝʰ*

A lat. *cadō* :: Fut. **k̂ad-si̯e-ti* > (22.1) **k̂at-si̯e-ti* > (c7) **śat-si̯e-ti* > (10) *śatsyati* ‘wird fallen’ **B** alat. *deicō* :: **dí-dei̯k̂-e-ti* > (c7) **dídei̯śeti* > (10) **dídai̯śati* > (11.1) *dídeśati* ‘zeigt’ **C** gr. *kónkhos* :: **k̂onkʰó-* > (c7) **śonkʰó-* > (10) *śaṅkhá-* ‘Muschel’ **D** lat. *equus* :: **ék̂u̯o-* > (c7) **éśu̯o-* > (10) *áśva-* ‘Pferd’ **E** lat. *cēnseō* :: **k̂enseti* > (c7) **śenseti* > (10.1) **śansati* > (s14.1) *śaṃsati* ‘verkündet’ **F** lat. *angus-tus* :: **h$_2$énĝʰes-* > (c3) **ánĝʰes-* > (c12) **ánhes-* > (10) **ánhas-* > (s14.1) *áṃhas-* ‘Enge’ **G** gr. *geúō* :: **ĝéu̯sos-* > (c11) **jéu̯sos-* > (10) **jáu̯sas-* > (c24) **jáu̯ṣas-* > (11.2) *jóṣas-* ‘Gefallen’ **H** lat. *vīcus* :: **u̯oi̯k̂ó-* > (c7) **u̯oi̯śó-* > (10.3) **u̯ai̯śá-* > (11.1) *veśá-* ‘Wohnung’

Die Entstehung der Lautgruppe *ṣṭ*

A √*darś-* (c7) < **derk̂-* ‘sehen’ :: **dr̥k̂tó-* > (c13) **dr̥ṣṭó-* > (10) *dr̥ṣṭá-* ‘gesehen’ **B** √*piś-* (c7) < **pik̂-* ‘gestalten’ :: **pik̂to-* > (c13) **piṣṭó-* > (10) *piṣṭá-* ‘gequält’ **C** √*deś-* (c7) < **dei̯k̂-* ‘zeigen’ :: **dídei̯k̂ti* > (c13) **dídei̯ṣṭi* > (10) **dídai̯ṣṭi* > (11.1) *dídeṣṭi* ‘zeigt’ **D** **déi̯-dik̂toi̯* > (c13) **déi̯diṣṭoi̯* > (10) **dái̯diṣṭai̯* > (11.1) *dédiṣṭe* ‘erweist’ **E** √*vaś-* (c7) < **u̯ek̂-* ‘wünschen’ :: **u̯ék̂ti* > (c13) **u̯éṣṭi* > (10) *váṣṭi* ‘wünscht’ **F** √*naś-* (c7) < **nek̂-* ‘vergehen’ :: **nek̂tó-* > (c13) **neṣṭó-* > (10) **naṣṭá-* ‘verloren’

LÖSUNGEN

Kapitel 14: Die sekundäre Palatalisierung

Delabialisierung ohne Palatalisierung

A lat. *iecur* :: **i̯ek^{w}r̥t* > (4.1) **i̯eḱr̥t* > (10.1) *yakŕ̥t* ‘Leber’ **B** lat. *coctus* :: **pek^{w}-u̯ó-* > (4.1) **peku̯ó-* > (10) *pakvá-* ‘gekocht, gereift’ **C** lat. *nūdus* :: **neg^{w}-nó-* > (4.2) **negnó-* > (10) *nagná-* ‘nackt’

Beispiele für Palatalisierungen

A gr. *pénte* :: **pénk^{w}e* > (4.1) **pénke* > (c10) **pénce* > (10.1) *páñca* ‘fünf’ **B** lat. *vīvus* :: **g^{w}īu̯ós* > (4.2) **gīu̯ós* > (c11) **jīu̯ós* > (10.3) *jīvás* ‘Leben’ **C** gr. *érebos* :: Gen. Sg. **h$_{1}$reg^{w}es-es* > (13.2) **reg^{w}eses* > (4.2) **regeses* > (c11) **rejeses* > (10.1) *rajasas* ‘Dunkelheit’ **D** gr. *delphús* :: **g^{w}ólb^{h}o-* > (4.2) **gólbho-* > (9) **górbho-* > (10) *gárbha-* ‘Leibesfrucht’ **E** gr. *sébomai* :: **ti̯eg^{w}eti* > (4.2) **ti̯egeti* > (c11) **ti̯ejeti* > (10.1) *tyájati* ‘verlässt’ **F** ahd. *quena* :: **g^{w}énH-* > (4.2) **génH-* > (c11) **jénH-* > (1.7) **jéni-* > (10.1) *jáni-* ‘Frau’ **G** **sék^{w}-mon-* > *sákman-* ‘Gefolgschaft’ :: **sék^{w}-e-ti* > (4.1) **séketi* > (c10) **séceti* > (10.1) *sácati* ‘folgt’ **H** 3. Pl. *ghnánti* ‘sie töten’ :: 3. Sg. **g^{wh}én-ti* > (4.3) **g^{h}énti* > (c12) **hénti* > (10) *hánti* ‘tötet’ **I** lat. *ninguit* ‘schneit’ :: **snig^{wh}-e-ti* > (4.3) **snig^{h}eti* > (c12) **sniheti* > (10.1) *snihati* ‘liebt’ **J** lat. *foveō* :: **d^{h}ég^{wh}eti* > (4.3) **d^{h}ég^{h}eti* > (c12) **d^{h}éheti* > (27.1) **déheti* > (10.1) *dáhati* ‘brennt’ **K** lat. *vovēre* :: **h$_{1}$éu̯g^{wh}-e-toi̯* > (c1) **éu̯g^{wh}-e-toi̯* > (4.3) **éu̯g^{h}-e-toi̯* > (c12) **éu̯hetoi̯* > (10) **áuhatai̯* > (11.1/2) *óhate* ‘spricht feierlich’ **L** gr. *óphis* :: **h$_{3}$ég^{wh}i-* > (c5) **óg^{wh}i-* > (4.3) **óg^{h}i-* > (c12) **óhi-* > (10.3) *áhi-* ‘Schlange’ **M** lat. *augēre* ‘vermehren’ :: Gen. Sg. **h$_{2}$éu̯geses* > (c3) **au̯geses* > (c11) **au̯jeses* > (10.1) **au̯jasas* > (11.2) *ójasas* ‘Kraft’ **N** lat. *lūcēre* :: **lou̯kéi̯eti* > (c10) **lou̯céi̯eti* > (9) **rou̯céi̯eti* > (10) **rau̯cái̯ati* > (11.2) *rocáyati* ‘leuchtet’

Kapitel 15: Konsonantencluster mit palatalen Konsonanten

Entwicklungen in Einzelschritten

A gr. *téktōn* :: **tétk̂on-* > (5.1) **tétc̑on-* [tétt͡šon] > (18.4) **tétṣon-* > (19.1) **tékṣon-* > (10) *tákṣan-* ‘Zimmermann’ **B** gr. *phthísis* :: **d^{h}g^{wh}íti-* > (4.3) **d^{h}g^{h}íti-* > (22.4) **dg^{h}íti-* > (5.6) **dj^{h}íti-* > (18.5) **d̯zhíti-* > (19.2) **gzhíti-* = /*g^{h}ṣíti/ > (19.3) *kṣíti-* ‘Zerstörung’ **C** lat. *ursus* :: **Hŕ̥tk̂o-* > (13.1) **ŕ̥tk̂o-* > (5.1) **ŕ̥tc̑o-* [ŕ̥tt͡šo] > (18.4) **ŕ̥tṣo-* > (19.1) **ŕ̥kṣo-* > (10) *ŕ̥kṣa-* ‘Bär’ **D** lat. *hum-us* :: **d^{h}ĝ^{h}ém-* > (22.4) **dĝ^{h}ém-* > (5.3) **dj^{h}ém-* [dd͡žhém] > (18.5) **d̯zhém-* > (19.2) **gz^{h}ém-* = /*g^{h}ṣém-/ > (19.3) **kṣém-* > (10) *kṣám-* ‘Erde’ **E** jav. *cašte* :: **k^{w}ék̂s-toi̯* > (4.1) **kék̂stoi̯* > (5.1) **kécstoi̯* [két͡štoi̯] > (6.3) **kéštoi̯* > (c10) **céštoi̯* > (10) **cáštai̯* > (18.1) **cáṣṭai̯* > (11.1) *cáṣṭe* ‘verkündet’ **F** lat. *rēx* :: **rēĝs* > (22.1) **rēk̂s* > (5.1) **rēcs* [rēt͡šs] > (18.4) **rēṭṣ* > (10) **rāṭṣ* > (28.1) *rāṭ* ‘König’ **G** gr. *kteínō* :: **tk̂n̥-néu̯-ti* > (5.1) **tcn̥-néu̯-ti* [tt͡šn̥néu̯ti] > (18.4) **ṭṣn̥néu̯ti* > (19.1) **kṣn̥néu̯ti* > (15.1) **kṣanéu̯ti* > (10) **kṣanáu̯ti* > (11.2) *kṣanóti* ‘verletzt’

Übungen zur Lautgruppe **sk̂*

A av. *saδaiieiti* :: **sk̂n̥d-éi̯e-ti* > (c19) **chn̥déi̯eti* > (15.1) **chadéi̯eti* > (10) *chadáyati* ‘scheint, gefällt’ **B** lat. *pōscō* :: **pr̥k̂-sk̂é-ti* > (6.2) **pr̥sk̂éti* > (c20) **pr̥cchéti* > (10) *pr̥ccháti* ‘fragt’ **C** *vāsáyati* ‘lässt hell werden’ < **h$_{2}$u̯os-éi̯e-ti* :: **h$_{2}$us-sk̂é-ti* > (3.1) **h$_{2}$usk̂éti* > (13.1) **usk̂éti* > (c20) **ucchéti* > (10) *uccháti* ‘wird hell’ **D** jav. *isaiti* :: **h$_{2}$is-sk̂é-ti* > (3.1) **h$_{2}$isk̂éti* > (13.1) **isk̂éti* > (c20) **icchéti* > (10) *iccháti* ‘sucht, erstrebt’ **E** gr. *érkhomai* ‘komme, gehe’ :: **h$_{1}$r̥-sk̂é-ti* > (13.1) **r̥sk̂éti* > (c20) **r̥cchéti* > (10) *r̥ccháti* ‘erreicht’

Kapitel 16: Konsonantencluster der Struktur *CsC*

Veränderungen in Konsonantengruppen

A *vásati* ‘wohnt’ :: Aor. **e-u̯ēs-sīt* > (10) **a-vās-sīt* > (25.2) *avātsīt* ‘wohnte’ **B** *bhájati* ‘teilt zu’ :: Aor. **e-b^{h}ag-s-to* > (22.1) **e-b^{h}ak-s-to* > (10) **a-bhak-s-ta* > (6.1) *abhakta* ‘teilte zu’ **C** *ghasati* ‘isst’ :: **e-g^{h}s-to-* > (10) **a-ghs-ta-* > (6.1) **a-gh-ta-* > (7.4) *a-gdha-* ‘ungegessen’ **D** *jíghatsati* ‘will fressen’ :: 2. Sg. Imp. **jaghsdhi* > (6.1) **jaghdhi* > (22.4) *jagdhi* ‘iss!’ **E** √*lip-* ‘beschmieren’ :: 3. Sg. Aor. Med. **a-lip-s-ta* > (6.1) *alipta* ‘beschmierte’ **F** *sthitá-* ‘stehend’ :: **ud-sth$_{2}$-to-* > (1.8) **ud-sthH-to-* > (1.6) **ud-sthi-to-* > (10) **ud-sthita-* > (22.1) **ut-sthita-* > (6.1) *utthita-* ‘aufgestanden’ **G** *stambha-* ‘Stütze’ :: **ud-stémb^{h}Heno-* > (22.1) **ut-stémb^{h}Heno-* > (13.1) **ut-stémb^{h}eno-* > (10) **ut-stámbhana-* > (6.1) *uttámbhana-* ‘Stützbalken’ **H** *sthāpáyati* ‘stellt’ :: **úd-sthāpayati* > (22.1) **út-sthāpayati* > (6.1) *útthāpayati* ‘stellt auf’ **I** *stabhitá-* ‘gestützt’ :: **úd-stm̥b^{h}H-to-* > (22.1) **út-stm̥b^{h}H-to-* > (1.6) **út-stm̥bhito-* > (15.2) **útstabhito-* > (10) **útstabhita-* > (6.1) *úttabhita-* ‘aufgerichtet’ **J** het. *kappilalli-* ‘verflucht’ :: Aor. 2. Pl. **k̂ēp-s-to* > (c7) **śēpsto* > (10) **śāpsta* > (6.1) *śāpta* ‘verflucht’ **K** *tápati* ‘ist heiß’ :: Aor. 2. Dual **a-tāp-s-tam* > (6.1) *atāptam* ‘ihr zwei brennt’

Kapitel 17: Vereinfachungen / Übergangslaute / Fernassimilationen

Fernassimilationen

A av. saŋuhaṇt- :: *śasvant- > (27.3) śáśvant- ‘häufig’ **B** lett. sàuss ‘trocken’ :: *seu̯sei̯eti > (c24) *seu̯ṣei̯eti > (10) *sau̯ṣai̯ati > (11.2) *soṣayati > (s...ṣ > ś...ṣ) śoṣáyati ‘trocknet’ **C** bhūmán- ‘Menge, Fülle’ :: Instr. Sg. *bhūmnā́ > (27.2) bhūnā́ **D** mahimán- ‘Größe’ :: Instr. Sg. *mahimnā́ > (27.2) mahinā́ **E** drāghimán- ‘Länge’ :: Instr. Sg. *drāghmnā́ > (27.2) drāghmā́ **F** raśmán- ‘Zügel’ :: Instr. Sg. *raśmnā́ > (27.2) raśmā́ **G** yunákti ‘schirrt an’ :: 2. Pl. Imp. *yuṅgdhi > (27.3) yuṅdhi ‘schirr an!’

Übungen zu Kapitel 18 und 19 (Achtung: schwierig!)

A *séĝʰtr̥- > (5.3) *séǰʰtr̥- > (7.6) *séǰdʰr̥- > (6.6) *séždhr̥- > (10) *sáždhr̥- > (18.2) *sáẓḍhr̥- > (20.3) sā́ḍhr̥- ‘Sieger’ **B** aav. dərəz- ‘Fessel’ :: *dʰr̥ĝʰ-tó- > (5.3) *dʰr̥ǰʰtó- > (7.6) *dʰr̥ǰdʰó- > (6.6) *dʰr̥ždʰó- > (27.1) *dr̥ždʰó- > (10) *dr̥ždhá- > (18.2) *dr̥ẓḍhá- > (20.1) dr̥ḍhá- ‘fest, entschlossen’ **C** br̥háti ‘reißt aus’ :: *br̥ĝʰtó- > (5.2) *br̥ǰʰtó- > (7.6) *br̥ǰdʰó- [br̥d̲ždhó] > (6.6) *br̥ždhó- > (10) *br̥ždhá- > (18.3) *br̥ẓḍhá- > (20.1) br̥ḍhá- ‘herausgerissen’ **D** av. dißžaidiiāi :: *dʰí-dʰbʰ-sati > (22.4) *dʰídbʰsati > (7.2b) *dʰídbzʰati > (Vereinfachung dbz >bz) *dʰíbzʰati > (27.1) *díbzʰati > (19.4) dípsati ‘will antun’ **E** bábhasti < *bʰe-bʰosti ‘kaut’ :: 3. Pl. *bʰé-bʰs-ati > (7.2b) *bʰábzʰati > (27.1) *bábzʰati > (19.4) bápsati ‘kauen’ **F** dáhati < *dʰégʷʰeti ‘verbrennt’ :: *dʰégʷʰ-s-n̥t- > (4.3) *dʰégʰ-s-n̥t- > (15.1) *dʰégʰ-s-at- > (7.5b) *dʰégzʰat- > (8.2) *dʰégžʰat- > (10.1) *dʰágžʰat- > (27.1) *dágžʰat- > (23.2) *dágẓʰat- > (19.3) dákṣat- ‘verbrennend’ **G** av. pasča :: *po-skʷ-éh$_1$ > (c2) *poskʷḗ > (4.1) *poskḗ > (5.4) *posčḗ > (10) *pasčā́ > (20.10) paścā́ ‘hinten’ **H** lat. mergit :: *mézgeti > (5.5) *mézǰeti > (10) *mázǰati > (20.11) májjati ‘sinkt’

Kapitel 18: Dissimilationen

Verlust der Aspiration nach Grassmann

A dáhati ‘brennt’ < *dʰégʷʰeti :: *e-dʰēgʷʰ-s-t > (4.3) *edʰēgʰst > (22.5) *edʰēkst > (10) *adhākst > (8.1) *adhākšt > (23.1) *adhākṣt > (17.1) *adhākṣṭ > (28.1) adhāk ‘verbrannte’ **B** *di-dʰegʷʰ-s-e-ti > (4.3) *didʰegʰseti > (22.5) *didʰekseti > (c24) *didhekṣeti > (10) didhakṣati ‘verbrennt’ **C** *gau̯-dhugh-s > (11.2) *go-dhughs > (22.5) *go-dhuks > (c24)*go-dhukṣ > (28.1) godhuk ‘Melker’ **D** *arthabhudh-s > (22.5) *arthabhut-s > (28.1) arthabhut ‘sachverständig’ **E** dhāyā- ‘Schicht, Lage’ :: *dʰe-dʰh$_1$-ói̯ > (13.1)*dʰe-dʰ-ói̯ > (10) *dha-dh-ái̯ > (11.1) *dhadhé > (27.1) 1. Sg. Med. dadhé ‘ich setze’ **F** gr. títhēmi :: *dʰé-dʰeh$_1$-ti > (c2) *dʰédʰēti > (27.1) *dédhēti > (10) dádhāti ‘setzt’ **G** lat. fiber :: *bʰebʰrú- > (27.1) *bebʰrú- > (10) babhrú- ‘braunes Tier’

Dissimilationen, Vereinfachungen

A jav. taf-nah- :: *tap-mán- > (p...m > k...m) tak-mán- ‘Fieber’ **B** áp- ‘Wasser’ :: Dat. Pl. *ap-bhis > (22.2) *ab-bhis > (b...b > d...b) *adbhis > (28.3) adbhiḥ ‘Wasser’ **C** M. Sg. tráyaḥ :: F. Sg. *trisráḥ > (r...r > Ø...r) tisráḥ ‘drei’ **D** tri- ‘drei’+ stár- ‘Stern’ :: *tri-str-ii̯o- > (8.1) *tištrii̯o- > (tr...tr > t...r) *tišrii̯a- > (23.1)*tiṣrii̯a- > (ṣr > ṣ) ved. tiṣíya- ‘Name eines Fixsternbildes. Urspr. der zum Dreigestirn Gehörige’ **E** lat. sistō :: *sth$_2$i-sth$_2$-e-ti > (1.8) *sthi-sth-e-ti > (8.1) *sthi-šth-e-ti > (10) *sthi-šth-a-ti > (27.1) *sti-šth-a-ti > (st...št > t...št) *ti-šth-a-ti > (23.1) tiṣṭhati ‘steht’

Kapitel 19: Das Bartholomaesche Aspiratengesetz

Bartholomae

A ved. bhásat :: *ba-bʰs-tām > (7.2) *babzdhām > (6.1) babdhām ‘soll kauen’ **B** ghasati ‘isst’ < *gʰeseti :: *gʰs-to > (7.5) *gzdʰo > (8.2) *gždho > (6.1) *gdho > (10) gdha ‘soll essen’ **C** √druh- ‘schädigen’ :: *dʰrugʰtó- > (7.4) *dhrugdhó- > (27.1) *drugdhó- (10) drugdhá- ‘geschädigt’ **D** duha- ‘Milch gebend’ :: *dʰugʰ-tó- > (7.4) *dhugdhó- > (27.1) *dugdhó- (10) dugdhá- ‘gemolken’ **E** budha- ‘verständig’ :: *bʰudʰ-tó- > (2.3) *bhudʰztó- > (7.3) *bhudzdʰó- > (6.1) *bhuddhó- > (27.1) *buddhó- > (10) buddhá- ‘erwacht’ **F** dáhati ‘brennt’ :: *dʰegʷʰtó- > (4.3) *dʰegʰtó- > (7.4) *dhegdhó- > (27.1) *degdhó- > (10) dagdhá- ‘verbrannt’ **G** av. azdā :: *Hedʰ-téh$_2$ > (c4) *Hedʰtā́ > (13.1) *edʰtā́ > (2.3) *edʰztā́ > (7.3) *edzdhā́ > (6.1) *eddhā́ > (10) addhā́ ‘sicher’ **H** √rudh- ‘hindern’ :: Aor. 3. Sg. Med. *á-rudʰ-s-ta > (7.3) *árudzdʰa > (6.1) áruddha ‘hemmte’

Bartholomae mit dem Palatalkonsonanten *ǵʰ

A gr. *leíkhō* :: 3. Sg. **léiǵʰti* > (5.3) **léiȷ́ʰti* [léi̯d̠žhti] > (7.6) **léiȷ́dʰi* [léi̯d̠ždhi]> (6.6) **léižd̠ʰi* > (9) **réi̯žd̠ʰi* > (18.3) **réi̯zḍʰi* > (10) **rái̯zḍʰi* > (11.1) **rézḍʰi* > (20.1) *réḍhi* 'leckt' **B** *gā́hate* 'taucht ein' :: **geǵʰtó-* > (5.3) **geȷ́ʰtó-* > (7.6) **gejdhó-* [ged̠ždhó] > (6.6) **gežd̠hó-* > (18.3) **gezḍhó-* > (10) **gazḍhá-* > (20.3) *gā́ḍhá-* 'worin man badet' **C** *vahati* 'fährt' :: **uǵʰtó-* > (5.3) **uȷ́ʰtós* > (7.6) **ujdʰós* > (6.6) **uždʰó-* > (10) **uždhá-* > (18.3) **uzḍhá-* > (20.3) *ūḍhá-* 'gefahren' **D** *sáhate* 'besiegt' :: **seǵʰtó-* > (5.3) **seȷ́ʰtó-* > (7.6) **sejdʰó-* > (6.6) **sеždhó-* > (18.3) **sezḍhó-* > (10) **sazḍhá-* > (20.3) **sā́ḍhá-* 'besiegt'

Kapitel 20: Die retroflexen Konsonanten

Die Ruki-Regel mit innerindischen Vergleichsformen / Die Entstehung von retroflexem ṇ

A √*sad-* 'sitzen' :: **sad-ná-* > (22.3) *sanná-* 'sitzend' :: **ni-sad-na-* > (22.3) **nisanna-* > (c24) **niṣanna-* > (24) **niṣaṇṇa-* 'gelehnt an' **B** *nayati* 'führt' :: **pari-nayati* > (24) *pariṇayati* 'führt umher' **C** *namati* 'verehrt' :: **pra-namati* > (24) *praṇamati* 'verehrt' **D** √*naś-* 'umkommen' :: **pra-naśyati* > (24) *praṇaśyati* 'kommt um' **E** √*stigh-* 'steigen' :: Des. **ti-stigh-is-ate* > (c24) **tiṣtighiṣate* > (17.1) *tiṣṭighiṣate* 'will besteigen' **F** √*stubh-* 'jubeln, preisen' :: **anu-stúbh-* > (c24) **anuṣtúbh-* > (17.1) *anuṣṭúbh-* 'Lobgesang' **G** √*syand-* 'schnell dahingleiten' :: **raghu-syád-* > (c24) *raghu-ṣyád-* 'schnell eilend' **H** *sarpa-* 'Schlange' :: Instr. **sarpena* > (24) *sarpeṇa* **I** *hari-* 'Beiname des Viṣṇu :: Instr. **harinā* > (24) *hariṇā*

Die Ruki-Regel mit Vergleichsformen aus anderen Sprachen

A gr. *dís* :: **du̯is* > (c24) *dviṣ* 'zweimal' **B** gr. *ársēn* :: **h$_2$u̯ŕ̥sen-* > (13.2) **u̯ŕ̥sen-* > (c24) **u̯ŕ̥ṣen-* > (10) *vŕ̥ṣan-* 'männliches Tier' **C** lat. *iūs* :: **i̯ūs* > (c24) *yūṣ-* 'Brühe' **D** lat. *mūs* :: **múHs* > (13.4) **mū́s-* > (c24) *mū́ṣ-* 'Maus' **E** lat. *coxa* :: **kokseh$_2$* > (c4) **koksā* > (10) **kaksā* > (c24) *kákṣā* 'Biegung' **F** lat. *ūvidus* :: **ugʷ-sé-ti* > (4.2) **ugséti* > (22.1) **ukséti* > (c24)**ukṣéti* > (10.1) *ukṣáti* 'macht feucht' **G** lat. *perna* :: **pḗrsni-* > (c24) **pḗrṣni-* > (10) *pā́rṣṇi-* 'Ferse' **H** √*vas-* 'bleiben' :: **pra-ús-tha-* > (c24) **pra-úṣ-tha-* > (17.1) **pra-úṣ-ṭha-* > (11.2) *próṣṭha-* 'Nachtlager' **I** gr. *ksyrón* :: **ksu-ró-* > (c24) **kṣuró-* > (10) *kṣurá-* 'Rasiermesser'

Kapitel 21: Auslautprozesse I

Vereinfachung auslautender Doppelkonsonanz

A lat. *nox* :: **nokʷt-s* > (4.1) **nokts* > (10.3) **nakts* > (28.1) *nak* 'Nacht' **B** Akk. Sg. *bhavantam* :: Nom. Sg. **bhavants* > (28.1) *bhavan* 'seiend' **C** lat. *rēx* :: **h$_3$rēǵ-s* > (13.2) **rēǵ-s* > (22.1) **rēḱ-s* > (5.1) **rēćs* [rēt̠šs] > (18.6) **rēṭṣ* > (10) **rāṭṣ* > (28.1) *rāṭ* 'König' **D** *hanti* 'erschlägt' :: **h$_1$e-gʷʰen-t* > (c1) **e-gʷʰen-t* > (4.3) **e-gʰen-t* > (c9) **ehent* > (10.1) **ahant* > (28.1) *ahan* 'er erschlug' **E** *santi* 'sind ' :: **h$_1$s-ent-s* > (13.2) **sents* > (10.1) **sants* > (28.1) *san* 'seiend' **F** *dhákṣu-* 'brennend' :: 3. Sg. Aor. **a-dhāgh-s-t* > (22.5) **adhākst* > (c24) **adhākṣt* > (17.1) **adhākṣṭ* > (28.1) *adhāk* 'brannte' **G** dt. *taugen* :: **h$_1$e-dʰeu̯gʰt* > (c1) **e-dʰeu̯gʰt* > (22.5) **e-dʰeu̯kt* > (10.1) **adhaukt* > (11.2) **adhokt* > (28.1) *adhok* 'er molk' **H** lat. *māter* :: **mā́tēr* > (10) **mā́tār* > (28.2) *mātā́* 'Mutter' **I** **chand-ti* > (22.1) *chantti* 'gefällt' :: 3. Sg. Aor. **achānd-s-t* > (22.1) **achāntst* > (28.1) *achān* 'gefiel' **J** *aśnóti* 'erreicht' :: Aor. **Hé-Hneḱ-t* > (13.1) **éHneḱt* > (13.4) **ḗneḱt* > (5.1) **ḗnećt* [ēnet̠št] > (18.6) **ḗneṭṣṭ* > (10) **ā́naṭṣṭ* > (28.1) *ā́naṭ* 'erreichte' **K** *vīrudha-* 'Pflanze' :: **vīrudh-s* > (22.5) **vīruts* > (28.1) *vīrut* 'Kraut' **L** √*marj-* 'abstreichen' :: **h$_1$e-mērǵ-t* > (c1) **emērǵt* > (22.1) **emērḱt* > (5.1) **emērćt* [emērt̠št] > (10) **amārćt* > (18.6) **amārṭṣṭ* > (28.1) *amārṭ* 'er strich ab' **M** √*leh-* 'lecken' < **lei̯ǵʰ-* :: **medʰu-liǵʰs* > (22.5) **medʰu-liḱs* > (5.1) **medʰu-lićs* > (18.6) **medhuliṭṣ* > (10) **madhuliṭṣ* > (28.1) *madhuliṭ* 'Biene~Honigleckerin' **N** lat. *sex* :: **seḱs* > (5.1) **sećs* > (18.6) **seṭṣ* > (10) **saṭṣ* > (*s... ṣ* > *ṣ... ṣ*) **ṣaṭṣ* > (28.1) *ṣaṭ* 'sechs' **O** *kāmaduh-* :: Nom. **keh$_2$mo-dʰugʰs* > (c4) **kāmodʰugʰs* > (22.5) **kāmodhuks* > (10) **kāmadhuks* > (28.1) *kāmadhuk* 'Wunschkuh'

Kapitel 22: Auslautprozesse II

Sandhi von auslautendem Nasal nach Kurzvokal vor Vokal

A *tasmin adrau* > (s16.1) *tasminn_adrau* 'auf diesem Berg' **B** *gacchan īkṣate* > (s16.1) *gacchann_īkṣate* 'gehend schaut er' **C** *pratyaṅ āste* > (s16.2) *pratyaṅṅ_āste* 'er sitzt nach Osten' **D** *yogin āgaccha* > (s16.1) *yoginn_āgaccha* 'Oh Yogi, komm!' **E** *dhāvan aśvaḥ* > (s16.1) *dhāvann_aśvaḥ* 'rennendes Pferd' **F** *pratyaṅ āsīnaḥ* > (s16.2) *pratyaṅṅ_āsīnaḥ* 'nach Westen sitzend'

Nach Kurzvokal und *ā* / *mā* wird anlautendes *ch* zu *cch*

A *tava chāyā* > (s5.1) *tava_cchāyā* 'dein Schatten' **B** *taru chāyā* > (s5.1) *taru_cchāyā* 'Baumschatten' **C** *ā chādayati* > (s5.1) *ā_cchādayati* 'er bedeckt' **D** *ā chāditaḥ* > (s5.1) *ā_cchāditaḥ* 'zugedeckt' **E** *mā chidat* > (s5.1) *mā_cchidat* 'lass ihn nicht schneiden!' **F** *mā chaitsīt* > (s5.1) *mā_cchaitsīt* 'er soll nicht schneiden!' **G** *badarī chāyā* > (s5.1) *badarī_cchāyā* 'Schatten des Jujuba-Baums'

Etymologisches *-*ns* taucht im Sandhi wieder auf

A *vr̥kān ca* > (s15.1) *vr̥kāṃś_ca* 'und die Wölfe' **B** *abharan ca* > (s15.1) *abharaṃś_ca* 'und sie trugen' **C** *tān ṭaṅkān* > (s15.2) *tāṃṣ_ṭaṅkān* 'diese Hacken' **D** *devān tatra* > (s15.3) *devāṃs_tatra* 'die Götter hier' **E** *śaśin tvarasva* > (s15.3) *śaśiṃs_tvarasva* 'oh Mond, eile!' **F** *hasan cakāra* > (s15.1) *hasaṃś_cakāra* 'er tat es lachend' **G** *pāśān chettum* > (s15.1) *pāśāṃś_chettum* 'um die Fesseln zu lösen' **H** *patan taruḥ* > (s15.3) *pataṃs_taruḥ* 'ein fallender Baum' **I** *hasan ṭīkate* > (s15.2) *hasaṃṣ_ṭīkate* 'lachend trippelt er' **J** *calan ṭiṭṭibhaḥ* > (s15.2) *calaṃṣ_ṭiṭṭibhaḥ* 'ein laufender Vogel'

Kapitel 23: Die silbischen Nasale und Liquiden

Merger von **l* und **r* / Silbische Nasale

A lat. *pluit* 'regnet' :: 3. Pl. *pleu̯onto > (9) *preu̯onto > (10) *pravanta* 'sie schwimmen' **B** lat. *relinquō* :: *linékʷti > (4.1) *linékti > (9) *rinékti > (10.1) *rinákti > (24) *riṇákti* 'verlässt' **C** lat. *mollis* :: *ml̥dú- > (9) *mr̥dú-* 'weich' **D** gr. *tatós* :: *tn̥tó- > (15.1) *tató- > (10) *tatá-* 'gedehnt' **E** gr. *elakhús* :: *h$_1$ln̥gʷʰú- > (13.2) *ln̥gʷʰú- > (4.3) *ln̥gʰú- > (15.1) *lagʰú- > (9) *raghú-* 'leicht' **F** √*bhañj-* 'brechen' :: *bhn̥gná- > (15.1) *bhagná-* 'gebrochen' **G** lat. *mēns* 'Verstand' :: *mn̥tá- > (15.1) *matá-* 'gedacht' **H** √*daṃś-* 'beißen' :: *dn̥śati > (15.2) *daśati* 'beißt' **I** lat. *ventus* :: *gʷm̥tó- > (4.2)*gm̥tó- > (15.2) *gató- > (10) *gatá-* 'gekommen' **J** *nebʰos > (10) *nábhas-* 'Wolke' :: *n̥bʰ-ró- > (15.1) *abhró- > (10.3) *abhrá-* 'Gewitterwolke' **K** lat. *nox* :: *n̥kʷtéh$_2$ > (c4) *n̥kʷtā́ > (4.1) *n̥ktā́ > (15.1) *aktā́* 'Nacht' **L** het. *peru* 'Fels' :: *pérun̥to- > (15.1) *péru̯ato- > (10) *párvata-* 'felsig'

Silbischer Resonant plus Laryngal vor Konsonant und vor Vokal

A √*tam-* 'erstarren' :: *tm̥H-i̯e-ti > (14.7) *tā́mi̯eti > (10) *tā́myati* 'erstarrt' **B** √*śram-* 'ermüden' :: *k̂rm̥h$_2$-i̯e-ti > (14.7) *k̂rā́mi̯eti > (c7) *śrā́mi̯eti > (10) *śrā́myati* 'ermüdet' **C** *támas-* 'Dunkelheit' :: *tm̥H-ró- > (14.7) *tāmró- > (10.3) *tāmrá-* 'dunkelrot' **D** lat. *antae* :: *h$_2$n̥Ht-eh$_2$- > (c4) *h$_2$n̥Ht-ā- > (14.6) *h$_2$ā́tā- > (13.1) *ā́tā-* 'Türrahmen' **E** lit. *ántis* :: *h$_2$n̥h$_2$-tí- > (1.5) *Hn̥Htí- > (14.6) *Hātí- > (13.1) *ātí-* 'Ente' **F** lat. *glōs* :: *gl̥h$_2$-i- > (9) *gr̥h$_2$-i- > (14.2) *giri-* 'Schwägerin' **G** gr. *trõma* 'Wunde' :: *tr̥h$_3$-o- > (14.4) *turo- > (10.3) *tura-* 'krank, wund' **H** lat. *lātus* 'getragen' :: *tl̥h$_2$-éh$_2$ > (c4) *tl̥h$_2$-ā́ > (14.5) *tulā́* 'Waage' **I** het. *tarh-* 'überwinden' :: *tr̥Hés > (14.2) *tirés > (10) *tirás* 'durch' **J** √*kr̄* 'ausstreuen' :: *kr̥H-e-ti > (14.2) *kireti > (10) *kirati* 'streut aus'

Kapitel 24: Laryngale I

Laryngal neben und zwischen Vokalen

A jav. *sāma-* :: *k̂i̯eh$_1$mó- > (c2) *k̂i̯ēmó- > (c7) *śyēmó- > (10) *śyāmá-* 'schwarz' **B** lat. *sōns* 'schuldig' :: *n̥-h$_1$sn̥t- > (14.6) *ā́sn̥t- > (15.1) *ā́sat-* 'nicht seiend' **C** lat. *agō* :: *h$_2$í-h$_2$ĝ-e-toi̯ > (1.5) *HíHĝetoi̯ > (13.1+13.4) *ī́ĝetoi̯ > (c8) *ī́jetoi̯ > (10) *ī́jatai̯ > (11.1) *ī́jate* 'treibt' **D** *ákṣi-* 'Auge' :: *h$_3$í-h$_3$kʷs-oi̯ > (1.5) *Hí-Hkʷsoi̯ > (13.1+13.4) *ī́kʷsoi̯ > (4.1) *ī́ksoi̯ > (c24) *ī́kṣoi̯ > (10) *ī́kṣai̯ > (11.1) *ī́kṣe* 'nehme wahr' **E** *h$_2$í-h$_2$sd-oi̯ > (1.5) *HíHsdoi̯ > (13.1+13.4) *ī́sdoi̯ > (22.2) *ī́zdoi̯ > (c25) *ī́ẓdoi̯ > (17.2) *ī́ẓḍoi̯ > (20) *ī́ḍoi̯ > (10) *ī́ḍai̯ > (11.1) *ī́ḍe* 'preise' **F** *h$_2$í-h$_2$k̂-oi̯ > (1.5) *HíHk̂oi̯ > (13.1+13.4) *ī́k̂oi̯ > (c7) *ī́śoi̯ > (10) *ī́śai̯ > (11.1) *ī́śe* 'herrsche' **G** het. *hi-iš-ši* 'an der Deichsel' :: *h$_2$iHs-éh$_2$- > (c4) *h$_2$iHs-áH- > (1.5) *HiHsáH- > (13.1+13.4) *īsā́- > (c24) *īṣā́-* 'Deichsel' **H** lat. *vānus* 'leer' :: *uh$_2$nó- > (13.4) *ūnó- > (10) *ūná-* 'unzureichend' **I** an. *vella* 'sprudeln' :: *u̯l̥H-mi- > (14.3) *u̯ūr-mi- > (27.5) *ūrmí-* 'Welle' **J** gr. *orthós* :: *u̯r̥Hdʰu̯ó- > (14.3) *u̯ūrdhu̯ó- > (10) *u̯ūrdhu̯á- > (27.5) *ūrdhvá-* 'gerade' **K** gr. *orgḗ* 'Leidenschaft' :: *u̯r̥Hĝ-éh$_2$- > (c4) *u̯r̥Hĝ-ā́- > (14.3) *u̯ūrĝ-ā́- > (c8) *u̯ūrjā́- > (27.5) *ūrjā́-* 'Stärkung' **L** dt. *Atem* :: *eh$_1$t-men- > (c2) *ētmen- > (10) *ātmán-* 'Seele' **M** *áp-* 'Wasser' < *h$_2$ep- :: *anu-h$_2$p-ó- > (13.4) *anūpó- > (10) *anūpá-* 'Marschland' **N** *n̥bʰí-h$_3$kʷo- > (13.4) *n̥bʰī́kʷo- > (4.1) *n̥bʰī́ko- > (15.1) *abhī́ko- > (10) *abhī́ka-* 'Begegnung' **O** lat. *fānum* :: *dʰh$_1$s-ni̯o -> (1.6) *dhisnyo- > (c24) *dhiṣnyo- > (24) *dhiṣṇyo- > (10) *dhíṣṇya-* 'heilig' **P** gr. *patḗr* :: *ph$_2$tḗr > (1.6) *pitḗr > (10.2) *pitā́r > (28.2) *pitā́* 'Vater' **Q** gr. *dósis* :: *dh$_3$ti- > (1.6) *díti-* 'Gabe'

LÖSUNGEN

Kapitel 25: Laryngale II

Aspirierung stimmloser Konsonanten durch Laryngal *h_2

A lat. *sistō* :: **stí-sth$_2$-e-ti* > (1.8)**stíst^{h}Heti* > (*st…st* > *t…st*) **tíst^{h}Heti* > (13.1) **tístheti* > (c24) **tíṣtheti* > (17.1)**tíṣṭheti* > (10) *tíṣṭhati* 'steht, stellt' **B** gr. *platús* :: **pl̥th$_2$ú-* > (1.8) **pl̥t^{h}Hú-* > (13.1) **pl̥thú-* > (9) *pr̥thú-* 'breit' **C** **mn̥th$_2$tó-* > (1.8) **mn̥t^{h}Htó-* > (1.6) **mn̥thitó-* > (15.1)**mathitó-* > (10) *mathitá-* 'geraubt' **D** gr. *kléos* 'Ruhm' :: **k̂léu̯-is-th$_2$o-* > (c7) **śléu̯isth$_2$o-* > (9) **śréu̯isth$_2$o-* > (1.8) **śréu̯ist^{h}Ho-* > (13.1) **śréu̯istho->* (c24) **śréu̯iṣtho-* > (17.1) **śréu̯iṣṭho-* > (10) *śraviṣṭha-* 'der Ruhmreichste' **E** lat. *rota* 'Rad' :: **roth$_2$ó-* > (1.8) **rot^{h}Hó-* > (13.1) **rothó-* > (10) *rathá-* 'Wagen' **F** *páñca* 'fünf' :: **pn̥k^{w}tHó-* > (1.8) **pn̥k^{w}t^{h}Hó-* > (4.1) **pn̥kt^{h}Hó-* > (13.1) **pn̥kt^{h}ó-* > (15.1) **pakthó-* > (10) *pakthá-* 'Quintus'

Aspirierung von stimmhaftem *ĝ durch Laryngal *h_2

A gr. *méga* :: **méĝh$_2$-* > (1.9) **méĝ^{h}H-* > (1.7) **méĝ^{h}i-* > (c9) **méhi-* > (10) *máhi-* 'groß'
B lat. *egō* :: **eĝh$_2$óm* > (1.9) **eĝ^{h}Hóm* > (13.1) **eĝ^{h}óm* > (c9) **ehóm* > (10) *ahám* 'ich'

Ergänzen Sie das Paradigma von ved. *pánthās*

	uridg.		**iir.**		**ai.**
Nom.	**pént-oh$_2$-s*	>	**pántaHs*	>	*pánthās*
Akk.	**pént-oh$_2$-m̥*	>	**pántaHam*	>	*pánthām*
Gen.	**pn̥th$_2$és*	>	**pathás*	>	*pathás*

Kapitel 26: Die Stufen Urindogermanisch, Indoiranisch und Altindisch

Uridg.	>	**Iir.**	>	**Ai.**	

Diphthonge und uridg. *e/*o

**ĝ^{h}éi̯men-*	>	**ǰ^{h}ái̯man-*	>	*héman-*	'Winter'
**toi̯*	>	**tai̯*	>	*te*	'diese'
**leu̯kes-*	>	**rau̯čas-*	>	*rocas-*	'Licht'
**ĝ^{h}éi̯sd-os-*	>	**ǰ^{h}ái̯ždas-*	>	*héḍas-*	'Zorn'
**teu̯so-*	>	**tau̯ša-*	>	*toṣa-*	'Zufriedenheit'
**h$_2$éi̯d^{h}es-*	>	**Hái̯dhas-*	>	*édhas-*	'Brennholz'
**u̯oi̯d-th$_2$a*	>	**u̯ai̯tstha*	>	*véttha*	'du weißt'
**se-sĝ^h-u̯os-*	>	**sazǰ^{h}u̯as-*	>	*sā́hvas-*	'mächtig'
**nizdó-*	>	**niždá-*	>	*nīḍá-*	'Nest'
**póti-*	>	**páti-*	>	*páti-*	'Herr, Gatte'
**dóru-*	>	**dā́ru-*	>	*dā́ru-*	'Holz'
**aĝó-*	>	**aǰá-*	>	*ajá-*	'Ziegenbock'
**h$_2$néro-*	>	**Hnára-*	>	*nára-*	'Mann'
**k^{w}e*	>	**če*	>	*ca*	'und'

Konsonantencluster

**rék̂s-es-*	>	**rácsas-*	>	*rákṣas-*	'Schaden'
**ok̂tṓ*	>	**actā́*	>	*aṣṭā́*	'acht'
**rḗĝ-s*	>	**rā́cs*	>	*rā́ṭ*	'König'
**tétk̂on-*	>	**tátcan-*	>	*tákṣan-*	'Zimmermann'
**g^{w}m̥-sk̂-e-ti*	>	**gascati*	>	*gacchati*	'geht'
**nók^{w}t-s*	>	**nákts*	>	*nák*	'Nacht'
**rēĝ-s*	>	**rā́cs*	>	*rā́ṭ*	'König'
**u̯r̥t-tó-*	>	**u̯r̥tstá-*	>	*vr̥ttá-*	'gedreht'

Laryngale

**$h_2$ép-nes-*	>	**Hápnas-*	>	*ápnas-*	'Besitz'
**$h_2$énto-*	>	**Hánta-*	>	*ánta-*	'Grenze, Ende'
**$h_2$énd^{h}es-*	>	**Hándhas-*	>	*ándhas-*	'Sproß'
**$h_2$épo*	>	**Hápa*	>	*ápa*	'fort, hinweg'
**$h_1$erh$_1$tér-*	>	**HarHtár-*	>	*aritár-*	'Ruderer'
**Hómso-*	>	**Hámsa-*	>	*áṃsa-*	'Schulter'
**$h_2$onk̂ó-*	>	**Hanćá-*	>	*aṃśá-*	'Anteil'
**$h_2$énĝ^{h}es-*	>	**Hánǰ^{h}as-*	>	*áṃhas-*	'Angst'
**h_2éĝtreh$_2$-*	>	**Háćtrā-*	>	*áṣṭrā-*	'Peitsche'
**$h_2$ósth$_2$-*	>	**HásthH-*	>	*ásthi-*	'Knochen'
**$h_3$éh$_1$-s-*	>	**HáHs-*	>	*ā́s-*	'Mund'
**h_2n̥h$_2$tí-*	>	**HaHtí-*	>	*ātí-*	'Ente'
**h_2ŕ̥tk̂o-*	>	**Hŕ̥tća-*	>	*ŕ̥kṣa-*	'Bär'
**HúHd^h-er-*	>	**HúHdhar-*	>	*ū́dhar-*	'Euter'
**h_2iHs-éh$_2$-*	>	**HiHšáH-*	>	*īṣā́-*	'Deichselstange'
**Hói̯ko-*	>	**Hái̯ka-*	>	*éka-*	'eins'
**h_2i-h$_2$k̂ó-*	>	**HiHćá-*	>	*īśá-*	'Herr'
**Hénos-*	>	**Hánas-*	>	*ánas-*	'Lastwagen'
**dl̥h$_1$g^{h}ó-*	>	**dr̥Hghá-*	>	*dīrghá-*	'lang'

Labiovelare

**g^{w}r̥H-í-*	>	**gr̥H-í-*	>	*girí-*	'Berg'
**g^{w}r̥H-ú-*	>	**gr̥H-ú-*	>	*gurú-*	'schwer'
**g^{w}ṓu̯s*	>	**gā́u̯š*	>	*gáuṣ*	'Kuh'
**g^{wh}ormó-*	>	**gharmá-*	>	*gharmá-*	'Hitze'
**u̯l̥k^{w}o-*	>	**vŕ̥ka-*	>	*vŕ̥ka-*	'Wolf'
**g^{w}iHu̯o-*	>	**ǰiHu̯a-*	>	*jīva-*	'lebendig'
**k^{w}sép-*	>	**kšáp-*	>	*kṣáp-*	'Nacht'
**g^{wh}énti*	>	**ǰ^{h}énti*	>	*hánti*	'er schlägt'
**u̯ōk^w-s*	>	**u̯ākš*	>	*vā́k*	'Stimme'
**$h_2$elg^{wh}ó-*	>	**Harghá-*	>	*arghá-*	'Wert'

Das Bartholomaesche Gesetz

**lub^h-tó-*	>	**lubdha-*	>	*lubdhá-*	'gierig'
**liĝ^{h}tó-*	>	**lijdhá-*	>	*līḍhá-*	'geleckt'
**d^{h}eg^{wh}tó-*	>	**dhagdhá-*	>	*dagdhá-*	'verbrannt'

Silbische Nasale

**b^{h}n̥d^h-tó-*	>	**bhadzdhá-*	>	*baddhá-*	'gebunden'
**n̥-h$_2$ei̯g^{wh}és-*	>	**aHai̯ǰhás-*	>	*anehás-*	'tadellos'
**n̥b^{h}ró-*	>	**abhrá-*	>	*abhrá-*	'Gewitterwolke'
**h_1r̥sn̥-b^{h}ó-*	>	**Hr̥šabhá-*	>	*r̥ṣabhá-*	'Stier'
**h_3r̥s-u̯ó-*	>	**Hr̥šu̯á-*	>	*r̥ṣvá-*	'hoch'
**h_2m̥b^{h}í*	>	**Habhí*	>	*abhí*	'um'
**ĝn̥h$_1$tó-*	>	**ǰaHtá-*	>	*jātá-*	'geboren'
**mn̥tó-*	>	**matá-*	>	*matá-*	'gedacht'
**k̂m̥tóm*	>	**ćatám*	>	*śatám*	'hundert'
**n̥-dm̥h$_2$-tó-*	>	**adm̥Htá-*	>	*adāṃta-*	'ungezähmt'

Palatalisierungen

**ĝ^{h}imó-*	>	**ǰ^{h}imá-*	>	*himá-*	'Winter'
**$h_1$él̂kes-*	>	**Hárćas-*	>	*árśas-*	'Hämorrhoiden'

**$h_2$ék̂mon-*	>	**Háćman-*	>	*áśman-*	‘Stein’
**$h_2$ék̂ru-*	>	**Háćru-*	>	*áśru-*	‘Träne’
**$h_1$ék̂u̯o-*	>	**Háću̯a-*	>	*áśva-*	‘Pferd’
**$h_3$éng^{w}es-*	>	**Hánǰas-*	>	*áñjas-*	‘Salbung’
**k̂lutó-*	>	**ćrutá-*	>	*śrutá-*	‘gehört’
**ĝónu-*	>	**jā́nu-*	>	*jā́nu-*	‘Knie’

Ruki-Regel

**$h_2$uksén-*	>	**Hukšán-*	>	*ukṣán-*	‘Jungstier’
**$h_2$us-és-*	>	**Hušás-*	>	*uṣás-*	‘Morgenröte’
**$h_2$ék̂so-*	>	**Háćsa-*	>	*ákṣa-*	‘Achse’
**ksuró-*	>	**kšurá-*	>	*kṣurá-*	‘scharfes Messer’
**u̯isó-*	>	**u̯išá-*	>	*viṣá-*	‘Gift’
**pr̥sth$_2$ó-*	>	**pr̥šthá-*	>	*pr̥ṣṭhá-*	‘Rücken’
**ĝéu̯s-o-*	>	**jáu̯ša-*	>	*jóṣa-*	‘Belieben’
**tr̥sneh$_2$-*	>	**tr̥šnaH-*	>	*tr̥ṣṇā-*	‘Durst’

Vom Urindogermanischen zum Indoiranischen

Laryngale

Vokalumfärbung durch Laryngale

LWP	Regel	Beispiel
1.1	*h_2*e* > *h_2*a*	lat. *ante* :: **$h_2$énti* > **$h_2$ánti* > iir. **Hánti* > *ánti* 'davor'
1.2	**eh*$_2$ > **ah*$_2$	lat. *pāstor* :: **péh*$_2$*ti* > **páh*$_2$*ti* > iir. **páHti* > *pā́ti* 'schützt'
1.3	**h*$_3$*e* > **h*$_3$*o*	lat. *opus* :: **h*$_3$*épes-* > **h*$_3$*ópes-* > iir. **Hápas-* > *ápas-* 'Werk'
1.4	**eh*$_3$ > **oh*$_3$	lat. *pōtus* 'betrunken' :: Imp. **peh*$_3$*-d*^{h}*í* > **poh*$_3$*d*^{h}*í* > iir. **paHdhí* > *pāhí* 'trinke!'

Zusammenfall der Laryngale

LWP	Regel	Beispiel
1.5	**h*$_{1/2/3}$ > **H*	lat. *ante* :: **h*$_2$*énti* > **h*$_2$*ánti* > iir. **Hánti* > *ánti* 'davor'

Vokalisierung von *H zwischen Konsonanten und im Auslaut

LWP	Regel	Beispiel
1.6	**H* > *i* / *C_C*	lat. *genitor* :: **ĝenh*$_1$*tór-* > iir. **ǰanHtár-* > **ǰanitár-* > *janitár-* 'Erzeuger'
1.7	**H* > *i* / _##	gr. *méga* :: **méĝh*$_2$*-* > **méĝ*^{h}*h*$_2$*-* > iir. **máǰ*^{h}*H-* > **máǰ*^{h}*i-* > *máhi-* 'groß'

Behauchung und Sonorisierung

LWP	Regel	Beispiel
1.8	*C* > *C*^{h} / _**h*$_2$	gr. *platús* :: **pl̥th*$_2$*ú-* > **pl̥t*^{h}*Hú-* > iir. **pr̥thú-* > *pr̥thú-* 'breit'[2]
1.9	*G* > *G*^{h} / _**h*$_2$	gr. *méga* :: **méĝh*$_2$*-* > **méĝ*^{h}*h*$_2$*-* > iir. **máǰ*^{h}*H-* > **máǰ*^{h}*i-* > *máhi-* 'groß'
1.10	*C* > *G* / _**h*$_3$	lat. *bibit* :: **pi-ph*$_3$*-e-ti* > **pibeti* > *pibati* 'trinkt'[3]

Späturindogermanischer Einschub von *s in Dentalcluster

LWP	Regel	Beispiel
2.1	**tt* > **tst* [4]	lat. *vertō* 'drehe' :: **u̯r̥t-tó-* > iir. **u̯r̥tstá-* > *vr̥ttá-* 'gedreht'
2.2	**dt* > **dzt*	gr. *oĩda* :: **u̯oi̯d-th*$_2$*e* > iir. **u̯ai̯dztha* > **u̯ai̯dtha* > *vettha* 'weiß'
2.3	**d*^{h}*t* > **d*^{h}*zt* [5]	av. *vərəzda-* :: **u̯r̥d*^{h}*-tó-* > **u̯r̥d*^{h}*ztó-* > iir. **u̯r̥dzd*^{h}*á-* > *vr̥ddhá-* 'groß'

2 In LWP 1.8 und 1.9 behaucht der Laryngal den vorangehenden Verschlusslaut und bleibt weiterhin als *H* erhalten, bis dieses nach LWP 1.6 bzw. LWP 1.7 zu *i* wird.

3 Singuläres Beispiel. Hier könnte auch einfach Dissimilation *p...p* > *p...b* vorliegen.

4 Die Lautgruppe *-*tst*- ist im Het. noch erhalten und wurde in den anderen idg. Sprachen auf verschiedene Weisen vereinfacht. Im Gr., Balt., Slav., und Iran. wurde *-*tst*- zu *-*st*- und im Lat. und Germ. zu *-*ss*- vereinfacht.

5 Hierauf folgt das Barthomolaesche Gesetz LWP 7.

Vereinfachung von uridg. **ss*

LWP	Regel	Beispiel
3.1	**ss > s*	gr. *eĩ* :: **h$_{1}$es-si > *h$_{1}$esi* > iir. **Hasi > asi* 'du bist'

Entlabialisierung der Labiovelare[6]

LWP	Regel	Beispiel
4.1	**k^{w} > *k*	gr. *pénte* :: **pénk^{w}e > *pénke* > iir. **pánča > páñca* 'fünf'
4.2	**g^{w} > *g*	lat. *vīvus* :: **g^{w}īu̯ó- > *gīu̯ó-* > iir. **ǰīu̯á- > jīvá-* 'lebendig'
4.3	**g^{wh} > *g^{h}*	lat. *dē-fendō* :: **g^{wh}nénti > *g^{h}nénti* > iir. **ghnánti > ghnánti* 'sie schlagen'

Primäre Palatalisierung[7]

LWP	Regel	Beispiel
5.1	**k̂ > *ć* [t̠š]	gr. *klutós* :: **k̂lutó-* > iir. **ćrutá- > śrutá-* 'berühmt'
5.2	**ĝ > *ȷ́*[d̠ž]	gr. *gónu* :: **ĝónu* > iir. **ȷ́ā́nu- > jā́nu-* 'Knie'
5.3	**ĝ^{h} > *ȷ́^{h}* [d̠žh]	lat. *vehit* :: **u̯eĝ^{h}eti > *u̯eȷ́^{h}eti* > iir. **u̯aȷ́^{h}ati* [u̯ad̠žhati] > *vahati* 'er fährt'

Sekundäre Palatalisierung[8]

LWP	Regel	Beispiel
5.4	**k > *č* / _(ē̆, ī̆, i̯)	lat. *que* :: **k^{w}e > *ke > *če* > iir. **ča > ca* 'und'
5.5	**g > *ǰ* / _(ē̆, ī̆, i̯)	lat. *augēre* 'vermehren' :: **h$_{2}$éu̯ges-* > iir. **Háu̯ǰas- > ójas-* 'Kraft'
5.6	**g^{h} > *ǰ^{h}* / _(ē̆, ī̆, i̯)	lat. *vovēre* :: **h$_{1}$eu̯g^{wh}-e-toi̯* > iir. **Háu̯ǰ^{h}atai̯ > óhate* 'spricht feierlich'

Vereinfachung von Konsonantenclustern der Struktur **CsC*

LWP	Regel	Beispiel
6.1	**CsC > CC*	gr. *oĩda* :: **u̯oi̯d-th$_{2}$e* > iir. **u̯ai̯dztha > *u̯ai̯dtha > vettha* 'weiß'
6.2	**k̂sk̂ > *sk̂*	lat. *pōscō* :: **pr̥k̂-sk̂é-ti > *pr̥sk̂éti* > iir. **pr̥sćáti > pr̥ccháti* 'fragt'
6.3	**ćt* [t̠št] > **št*	**dr̥k̂tó-* > iir. **dr̥ćtá-* [dr̥t̠štá] > **dr̥štá > dr̥ṣṭá-* 'gesehen'
6.4	**t̠šdh > *šdh*	iir. **tatćdhí* [tatt̠šdhí] > **tat̠šdhí > *tašdhí > *taždhí > *taẓḍhí > tāḍhí* 'fertige'
6.5	**dzd$^{(h)}$ > *zd$^{(h)}$*	jav. *dazdi* :: iir. **dadzdhí > *dazdhí >*dedhí >dehí* 'gib!'
6.6	**ȷ́d^{h}* [d̠ždh] > **ždh*	**liȷ́d^{h}á-* [*lid̠ždhá*] > **liždhá- >*lizdhá- > *liẓḍhá- >*līḍhá-* 'geleckt'

---

6 Die aus den Labiovelaren entstandenen **k, *g, *g^{h}* bleiben als *k, g, g^{h}* erhalten, wenn sie nicht vor *ē̆, ī̆, i̯* stehen.

7 Die palatale Reihe **k̂, *ĝ, *ĝ^{h}* des Uridg. entstand wohl aus allophonischen Varianten der Velare **k, *g, *g^{h}* in palatalen Kontexten, z.B. vor **e/*ē/*i/*ī/*i̯*. Durch intraparadigmatische Verallgemeinerungen breiteten sich diese Palatallaute aus, so dass sie auch in nicht-palatalen Kontexten auftreten, wie z.B. vor *a* in Beispielwörtern wie uridg. **k̂asó-* 'Hase' oder **ĝ^{h}ans-* 'Gans'. **Lit.:** Lipp 2009:5–10.

8 **k* aus uridg. **k/*k^{w}*, **g* aus uridg. **g/*g^{w}*, **g^{h}* aus uridg. **g^{h}/*g^{wh}*.

Bartholomaesches Gesetz / Übergeordnete Regel: *D^h(z)T > D(z)D^h*

LWP	Regel	Beispiel
7.1	**b^{h}t > bdh*	*labhate* 'erlangt' :: Inf. **labh-tum > labdhum* 'erlangen'
7.2	**b^{h}st > *bzdh*	ved. *bhásat* :: **ba-bhs-tām > *babzdhām > babdhām* 'soll kauen'
7.2b	**b^{h}s > *bz^h*	*bábhasti* 'kaut' :: 3. Pl. **b^{h}é-b^{h}s-ati > *b^{h}ábz^{h}ati > *bábz^{h}ati > bápsati* 'kaut'
7.3	**d^{h}zt > *dzd^h*	got. *bindan* :: **b^{h}n̥d^h-tó- > *b^{h}n̥d^{h}ztó-* > iir. **bhadzdhá- > baddhá-* 'gebunden'
7.4	**g^{h}t > gdh*	*múhyati* 'wird verwirrt' :: **mughtá- > mugdhá-* 'verwirrt, töricht'
7.5	**g^{h}st > *gzd^h*	*ghasati* 'isst' < **g^{h}eseti* :: **g^{h}s-to > *gzd^{h}o* > iir. **gzdha > gdha* 'soll essen'
7.5b	**g^{h}s > *gz^h*	*dáhati* 'verbrennt' :: **d^{h}ég^{wh}-s-n̥t- >*d^{h}ég^h-s-n̥t- > *d^{h}ég^h-s-at-* > iir. *dhághsat- > *dhágzhat- > dákṣat-* 'verbrennend'
7.6	*ǰ^{h}t* [d̠žht] > **ǰd^h* [d̠ždh]	gr. *leík^{h}ō* :: **léiĝ^{h}ti > *ráiǰ^{h}ti* > iir. **ráiǰdhi > réḍhi* 'leckt'

Ruki-Regel Teil 1[9]

LWP	Regel	Beispiel
8.1	**s > *š / r, r̥, ū̆, k, ī̆ _*	gr. *dís* :: **du̯is* > iir. **dviš > dviṣ* 'zweimal'
8.2	**z > *ž / r, r̥, ū̆, k, ī̆ _*	uridg. **nisdó-* > iir. **niždá- > *niẓdá- > *niẓḍá- > nīḍá-* 'Nest'

Merger von *l* und *r*

LWP	Regel	Beispiel
9	**l/l̥ > r/r̥*	gr. *hélkos* :: **h$_1$élk̂os-* > iir. **Hárćas- > árśas-* 'Wunde'

Die Entwicklung von **ē̆* und **ō̆*

LWP	Regel	Beispiel
10.1	**e > a*	gr. *pénte* :: **pénk^{w}e > *pénke* > iir. **pánča > páñca* 'fünf'
10.2	**ē > ā*	gr. *títhēmi* :: **d^{h}é-d^{h}eh$_1$-mi* > iir. **dhádhaHmi > dádhāmi* 'ich stelle'
10.3	**o > a*	lat. *iugum* :: **Hi̯ugóm* > iir. **Hi̯ugám > yugám* 'Joch'
10.4	**ō > ā*	lat. *dōnum* :: **dṓnom* > iir. **dā́nam > dā́nam* 'Gabe'

Brugmannsches Gesetz

LWP	Regel	Beispiel
10.5	**ó > ā́ / _RV*	gr. *dóru* :: **dóru- > dā́ru-* 'Holz'

INDEX

9 Darauf folgt Ruki-Regel II (LWP 23), wodurch retroflexes **š > ṣ* und **ž > ẓ* entsteht.

Monophthongierungen[10]

LWP	Regel	Beispiel
11.1	*ai̯ > e	uridg. *dʰe-dʰh$_1$-ói̯ > iir. *dhadhái̯ > 1. Sg. Med. dadhé 'ich stelle'
11.2	*au̯ > o	lat. augēre 'vermehren' :: *h$_2$éu̯ges- > iir. *Háu̯ǰas- > ójas- 'Kraft'

Kürzungen iir. Langdiphthonge vor Konsonant oder im absoluten Auslaut[11]

LWP	Regel	Beispiel
12.1	*āi̯ > ai̯	gr. leípō 'verlasse' :: 1. Sg. Aor. *é-lēi̯kʷ-s-m̥ > iir. *árāi̯kšam > áraikṣam 'ich ließ'
12.2	*āu̯ > au̯	lat. bōs :: *gʷṓu̯s > iir. *gā́u̯š > gáuḥ 'Kuh'
12.3	*ār > ar[12]	yathā r̥ṣiḥ > (s2.3) yatharṣiḥ 'wie ein Seher'

Laryngalschwund vor Vokal sowie im Anlaut vor Konsonant

LWP	Regel	Beispiel
13.1	*H > Ø / _V	*h$_2$i-h$_2$isd-h$_2$éi̯ > iir. *Hi-Hižd-Hái̯ > *īẓḍé > īḍé 'verehrt'
13.2	*H > Ø / #_C	gr. anḗr :: *h$_2$nér-o- > iir. *Hnára- > nára- 'Mann'

Laryngalschwund nach Vokal mit Ersatzdehnung

LWP	Regel	Beispiel
13.4	*VH > V̄	lat. fūmus :: *dʰuh$_2$-mó- > iir. *dhuHmá- > dhūmá- 'Rauch'

Laryngalschwund zwischen Vokalen erzeugt Binnenhiat

LWP	Regel	Beispiel
13.5	*H > Ø / V_V[13]	lat. rēs 'Ding' :: *reh$_1$-i-s > iir. *raHis > rayíṣ 'Besitz, Reichtum'

Laryngal plus Resonant

LWP	Regel	Beispiel
14.1	*r̥H > īr / _C	av. darəgō :: *dl̥h$_1$gʰó- > iir. *dr̥Hghá- > dīrghá- 'lang'
14.2	*r̥H > ir / _V	aks. gora :: *gʷr̥H-í- > iir. *gr̥H-í- > girí- 'Berg'
14.3	*l̥H > ūr / _C[14]	lat. lāna :: *h$_2$u̯l̥H-neh$_2$- > iir. *Hu̯r̥H-naH- > *u̯ū́rnā- > ū́rṇā- 'Wolle'[15]
14.4	*r̥H > ur / _V[16]	gr. barús :: *gʷr̥H-ú- > iir. *gr̥H-ú- > gurú- 'schwer'
14.5	*l̥h$_2$ > ul / _V	lat. lātus :: *tl̥h$_2$-éh$_2$- > iir. *tl̥H-ā́- > tulā́- 'Waage'

10 Einige unmonophthongierte Formen sind im Mitanni-Arisch überliefert. Dies ist eine Schicht indoarischer Lehnwörter in den Schriftzeugnissen des Mitanni-Reiches, das im 15 Jh. v. Chr. in Nordsyrien existierte. Bei den Lehnwörtern handelt es sich um Personennamen, Götternamen, hippologische Termini sowie einzelne Zahlen. Im Kikkuli-Text finden sich die Bezeichnung *aikawartanna* 'eine Runde', in dessen Vorderglied *aika-* die noch nicht monophthongierte Vorform *ai̯ka- von ai. *eka-* 'eins' erkannt werden kann.

11 Im Mittelindischen monophthongieren auch die neu entstandenen Diphthonge *ai̯* und *au̯* zu *ē* und *ō*.

12 Diese Regel wird benötigt, um die historische Entstehung von Sandhi s2.3 zu erklären (vgl. Kap. 6).

13 *H schwindet zwischen Vokalen und hinterlässt einen metrisch relevanten Hiat in den ältesten Texten.

14 In labialer Umgebung.

15 Mit Vereinfachung im Anlaut: *u̯ū > ū.

16 In labialer Umgebung.

14.6	*n̥H > *aH > ā [17]	gr. *gnētós* :: *ĝn̥$h_1$tó- > iir. *jātá- > jātá- 'geboren'
14.7	*m̥H > ām	gr. *ádmētos* :: *n̥-dm̥h_2-tó- > iir. *a-dāmtá- > adām̥ta- 'ungezähmt'

Die silbischen Nasale[18]

LWP	Regel	Beispiel
15.1	*n̥ > a	gr. *tatós* :: *tn̥tó- > iir. *tatá- > tatá- 'gedehnt'
15.2	*m̥ > a	lat. *septem* :: *septḿ̥ > iir. *saptá > saptá 'sieben'
15.3	*n̥ > an / _(i̯, u̯, m, #)[19]	3. Sg. Opt. Prs. *g^{wh}n̥-i̯ḗ-t > iir. *ghani̯ā́t > ved. *hanyā́t* 'möge töten'
15.4	*m̥ > am / _(i̯, u̯, m, #)	gr. *baínō* :: *g^{w}m̥-i̯e-toi̯ > iir. *gamyatai > *gamyate* 'geht'

Deaffrizierung der uridg. Palatalkonsonanten

LWP	Regel	Beispiel
16.1	*ć [t̑š] > ś [š]	gr. *klutós* :: *k̂lutó- > iir. *ćrutá- [t̑šrutá] > *śrutá-* 'berühmt'
16.2	*$j́^h$ [d̑žh] > *žh	iir. *u̯a$j́^h$ati [u̯ad̑žhati] > *u̯ažhati > *vahati* 'er fährt'

Weiterentwicklung der sekundären Palatalisierung

LWP	Regel	Beispiel
16.3	*č > c [t̑š][20]	lat. *que* :: *k^we > *ke > *če > iir. *ča > *ca* 'und'
16.4	*ǰ > j	lat. *augēre* 'vermehren' :: *$h_2$éu̯ges- > iir. *Háu̯ǰas- > *ójas-* 'Kraft'
16.4	*g^h > *h	lat. *vovēre* :: *$h_1$eu̯g^{wh}-e-toi̯ > iir. *Háu̯$ǰ^h$atai̯ > *óhate* 'spricht feierlich'

Assimilationen durch retroflexe Konsonanten

LWP	Regel	Beispiel
17.1	*ṣt > ṣṭ	*iṣa-* 'suchend' :: *iṣ-tá- > *iṣṭá-* 'gewünscht'
17.2	*ẓd > *ẓḍ	*nisdó- > iir. *nišdá- > *niẓdá- > *niẓḍá- > *nīḍá-* 'Nest'[21]
17.3	*ẓdh > *ẓḍh	*misd^hó- > iir. *mišdhá- > *miẓdhá- > *miẓḍhá- > *mīḍhá-* 'Preis'

17 Vermutlich schon iir., weil av. *zāta-* < *ĝn̥$h_1$tó-.

18 Diese Regeln sind sehr wahrscheinlich schon als uriir. einzustufen.

19 Meines Erachtens handelt es sich bei LWP 14.7 sowie 15.3 und 15.4 nicht um lautgesetzliche Weiterentwicklungen sondern um Analogiebildungen.

20 Im Gegensatz zu der aus *k̂ > *ć entstandenen Lautfolge [t̑š] bleibt dieses [t̑š] als *c* erhalten.

21 Vgl. LWP 18.2 und 18.3.

Reziproke Assimilation: Palatal+Dental > Retroflex

LWP	Regel	Beispiel
18.1	**št > ṣṭ*	uridg. **ok̂tṓ* > iir. **áćtā́* [at̲štā] > **aštā́* > *aṣṭā́* 'acht'
18.2	**žd > *ẓḍ*	uridg. **nisdó-* > **nizo-* > iir. **niždá-* > **niẓḍá-* > *nīḍá-* 'Nest'[22]
18.3	**žd^h > *ẓḍ^h*	3. Pl. *tákṣati* 'sie fertigen' :: 2. Sg. Imp. **tak̂sdhi* > (5.1) **taćsdhi* [tat̲šsdhi] > (6.7) **tat̲šdhi* > (6.4) **tašdhi* > (22.2) **taždhi* > (18.3) **taẓḍhi* > (20.3) *tāḍhi* 'fertige!'
18.4	**tt̲š* /tć/ > **ṭṣ*	uridg. **tétk̂on-* > iir. **tátćan-* [tátt̲šan] > **táṭṣan-* > *tákṣan-* 'Zimmermann'
18.5	**dd̲ž^(h)* /dǰ/ > **ḍẓ*	uridg. **d^hg^whíti-* > iir. **dǰ^híti-* [dd̲žhíti] > **ḍẓhíti-* > **gẓ^híti-* > *kṣíti-* 'Zerstörung'
18.6	**t̲šs* /ćs/ > **ṭṣ*	uridg. **h₂ék̂so-* > iir. **áćsa-* [át̲šsa] > **áṭṣa-* > **ákṣa-* 'Achse'
18.6b	**t̲št > *ṭṣṭ* [23]	uridg. **h₁e-mērĝ-t* > **emērk̂t* > iir. *amārćt* [emērt̲št] > **amārṭṣṭ* > *amārṭ* 'er strich ab'
18.7	**d̲ž^h > *ḍẓ^h*	uridg. **d^hg^whíti-* > iir. **dǰ^híti-* [dd̲žhíti] > **ḍẓ^híti-* > *kṣíti-* 'Zerstörung'

Phonotaktische Entwicklung von **ṭṣ > kṣ* sowie **ḍẓ^h > *gẓ^h > kṣ* und **bz^h > ps*

LWP	Regel	Beispiel
19.1	**ṭṣ > kṣ*	uridg. **tétk̂on-* > iir. **tátćan-* [tátt̲šan] > **tát̲šan-* > **táṭṣan-* > *tákṣan-* 'Zimmermann'
19.2	**ḍẓ^(h) > *gẓ^(h)*	iir. **dǰ^híti-* [dd̲žhíti] > **ḍẓ^híti-* > **gẓ^híti-* = **g^hṣíti-* > *kṣíti-* 'Zerstörung'
19.3	**gẓ^(h)* /g^hs/ = *kṣ*	iir. **dǰ^híti-* [dd̲žhíti] > **ḍẓ^híti-* > **gẓ^híti-* = **g^hṣíti-* > *kṣíti-* 'Zerstörung'
19.4	**bz^h* / b^hs/ = *ps*	3. Pl. **b^hé-b^hs-ati* > **b^hábz^hati* > **bábz^hati* > *bápsati* 'kauen'

Sibilantenschwund

LWP	Regel	Beispiel
20.1	**z /*ẓ* > Ø ohne ED	√*śās-* 'befehlen' :: **śās-dhi* > **śāzdhi* > *śādhi* 'befiehl!'
20.2	**z* > Ø / _*G* + ED	*sáhas-* < **séĝ^hos-* :: **se-sĝ^h-u̯os-* > **sazǰ^hu̯as-* > *sāhvas-* 'mächtig'
20.3	**ẓ* > Ø / _*G* + ED	dt. *Nest* :: **nisdo-* > iir. **niždá-* > **niẓḍá-* > *nīḍa-* 'Nest'
20.4	**ž* > Ø / _*h*	iir. **u̯aǰ^hati* [u̯ad̲žhati] > **u̯ažhati* > *vahati* [u̯ahati] 'er fährt'

Verlust und Restituierung von Übergangslauten

LWP	Regel	Beispiel
21.1	**i̯* > Ø	Sandhi: **yogay ālasyam* > *yoga_ālasyam* 'Trägheit im Yoga'
21.2	Ø > *i̯*	*asti* 'ist' :: Imp. **as-dhi* > **azdhi* > **aØdhi* > **ai̯dhi* > *edhi* 'sei!'
21.3	Ø > *u̯*	*Nalas nāma* > **Nalaz_nāma* > **NalaØ_ nāma* > **Nalau̯_nāma* > *Nalo_ nāma* 'namens Nala'
21.4	Ø > *r*	*agniẓ_dahati* > *agniØ_dahati* > *agnir_dahati* 'das Feuer brennt'

22 Hier gibt es eine Überschneidung mit LWP 17.2. Die Lautgruppe **žd* müsste auch ohne Ruki-Einfluss zu **ẓḍ* führen analog zu LWP 18.3. Aber ich konnte kein Beispiel ohne Ruki-Kontext finden.

23 Bei dieser Herleitung gibt es einige Schwierigkeiten. Entweder hätte die Gruppe gemäß **ṭṣṭ* > (6.1) **ṭṭ* oder **ćt* [t̲št] > (6.2) **št* vereinfacht werden müssen.

Mittelindische Monophthongierungen

LWP	Regel	Beispiel
21.5	*aya > e	*tay abruvan > te ’bruvan ‘sie sprachen’
21.6	*au̯a > o	*nadyaz_avahan > *nadyaØ_avahan > *nadyau̯_avahan > nadyo ’vahan ‘Flüsse flossen’

Assimilationen[24]

LWP	Regel	Beispiel
22.1	G > K / _K	√vid- ‘wissen’ :: *u̯oi̯d-ti > iir. *u̯ai̯dzti > *u̯aid-ti > vetti ‘weiß’
22.2	K > G / _G	vāc- ‘Stimme’ :: Instr. Pl. *vākbhiḥ > vāgbhiḥ
22.3	C > N / _N	admi ‘esse’ :: *adna- > anna- ‘Speise’
22.4	D^H > D / _D^H	jíghatsati ‘will fressen’ :: 2. Sg. Imp. *jaghšdhi > *jaghdhi > jagdhi ‘iss!’
22.5	D^H > T / _S	3. Sg. Med. Des. *bhu-bhudh-sa-te > *bhubhutsate > bubhutsate ‘will kennenlernen’
22.6	d/t/z > l / _l	mr̥d- ‘Lehm’ :: *mr̥d-loṣṭa- > mr̥lloṣṭa- ‘Erdklumpen’
22.7	*u̯ > *m / _m [25]	uridg. **di̯éu̯-m > **di̯émm > *di̯ḗm > Akk. Sg. dyā́m ‘Himmel’
22.8	n > ñ / j(h), c(h)_	gr. gignṓskō :: *ĝneh$_3$-ti > jñāti ‘weiß’
22.9	m > n / _t [26]	bhrāma- ‘Schwanken’ :: *bhrāmtá > bhrāntá- ‘verwirrt’
22.10	*sč > *šč	av. pasča :: *po-sk^w-éh$_1$ > *poskéH > iir. pasčáH > *paščā́ > paścā́ ‘hinten’
22.11	*zǰ > *žǰ > *ǰǰ > jj [27]	lat. mergit :: *mézgeti > iir. *mázǰati > *mážǰati > *máǰǰati > májjati ‘sinkt’

Ruki-Regel Teil 2

LWP	Regel	Beispiel
23.1	*š > ṣ / r,r̥,ŭ,k,ĭ_	gr. dís :: *du̯is > iir. *dviš > dviṣ ‘zweimal’
23.2	*ž > ẓ / r,r̥,ŭ,k,ĭ_	uridg. *nisdó- > iir. *niždá- > *niẓdá- > *niẓḍá- > nīḍá- ‘Nest’

Zerebralisierung von *n* zu *ṇ*

LWP	Regel	Beispiel
24	*n > ṇ [28]	sarpa- ‘Schlange’ :: Instr.Pl. *sarpena > sarpeṇa

INDEX

24 Assimilationen treten zu allen Zeiten der Sprachgeschichte auf. Eine genaue Chronologisierung ist nicht möglich.

25 Dieser als Stangs Gesetz bezeichnete Lautwandel wirkte schon uridg. und betraf auch den Akk. Sg. von **g^{w}óu̯-m > **g^{w}ómm > *g^{w}ṓm > *gām* ‘Kuh’. Es soll auch *h$_2$ betroffen sein: *Vh$_2$m > *Vmm > V̄m.

26 Beispiel für die Assimilation eines Nasals an den Artikulationsort des nachfolgenden Konsonanten.

27 *zge > *zǰe [zd̲že] > *jje* [d̲d̲že]: In Analogie zu der phonologisch ähnlichen Entwicklung von c19-c21: *sk̂ > *sć > *šć [št̲š] > *ch* [t̲šh] im Anlaut und zu *cch* im Inlaut kann man vermuten, dass das doppelkonsonantische Ergebnis *jj* < *zg auf die Aufrechterhaltung der inlautenden Doppelkonsonanz zurückgeht und im Anlaut wahrscheinlich einfaches *j* eingetreten wäre.

28 Stiehl 2007:320: „Im Wortinnern wird das dentale *n* in das zerebrale *ṇ* verwandelt, wenn dem *n* die zerebralen Sonderlaute *r̥, r̥̄, r, ṣ* (also nicht *ṭ, ṭh, ḍ, ḍh, ṇ*) entweder direkt vorausgehen oder keine anderen Laute als Vokale, Gutturale (*k, kh, g, gh, ṅ*) oder Labiale (*p, ph, b, bh, m*) oder *y, v, h, ṃ* dazwischenstehen UND wenn dem *n* ein Vokal oder ein *n, m, y, v* direkt nachfolgt.(...) Damit wird z.B. das *n* nicht in *ṇ* verwandelt, wenn das *n* am Wortende steht (z.B. *brahman*), oder wenn dem *n* ein Dental, Palatal oder ein *l, ś, s* vorausgeht oder wenn dem *n* ein normaler Zerebral (*ṭ/ṭh/ḍ/ḍh*) oder ein *ṇ*, gefolgt von einem Vokal, vorausgeht.“

Morphonologische Restituierung an der Morphemgrenze

LWP	Regel	Beispiel
25.1	**ss > ts*	*vásati* 'wohnt' :: Aor. **e-u̯ēs-sīt > *a-vās-sīt > avātsīt* 'wohnte'
25.2	**ṣṣ > *ṭṣ*	√*dviṣ-* 'hassen' :: 2. Sg. Ipf. **a-dvai̯ṣ-ṣ > *a-dvai̯ṭ-ṣ > *a-dvai̯ṭ > adveṭ* 'du hasstest'

Morphologische Vokalkontraktionen[29]

LWP	Regel	Beispiel
26.1	*ă + ă > ā*	**bhar-a-ti > bharati* 'trägt' :: **bhára-a-ti > bhárāti* 'es ist zu erwarten, dass er/sie trägt/tragen wird'
26.2	*ĭ + ĭ > ī*	got. *aistan* 'achten' :: **h₂i-h₂isd-h₂éi̯* > iir. **Hi-Hizd-Hái̯ > *iizdái̯ > *īẓḍé > īḍé* 'verehrt'
26.3	*ŭ + ŭ > ū*	*ripu-uras > ripūras* 'Brust des Feindes'

Metathesen / Dissimilationen / Fernassimilation

LWP	Regel	Beispiel
27.1	$C^h...C^h > C...C^h$	lat. *fiber* :: **bʰebʰrú- > babhrú-* 'braunes Tier'[30]
27.2	**mn > n*	*bhūman* 'Menge' :: Instr. Sg. **bhūmnā́ > bhūnā́*
27.3	$NC_1C_2 > NC_2$	*yunákti* 'schirrt an' :: Imp. 2. Sg. **yuṅgdhi > yuṅdhi* 'schirr an!'
27.4	$C_1...C_2 > C_1...C_1$	**śasvant- > śáśvant-* 'häufig'
27.5	*u̯ > Ø / #_ū*	an. *vella* 'sprudeln, wallen' :: **u̯l̥H-mi- > *u̯ūr-mi- > ūrmí-* 'Welle'

Auslautgesetze

LWP	Regel	Beispiel
28.1	$*C_1C_2(C_3) > C_1$ / _##	lat. *nox, noctis* :: **nókʷt-s > nák-* 'Nacht'
28.2	**r/n > Ø / V̄_##*[31]	lat. *māter* :: **mā́tēr > mātā́* 'Mutter'
28.3	**s > ḥ / _##*	*devas > devaḥ* 'Gott'

Dialektale Regeln

LWP	Regel	Beispiel
29.1	*dh > h*	*rodhati > rohati* 'wächst'[32]
29.2	*bh > h*	*grabhnā́ti* 'greift' :: **grábha- > gráha-* 'greifend'
29.3	*ḍh > ḷh*	lat. *vector* :: *voḍhar-* > ved. *voḷhar-* 'Fahrer'

29 Vgl. die entsprechenden Sandhi-Regeln bei s1.

30 Anhand av. Beispiele ist dieser Lautwandel wohl schon als iir. einzustufen.

31 Hierzu gehören auch die Nominative der *n*-Stämme **rā́jān > rā́jā* 'König'.

32 Ebenso: dt. *Garten*, lat. *hortus* :: **ǵʰr̥dʰó-* > iir. **gr̥dhá- > gr̥há-* 'Haus'.

LWP-Coverregeln

Die folgenden Regeln dienen der Zusammenfassung zusammengehöriger und historisch aufeinander folgender LWP-Regeln.

Laryngale[33]

LWP	Regel	Beispiel
c1	*h_1e > *He > *e	*$h_1$éu̯gʷʰ-e-toi > *Héu̯gʷʰ-e-toi > iir. *Háu̯ȷ́ʰatai̯ > óhate 'spricht feierlich'
c2	*eh_1 > *eH > *ē	*dʰe-dʰe$h_1$ti > *dʰedʰēti > iir. *dhadhāti > dadhāti 'setzt'
c3	*h_2e > *Ha > *a	lat. *ante* :: *$h_2$énti > iir. *Hánti > ánti 'davor'
c4	*eh_2 > *aH > *ā	lat. *pāstor* :: *pé$h_2$ti > iir. *páHti > pā́ti 'schützt'
c5	*h_3e > *Ho > *o	lat. *opus* :: *$h_3$épes- > iir. *Hápas- > ápas- 'Werk'
c6	*eh_3 > *oH > *ō	lat. *pōtus* 'betrunken' :: Imp. *peh_3-dʰí > *poHdʰí > iir. paHdʰí > pāhí 'trinke!'

Primäre Palatalisierung

LWP	Regel	Beispiel
c7	*k̂ > ś	gr. *klutós* :: *k̂lutó- > iir. *ćrutá- > śrutá- 'berühmt'
c8	*ĝ > j	gr. *gónu* :: *ĝónu > iir. *ȷ́ā́nu- > jā́nu- 'Knie'
c9	*ĝʰ > h	lat. *vehit* :: *u̯eĝʰeti > iir. *u̯aȷ́ʰati > vahati 'er fährt'

Sekundäre Palatalisierung

LWP	Regel	Beispiel
c10	*k > c / _(ĕ̆, ĭ̆, i̯)	lat. *que* :: *kʷe > iir. *ča > ca 'und'
c11	*g > j / _(ĕ̆, ĭ̆, i̯)	lat. *augēre* 'vermehren' :: *$h_2$éu̯ges- > iir. *Háu̯ǰas- > ójas- 'Kraft'
c12	*gʰ > h / _(ĕ̆, ĭ̆, i̯)	lat. *vovēre* :: *$h_1$eu̯gʷʰ-e-toi̯ > iir. *Háu̯ǰʰatai̯ > óhate 'spricht feierlich'

Entwicklung palataler Konsonantencluster

LWP	Regel	Beispiel
c13	*k̂t > ṣṭ [34]	lat. *octō* :: *ok̂tṓ > iir. *aćtā́ > aṣṭā́ 'acht'
c14	*k̂s > kṣ [35]	*rék̂s-es- > iir. *rácšas- [rát̠šsas] > rákṣas- 'Schaden'
c15	*tk̂ > kṣ [36]	gr. *téktōn* :: *tétk̂on- > iir. *tátćan- [tátt̠šan] > tákṣan- 'Zimmermann'
c16	*dʰgʷʰ > kṣ / _e,i [37]	lat. *sitis* 'Durst' :: *dʰgʷʰíti- > iir. *dȷ́ʰíti- > kṣíti- 'Untergang'
c17	*dʰĝʰ > kṣ [38]	het. *tekan* :: *dʰĝʰóm- > iir. *dȷ́ʰám- > kṣám- 'Erde'
c18	fehlt	

33 Diese Regeln sind historisch nicht korrekt, da z.B. *h_3e nicht einfach zu *o und dieses anschließend zu ai. *a* wurde sondern *h_3e wurde zu uridg. *h_3o und dann zu iir. *Ha, welches durch den Schwund des anlautenden Laryngals als ai. *a* erscheint. Die Regeln dienen der Zusammenfassung und Vereinfachung der Abläufe.
34 Details: *k̂t > (5.1) *ćt [t̠št] > (6.3) *št > (18.1) *ṣṭ*.
35 Details: *k̂s > (5.1) *ćs [t̠šs] > (18.6) *ṭṣ > (19.1) *kṣ*.
36 Details: *tk̂ > (5.1) *tć [tt̠š] > (18.4) *ṭṣ > (19.1) *kṣ*.
37 Details: *dʰgʷʰíti- > (4.3) *dʰgʰíti- > (22.4) *dgʰíti- > (5.3) *dȷ́ʰíti- [dd̠žhíti] > (18.5) *ḍẓʰíti- > (19.2) *gẓʰíti- > (19.3) *kṣíti-* 'Zerstörung'.
38 Details: *dʰĝʰ- > (22.4) *dĝʰ > (5.2) *dȷ́ʰ [dd̠žh] > (18.5) *ḍẓʰ > (19.2) *gẓʰ > (19.3) *kṣ*.

c19	*sk̑ > ch / #_	gr. *skiā́* :: *sk̑eh$_1$-i̯éh$_2$- > iir. *śćā̆i̯ā́ - > chāyā́ - ‘Schatten’
c20	*sk̑ > cch / V_V	gr. *báskō* :: *gʷm̥-sk̑-e-ti* > iir. *gasćati* > *gácchati* ‘geht’
c21	*sk̑ʰ- > ch / #_	gr. *skhídzō* :: *sk̑ʰi-né-d-ti* > iir. *śćʰinátti* > *chinátti* ‘zerreißt’

LWP	Regel	Beispiel
c22	*az̯ > o	lat. *vector* :: *u̯eg̑ʰtor-* > iir. *u̯ajdhar-* > *u̯az̯ḍhar-* > *voḍhar-* ‘Fahrer’
c23	*az > e	*asmi* ‘bin’ :: 2. Sg. Imp. *as-dhi* > *azdhi* > *edhi* ‘sei!’

Ruki-Regel ohne iir. Zwischenschritte

LWP	Regel	Beispiel
c24	*s > ṣ / r, r̥, ŭ, k, ĭ _	gr. *dís* :: *du̯is* > *dviṣ* ‘zweimal’
c25	*z > ẓ / r, r̥, ŭ, k, ĭ _	uridg. *nizdó-* > *nizḍá-* > *nīḍá-* ‘Nest’

Sandhi

Sandhi von auslautenden Vokalen

Gleiche einfache Vokale verschmelzen zum entsprechenden langen Vokal

LWP	Regel	Beispiel
s1.1	ă + ă > ā	*mātā agacchat* > *mātāgacchat* ‘die Mutter ging’
s1.2	ĭ + ĭ > ī [39]	*narī īkṣate* > *narīkṣate* ‘die Frau sieht’
s1.3	ŭ + ŭ > ū	*ripu uras* > *ripūras* ‘Brust des Feindes’
s1.4	r̥̆ + r̥̆ > r̥̄ [40]	*kartr̥ r̥ju* > *kartr̥̄ju* ‘redlicher Urheber’

ă + ungleicher Vokal oder Diphthong

LWP	Regel	Beispiel
s2.1	ă + ĭ > e	*vinā īrṣyayā* > *vinerṣyayā* ‘ohne Eifersucht’
s2.2	ă + ŭ > o	*tena uktam* > *tenoktam* ‘von ihm ist gesagt worden’
s2.3	ă + r̥̆ > ar	*yathā r̥ṣiḥ* > *yatharṣiḥ* ‘wie ein Seher’
s2.4	ă + e > ai	*adya eva* > *adyaiva* ‘noch heute’
s2.5	ă + ai > ai	*yathā aiśvaryam* > *yathaiśvaryam* ‘wie die Herrschaft’
s2.6	ă + o > au	*na odanaḥ* > *naudanaḥ* ‘nicht der Reis’
s2.7	ă + au > au	*tasya auṣadham* > *tasyauṣadham* ‘dessen Arznei’

39 Ausgenommen sind Dualendungen auf -*ī* und Interjektionen mit kleinem Wortkörper wie *i Indra* ‘he Indra!’.
40 Der Sandhi von langem r̥̄ + langem r̥̄ > r̥̄ existiert nur theoretisch aber nicht sprachwirklich.

Auslautendes *ĭ, ŭ, r̥̆* vor ungleichem Vokal oder Diphthong werden zum entsprechenden Halbvokal

LWP	Regel	Beispiel
s3.1	*ĭ + V > y_V* (*V≠ ĭ*)[41]	*nārī aikṣata > nāry_aikṣata* 'die Frau sah'
s3.2	*ŭ + V > v_V* (*V ≠ ŭ*)[42]	*astu etat > astv_etat* 'dies soll sein'
s3.3	*r̥̆ + V > r_V* (*V≠ r̥̆*)[43]	*kartr̥ asti > kartr_asti* 'es ist tätig'

Vokalsandhi mit *e/o/ai/au* als erstem Element[44]

LWP	Regel	Beispiel
s4.1	*e + V > a_V* (*V≠ ă*)[45]	*nagare iha > nagara_iha* 'in der Stadt hier'
s4.2	*e + V > ay* (*V≠ ă*)[46]	*yoge ālasyam > yogay_ālasyam* 'Trägheit im Yoga'
s4.3	*e + ă > e '*[47]	*gr̥he agaccham > gr̥he 'gaccham* 'ich ging in das Haus'
s4.4	*o + V > a_V* (*V≠ ă*)[48]	*guro īkṣasva > gura īkṣasva* 'oh Lehrer, sieh!'
s4.5	*o + V > av* (*V≠ ă*)[49]	*guro īkṣasva > gurav_īkṣasva* 'oh Lehrer, sieh!'
s4.6	*o + ă > o '*[50]	*prabho atra > prabho 'tra* 'du Mächtiger hier'
s4.7	*ai + V > ā_V*[51]	*īkṣāvahai indum > īkṣāvahā indum* 'wir beide wollen den Mond sehen'
s4.8	*ai + V > āy_V*[52]	*īkṣāvahai indum > īkṣāvahāy_indum* 'wir beide wollen den Mond sehen'
s4.9	*au + V > āv_V*[53]	*tau ubhau > tāv_ubhau* 'diese beiden'
s4.10	*au + V > ā_V*[54]	*nr̥pau ādiśataḥ > nr̥pā_ādiśataḥ* 'die zwei Könige befehlen'

Anlautendes *ch* nach auslautendem Kurzvokal[55]

LWP	Regel	Beispiel
s5.1	*V̆ + ch > V̆_cch*	*na chāyām vindāmi > nacchāyām̥_vindāmi* 'ich finde keinen Schatten'

41 Ausgenommen sind Dualendungen auf *-ī* sowie das Pronomen *amī* 'jene'.
42 Ausgenommen sind Dualendungen auf *-ū*.
43 Auslautendes *r̥* ist selten.
44 Ausgenommen sind Dualendungen auf *-e*.
45 **ai̯_V > a_V*. Ausgangspunkt ist die Vorform **ai̯* des auslautenden *e*. Intervokalischer Schwund des Halbvokals **i̯*.
46 Hier liegt keine Lautveränderung sondern der Erhalt der ursprünglichen Lautung vor.
47 **ai̯a > e*. Ausgangspunkt ist die Vorform **ai̯* des auslautenden *e*. Mittelindische Entwicklung **ai̯a > e*.
48 **au̯_V > a_V*. Ausgangspunkt ist die Vorform **au̯* des auslautenden *o*. Intervokalischer Schwund des Halbvokals **u̯*.
49 Hier liegt keine Lautveränderung sondern der Erhalt der ursprünglichen Lautung vor.
50 **au̯a > o*. Mittelindische Entwicklung **au̯a > o*.
51 **āi̯_V > ā_V*. Ausgangspunkt ist die Vorform **āi̯* des auslautenden *ai*. Intervokalischer Schwund des Halbvokals **i̯*.
52 Hier liegt keine Lautveränderung sondern der Erhalt der ursprünglichen Lautung vor.
53 Hier liegt keine Lautveränderung sondern der Erhalt der ursprünglichen Lautung vor.
54 **āu̯_V > ā_V*. Ausgangspunkt ist die Vorform **āu̯* des auslautenden *au*. Intervokalischer Schwund des Halbvokals **u̯*.
55 Auch nach den Partizipien auf *-mā* und *-ā* sowie gelegentlich auch nach langem Vokal. Die Lautfolge *ch* tritt intervokalisch nur geminiert als *cch* auf. Dies betrifft den beschriebenen Sandhi sowie morphologische Bildungen wie **gʷm̥-sḱé-ti > gaccháti* 'geht'.

Sandhi von auslautendem Visarga

Sandhi von ursprünglichem auslautendem **s/r* vor stimmhaften Lauten

LWP	Regel	Beispiel
s6.1	*aḥ + V > a _V* (*V*≠a)[56]	*ādityaḥ iva > āditya_iva* 'wie die Sonne'
s6.2	*aḥ + G > o _G* [57]	*vr̥kṣaḥ rohati > vr̥kṣo_rohati* 'der Baum wächst
s6.3	*aḥ + a > o '* [58]	*kaḥ api gāyati > ko 'pi gāyati* 'irgend jemand singt'
s6.4	*āḥ + G /V > ā _G/V* [59]	*nr̥pāḥ jayanti > nr̥pā_jayanti* 'die Könige siegen'
s6.5	*Vḥ + G/V > Vr_G/V* (*V ≠ a, ā*)	*agniḥ dahati > agnir_dahati* 'das Feuer brennt'
s6.6	*Vḥ + r > V̄_r* (*V ≠ a, ā*)[60]	*taruḥ rohati > tarū_rohati* 'der Baum wächst'

Sandhi von ursprünglichem auslautendem **-r* vor stimmhaften Lauten[61]

LWP	Regel	Beispiel
s7.1	*aḥ + G/V > ar_G/V* (*G≠r*)	*prātaḥ gacchati > prātar_gacchati* 'er geht morgens'
s7.2	*āḥ + G /V > ār_G/V* (*G≠r*)	*dvāḥ dr̥śyate > dvār_dr̥śyate* 'die Tür wird gesehen'

Sandhi von ursprünglichem auslautendem **-s/r* vor stimmlosen Lauten

LWP	Regel	Beispiel
s8.1	*ḥ + k(h) = ḥ_k(h)*	*aśvaḥ khādati = aśvaḥ_khādati* 'das Pferd frisst'
s8.2	*ḥ + p(h) = ḥ_p(h)*	*kapiḥ pibati = kapiḥ_pibati* 'der Affe säuft'
s8.2b	*ḥ + ṭ(h) > ṣ_ṭ(h)*	*kapiḥ ṭīkate > kapiṣ_ṭīkate* 'der Affe trippelt'
s8.2c	*ḥ + t(h) > s_t(h)*	*devaḥ tatra > devas_tatra* 'der Gott dort'
s8.3	*ḥ + s/ṣ/ś > ḥ_s/ṣ/ś* [62]	*arthaḥ sidhyati = arthaḥ_sidhyati* 'die Sache gelingt'
s8.4	*ḥ + c > ś _c(h)*	*kūrmaḥ calati > kūrmaś_calati* 'die Schildkröte bewegt sich'

Vedischer Sandhi von ursprünglichem auslautendem **-s/r* vor stimmlosen Lauten

LWP	Regel	Beispiel
s9.1	*ḥ + ś > ś _ś*	*suptaḥ śiśuḥ > suptaś_śiśuḥ* 'schlafendes Kind'
s9.2	*ḥ + ṣ > ṣ_ṣ*	*dévīḥ ṣaṭ > dévīṣ_ṣaṭ* 'Göttinnen…sechs'
s9.3	*ḥ + s > s_s*	*arthaḥ sidhyati = arthas_sidhyati* 'die Sache gelingt'

56 **as_V > *az_V > a_V*. Schwund von **z* ohne Ersatzdehnung. Wahrscheinlich analogische Beibehaltung des Kurzvokals in der Endung.

57 **as_G > *az_ G > *aØ_G > *au̯_G > o_G*. Schwund von **z*. Einschub eines Übergangslautes **u̯*, um den geschwundenen Konsonanten zu kompensieren. Monophthongierung von **au̯ > o*.

58 **as_a > *az_a > *aØ_a > *au̯_a > o*. Schwund von **z*. Einschub eines Übergangslautes **u̯*, um den geschwundenen Konsonanten zu kompensieren. Mittelindische Entwicklung **au̯a > o*.

59 **as_G/V > *az_G/V > ā_G/V*. Schwund von **z* unter Ersatzdehnung.

60 Keine zusätzliche Vokallängung nach Langvokal oder Diphthong.

61 Auslautendes etymologisches *-r* ist sehr selten. Es erscheint im Vok. der *r̥*-Deklination, *pitar* 'Vater!', in *prātar* 'morgens', *punar* 'wieder', *dvār* 'Tür', *antar* 'innen', *svar* 'Himmel', *ahar* 'Tag', *vār* 'Wasser', sowie in einigen Verbalformen auf *-r*, deren Wurzeln auf *r̥* enden, wie z.B. 2.3.Sg. Ipf. *ajāgar* von jāgr̥ 'wach sein'.

62 Der Konsonant *ṣ* ist im Anlaut extrem selten.

Sandhi von auslautenden Verschlusslauten

Auslautendes dentales *t*[63]

LWP	Regel	Beispiel
s10.1	*t +c > c_c*	*tat cakram > tac_cakram* 'dieses Rad'
s10.2	*t +ch > c _ch*	*mr̥t chādayati > mr̥c_chādayati* 'der Lehm bedeckt'
s10.3	*t +j > j_j*	*tat jalam > taj_jalam* 'dieses Wasser'
s10.4a	*t + ṭ(h) > ṭ_ṭ(h)*	*suhr̥t ṭīkate > suhr̥ṭ_ṭīkate* 'der Freund trippelt'
s10.4b	*t + ḍ(h) > ḍ_ḍ(h)*	*tat ḍhaukate > taḍ_ḍhaukate* 'es nähert sich'
s10.5	*t +l > l_l*	*tat lokāt labhe > tal_lokāl_labhe* 'das erlange ich von der Welt'
s10.6	*t +ś > c_ch*[64]	*tat śrutvā > tac_chrutvā* 'dies gehört habend'
s10.7	*t +ś > c _ś*[65]	*tat śrutvā > tac_śrutvā* 'dies gehört habend'

Stimmlose Verschlusslaute vor stimmhaften Lauten außer Nasalen

LWP	Regel	Beispiel
s11.1	*k + V/G > g_V/G*	*vaṇik bhāṣate > vaṇig_bhāṣate* 'der Kaufmann spricht'
s11.2	*t + V/G > d_V/G*	*āsīt rājā > āsīd_rāja* 'es war ein König'
s11.3	*ṭ + V/G > ḍ_V/G*	*samrāṭ āsīt > samrāḍ_āsīt* 'es war einmal ein Herrscher'
s11.4	*p + V/G > b_V/G*	*kakup api > kakub_api* 'auch die Richtung'

Stimmlose Verschlusslaute vor Nasalen

LWP	Regel	Beispiel
s12.1	*k +N > ṅ _N*	*vāk me > vāṅ _me* 'meine Rede'
s12.2	*ṭ + N > ṇ _N*	*madhuliṭ nadati > madhuliṇ_nadati* 'die Biene tönt'
s12.3	*t + N > n _N*	*nagarāt nagaram > nagarān_nagaram* 'von Stadt zu Stadt'
s12.4	*p + N > m_N*	*kakup mr̥gyate > kapum_mr̥gyate* 'die Richtung wird gesucht'

Stimmlose Verschlusslaute vor stimmhaftem *h*[66]

LWP	Regel	Beispiel
s13.1	*k +h > g_gh*	*vāk harṣayati > vāg_gharṣayati* 'Sprache erfreut'
s13.2	*t +h > d_dh*	*tat hi > tad_dhi* 'denn dieses'
s13.3	*ṭ +h > ḍ_ḍh*	*madhuliṭ hasati > madhuliḍ_ḍhasati* 'die Biene lacht'
s13.4	*p +h > b_bh*	*kakup hi > kakub_bhi* 'denn die Richtung'

63 Die Konsonanten *jh, ṭ, ṭh, ḍ, ḍh* sind im Anlaut so selten, dass von den folgenden Regeln quasi nur anlautendes *c, ch, j* betroffen sind.

64 *t_ś* [t_š] war dem einkonsonantigen *c* [tš] phonetisch zu ähnlich. Um die Silbenstruktur des zweikonsonantigen *t_ś* zu erhalten, entstand die Geminierung zu *c_ch*.

65 Seltener als der Sandhi der vorangehenden Regel.

66 Zunächst wurde der auslautende Verschlusslaut stimmhaft: *k+h > g_h, t+h > d_h, ṭ+h > ḍ_h, p+h > b_h*. Da die entstandenen Sequenzen *g_h, d_h, ḍ_h, b_h* phonetisch zu nah an den einkonsonantigen Lauten *gh, dh, ḍh, bh* waren, erfolgte hier die Geminierung zu *g_gh, d_dh, ḍ_ḍh, b_bh*, um die Silbenstruktur der ursprünglich zweikonsonantigen Lautfolgen aufrechtzuerhalten.

Sandhi von auslautenden Nasalen

Sandhi auslautender Nasale

LWP	Regel	Beispiel
s14.1	*m +C > ṃ_C* [67]	*pūrvam sattvam > pūrvaṃ_sattvam* 'das frühere Wesen'
s14.2	*n +ḍ(h) > ṇ_ḍ*	*pakṣin ḍīyasva > pakṣiṇ_ḍīyasva* 'oh Vogel, flieg!'
s14.3	*n + j(h) > ñ_j(h)*	*arīn jayati > arīñ_jayati* 'er besiegt die Feinde'
s14.4	*n +ś > ñ_ś*	*tān śaśān > tāñ_śaśān* 'diese Hasen'
s14.5	*n +ś > ñ_ch* [68]	*tān śaśān > tāñ_chaśān* 'diese Hasen'

Auslautendes *n* vor stimmlosem Palatal *c*, *ch*, Retroflex *ṭ*, *ṭh*, Dental *t*, *th* sowie vor *l*

LWP	Regel	Beispiel
s15.1	*n+c(h) > ṃś_c(h)*	*abharan ca > abharaṃś_ca* 'und sie trugen'[69]
s15.2	*n + ṭ(h) > ṃṣ_ṭ(h)*	*tān ṭaṅ kān > tāṃṣ_ṭaṅ kān* 'diese Hacken'
s15.3	*n + t(h) > ṃs_t(h)*	*devān tatra > devāṃs_tatra* 'die Götter hier'
s15.4	*n +l > ṃl_l* [70]	*tān lokān > tāṃl_lokān* 'diese Welten'

Auslautende Nasale nach Kurzvokal vor Vokal

LWP	Regel	Beispiel
s16.1	*n > nn / V̆ _#V* [71]	*āsan+ atra > āsann_atra* 'sie waren hier'
s16.2	*ṅ > ṅṅ / V̆ _#V* [72]	*pratyaṅ āsīnaḥ > pratyaṅ_āsīnaḥ* 'nach Westen sitzend'

Einschub von Übergangslauten[73]

LWP	Regel	Beispiel
s17.1	*n+ś > nt_ś*	*tān śaśān > tāñ_śaśān > tāñ_chaśān* 'diese Hasen'
s17.2	*n+s > nt_s*	*tān sahate > tānt_sahate* 'er bewältigt sie'
s17.3	*ṅ+ś > ṅk_ś*	*prāṅ śete > prāṅk_śete* 'er liegt nach Osten'

67 Gilt auch für morphologische Bildungen im Wortinnern.

68 Häufiger als der vorangehende Sandhi. Hierbei wurde ein phonetischer Übergangslaut *t* eingefügt.

69 Zwischen auslautendes *-n* und den anlautenden stimmlosen Palatalen *c, ch,* Retroflexen *ṭ, ṭh* und Dentalen *t, th* wird der entsprechende Sibilant (*ś, ṣ, s*) eingeschoben und *-n* wird zu Anusvāra. Da *ṭ, ṭh, ch, th* im Anlaut jedoch sehr selten sind, wird die Regel fast nur bei *c* und *t* angewandt. Historisch gesehen ist *-ns* die ältere Endung, die im absoluten Auslaut zu *-n* reduziert wurde und sich im Sandhi mit Assimilation des Nasals an den Artikulationsort des folgenden Konsonanten gehalten hat. Nach der Herausbildung der Regel wurde diese dann auch auf Fälle übertragen, die historisch nicht aus *-ns* entstanden waren. Historisch gesehen ist die einzige Änderung bei diesem Sandhi die Entwicklung von *m > ṃ / _C*, da ja gerade das alte *s* erhalten blieb.

70 Noch seltener in diesem phonologischen Kontext ist die Schreibung mit Anunasika *amuṣmiṁ l_loke*.

71 Die Regel gilt nach *a* und *i* (theoretisch auch nach *u* und *ṛ*). Alle Nasale außer *-m* werden in dieser Position verdoppelt.

72 Nur bei Richtungsadverbien und nicht vor Konsonanten.

73 Vgl. Kap. 17.

Konsonantensandhi – Veränderung des Auslauts

Aus-laut	Anlaut														
	k(h)	*g(h)*	*c(h)*	*j(h)*	*ṭ(h)*	*ḍ(h)*	*t(h)*	*d(h)*	*p(h)*	*b(h)*	*n/m*	*ś*	*l*	*v/y/r*	*h*
k		*g*		*g*		*g*		*g*		*g*	*ṅ*			*g*	*g_(gh)*
ṭ		*ḍ*		*ḍ*		*ḍ*		*ḍ*		*ḍ*	*ṇ*			*ḍ*	*ḍ_(ḍh)*
t		*d*	*c*	*d*	*ṭ*	*d*		*d*		*d*	*n*	*c_(ch)*	*l*	*d*	*d_(dh)*
p		*b*		*b*		*b*		*b*		*b*	*m*			*b*	*b_(bh)*
ṇ															
n			*ṃś_c(h)*	*ñ*	*ṃṣ_ṭ(h)*	*ṇ*	*ṃs_t(h)*					*ñ_(ś/ch)*	*ṃl_(l)*		
m	*ṃ*	*ṃ*	*ṃ*	*ṃ*	*ṃ*	*ṃ*	*ṃ*	*ṃ*	*ṃ*	*ṃ*	*ṃ*	*ṃ*	*ṃ*	*ṃ*	*ṃ*

Visarga im Auslaut (*V* in *Vḥ* steht für Vokale außer *a/ā* und *ḥ* steht für altes **s*)

Aus-laut				Anlaut				
	a	*Vokal*	*n/m/y/l/v/h*	*r*	*g/j/ḍ/d/b(h)*	*c(h)*	*ṭ(h)*	*t(h)*
aḥ	*o '*	*a*	*o*	*o*	*o*	*aś*	*aṣ*	*as*
āḥ	*ā*	*ā*	*ā*	*ā*	*ā*	*āś*	*āṣ*	*ās*
(V)ḥ	*r*	*r*	*r*	*V̄*	*r*	*ś*	*ṣ*	*s*

Vokal plus Vokal (! bedeutet: wenn nicht Dual Endung)[74]

Aus-laut	Anlaut										
	a	*ā*	*i*	*ī*	*u*	*ū*	*ṛ*	*e*	*ai*	*o*	*au*
a	*ā*	*ā*	*e*	*e*	*o*	*o*	*ar*	*ai*	*ai*	*au*	*au*
ā	*ā*	*ā*	*e*	*e*	*o*	*o*	*ar*	*ai*	*ai*	*au*	*au*
i !	*ya*	*yā*	*ī*	*ī*	*yu*	*yū*	*yṛ*	*ye*	*yai*	*yo*	*yau*
ī !	*ya*	*yā*	*ī*	*ī*	*yu*	*yū*	*yṛ*	*ye*	*yai*	*yo*	*yau*
u !	*va*	*vā*	*vi*	*vī*	*ū*	*ū*	*vṛ*	*ve*	*vai*	*vo*	*vau*
ū !	*va*	*vā*	*vi*	*vī*	*ū*	*ū*	*vṛ*	*ve*	*vai*	*vo*	*vau*
ṛ	*ra*	*rā*	*ri*	*rī*	*ru*	*rū*	*ṝ*	*re*	*rai*	*ro*	*rau*
e !	*e '*	*a ā*	*a i*	*a ī*	*a u*	*a ū*	*a ṛ*	*a e*	*a ai*	*a o*	*a au*
ai	*ā a*	*ā ā*	*ā i*	*ā ī*	*ā u*	*ā ū*	*ā ṛ*	*ā e*	*ā ai*	*ā o*	*ā au*
o	*o '*	*avā / a ā*	*avi*	*avī*	*avu*	*avū*	*avṛ*	*ave*	*avai*	*avo*	*avau*
au	*āva*	*āvā*	*āvi*	*āvī*	*āvu*	*āvū*	*āvṛ*	*āve*	*āvai*	*āvo*	*āvau*

74 Aus: Dr. Ashok Aklujkar's "Sanskrit: An Easy Introduction to an Enchanting Language" (Svādhyāya: 2005) Vol. 1B pp. 64–66 https://ubcsanskrit.ca/lesson3/sandhicharts.html.

A2 Ablaut

So wie in den deutschen Formen *singen, sang, gesungen* findet man auch im Altindischen einen regelmäßigen Vokalwechsel verwandter Wortformen, was als Ablaut bezeichnet wird. Dieses Phänomen erkannten die ai. Grammatiker und systematisierten den Vokalwechsel folgendermaßen. Die Grundstufen der Basisvokale *ī̆*, *ū̆*, *r̥̄̆*, *l̥* wurden jeweils um ein vorangestelltes *a* gesteigert, wodurch die Guṇa-Stufen *ai, au, ar, al* entstanden, von denen *ai* und *au* vor Konsonant zu *e* und *o* monophthongieren und vor Vokal als *ay* und *av* erscheinen. Wird dieser Vorgang mit der Guṇa-Stufe wiederholt, also wieder ein *a* vorangestellt, entstehen die Vr̥ddhi-Stufen *ai, au, ār, āl*. Ein Sonderfall stellt der Vokal *a* dar, dessen Grundstufe sowohl *a* als auch *ā* und dessen Guṇa-Stufe *a* ist.

Grundstufe	*a, ā*	*ī̆*	*ū̆*	*r̥̄̆*	*l̥*
Guṇa-Stufe	*a*	*e < a+ī̆*	*o < a+ū̆*	*ar < a+r̥̄̆*	*al < a+l̥*
Vr̥ddhi-Stufe	*ā*	*ai < a+a+ī̆*	*au < a+a+ū̆*	*ār < a+a+r*	*āl < a+a+l̥*

Beispiele der Ablautstufen

Die Wurzel √*div-* ‘strahlen’ erscheint in *dívasa-* ‘Himmel, Tag’ und *dívā* ‘bei Tage’ in der Grundstufe, in *deva-* ‘Gott’ und *dévana-* ‘Strahlen’ in der Guṇa-Stufe und in *daiva-*, *daivika-*, *daivata-* ‘göttlich’ in der Vr̥ddhi-Stufe. Die Wurzel √*ruc-* ‘leuchten’ erscheint in *ruci-* ‘Licht’ und *ruc-* ‘Helle, Glanz’ in der Grundstufe, in *rocana-*, *roca-* ‘glänzend’ in der Guṇa-Stufe und in *raukma-* ‘golden’ und *raucanika-* ‘gelblich’ in der Vr̥ddhi-Stufe. Die Wurzel √*dr̥ś-* ‘erscheint in *dr̥śi-* ‘Sehen, Auge’ und *dr̥śīkā́-* ‘Aussehen’ in der Grundstufe, in *dárśa-* ‘schauend’ und *darśatá-* ‘schön’ in der Guṇa-Stufe und in *dārśa-* und *dārśika-* ‘Neumond-’ in der Vr̥ddhi-Stufe. Das Gesagte gilt auch für Wurzeln mit innerem *l̥* wie √*kl̥p-* ‘fügen’. Dies ist jedoch die einzige Wurzel mit dieser Struktur.
Gelegentlich erscheinen *ra, la, rā* für *ar, al, ār*. Zur Wurzel √*dr̥ś-* existieren die Formen *drakṣyā́mi* ‘ich werde sehen’ und *ádrākṣam* ‘ich sah’ (anstatt ^{x}*darkṣyā́mi* und ^{x}*ádārkṣam*), zu √*sr̥j-* findet man *ásrakṣam* ‘ich ließ los’ und zu √*kl̥p-* gibt es die Form *klapsyate* (anstatt ^{x}*ásarkṣam* und ^{x}*kalpsyate*).

Die uridg. Ursprünge des ai. Ablautsystems

Grundlage des ai. Ablautsystem ist das uridg. Ablautsystem, das eine sog. Schwund- oder Reduktionsstufe kennt, die durch die Abwesenheit des uridg. Ablautvokals **e* gekennzeichnet ist. Diese entspricht der ai. Grundstufe. Die uridg. *e*-Stufe oder Vollstufe, die durch die Anwesenheit des uridg. Ablautvokals **e* gekennzeichnet ist, entspricht der ai. Guṇa-Stufe und die uridg. Dehnstufe, die durch die Dehnung des Ablautvokals **e* zu **ē* kennzeichnet ist, entspricht der ai. Vr̥ddhi-Stufe. Die ai. Grammatiker irrten quasi nur darin, dass in der Vr̥ddhi-Stufe kein Element hinzukam, sondern das vorhandene Element gedehnt wurde.

	Schwundstufe	***e*-Stufe / Vollstufe**	***ē*-Stufe / Dehnstufe**
Uridg.	√**dr̥k̂-*	√**derk̂-*	√**dērk̂-*
Altindisch	√*dr̥ś-*	√*darś-*	√*dārś-*

Lit.: Ziegler 2012:35–37; Thumb-Hauschild 1958:267; Stiehl 2007:309; Wackernagel 1896:61–68; Meier-Brügger 2000:135ff.

Literaturverzeichnis

Allen, William Sidney (1953): *Phonetics in Ancient India*. London: Oxford University Press.

Allen, William Sidney (1972): *Sandhi. The Theoretical, Phonetic, and Historical Bases of Word-Junction in Sanskrit*. The Hague-Paris: Mouton.

Burrow, T (1959a): *On the phonological history of Sanskrit kṣám- 'earth', ṛ́kṣa- 'bear' and likṣā́- 'nit'*. JAOS 79, 85–90.

Burrow, T (1959b): *Sanskrit kṣi- : Greek* φθίνω. Journal of the American Oriental Society 79, 255–262.

Burrow, T. (1973): *The Sanskrit Language*. London.

Edgerton, Franklin (1946): *Sanskrit Historical Phonology*. New Haven, Conn., American Oriental society.

Grassmann, Hermann (1996): *Wörterbuch zum Rig-Veda. Bearbeitung von Maria Kozianka*. Harrassowitz.

Gonda, Jan (1966): *A Concise Elementary Grammar of the Sanskrit Language*. Brill Archive.

Jain, Danesh und Cardona, George (2007): *The Indo-Aryan-Languages*. Routledge.

Kloekhorst, Alwin (2014): *Proto-Indo-European "thorn"-clusters*. Historical Linguistics: Band 127, Ausgabe 1, 43–67.

Kobayashi, Masato (2004): *Historical Phonology of Old Indo-Aryan Consonants*. Fuchu, Tokyo.

Kümmel, Martin J. (2007): *Konsonantenwandel*. Wiesbaden: Reichert.

Lehmann Thomas (2013): *Sanskrit für Anfänger – Ein Lehr- und Übungsbuch*. Online-Publikation: https://www.sai.uni-heidelberg.de/tamil/.

Liesner, Malte (2006): *Zu den Beziehungen zwischen Heteroklisie und dem Caland-System im Indogermanischen*. Unveröffentlichte Magisterarbeit. Universität zu Köln.

Liesner, Malte (2012): *Arbeitsbuch zur Lateinischen Historischen Phonologie*. Wiesbaden: Reichert.

Liesner, Malte (2015): *Griechisch – Arbeitsbuch zur historischen Phonologie*. Wiesbaden: Reichert.

Lipp, R. (2009): *Die indogermanischen und einzelsprachlichen Palatale im Indoiranischen. Band I: Neurekonstruktion, Nuristani-Sprachen, Genese der indoarischen Retroflexe, Indoarisch von Mitanni*. Heidelberg.

Lipp, R. (2009): *Die indogermanischen und einzelsprachlichen Palatale im Indoiranischen. Band II: Thorn-Problem, indoiranische Laryngalvokalisation*. Heidelberg.

Macdonell, Arthur A. (1916): *A Vedic Grammar For Students*. Oxford: Clarendon Press.

Macdonell, Arthur A. (2007): *A Sanskrit Grammar for Students*. Motilal Banarsidass.

Macdonell, Arthur A. (2010): *Vedic Grammar*. Motilal Banarsidass.

Malzahn, Melanie (2001): *Sandhiphänomene im Rigveda als Reflexe von Archaismen und Dialektismen*. Dissertation zur Erlangung des Doktorgrades der Philosophie an der Geistes- und Kulturwissenschaftlichen Fakultät der Universität Wien.

Mayrhofer, Manfred (1956–1982): *Kurzgefasstes etymologisches Wörterbuch des Altindischen*. 4 Bände. Winter.

Mayrhofer, Manfred (1978): *Sanskrit-Grammatik*. Berlin: Walter de Gruyter.

Mayrhofer, Manfred (1989): *Vorgeschichte der iranischen Sprachen; Uriranisch*. In Rüdiger Schmitt (ed.) *Compendium Linguarum Iranicarum*. Wiesbaden: Reichert.

Meier-Brügger, Michael (2000): *Indogermanische Sprachwissenschaft*. Berlin: Walter de Gruyter.

Mylius, Klaus (2001): *Sanskrit-Deutsch. Handwörterbuch*. Berlin und München: Langenscheidt.

Renou, L. (1952): *Grammaire de la langue védique*. Lyon-Paris.

Stenzler, Adolf Friedrich (2003). *Elementarbuch der Sanskrit Sprache*. Berlin: Walter De Gruyter.

Stiehl, Ulrich (2007): *Sanskrit-Kompendium*. Heidelberg: Economica.

Thumb, A. (1905): *Handbuch des Sanskrit*. Heidelberg: Carl Winter.

Thumb, A. / Hauschild, R. (1958): *Handbuch des Sanskrit. Bd. I,1. Einleitung und Lautlehre*. Heidelberg: Carl Winter.

Wackernagel, Jacob (1896): *Altindische Grammatik, Band I*. Göttingen: Vandenhoeck & Ruprecht. Reprinted in 1957 with Albert Debrunner's Nachträge.

Ziegler, Sabine (2012): *Klassisches Sanskrit*. Wiesbaden: Reichert.

A4 Abkürzungen / Notationen / Konventionen

Sprachbezeichnungen

Abk.	Bedeutung
aav.	altavestisch
ai.	altindisch
ahd.	althochdeutsch
aks.	altkirchenslavisch
alat.	altlateinisch
av.	avestisch
dt.	deutsch
eng.	englisch
germ.	germanisch
got.	gotisch
gr.	griechisch
het.	hethitisch
idg.	indogermanisch
iir.	indoiranisch
jav.	jungavestisch
lat.	lateinisch
lett.	lettisch
toch.	tocharisch
uridg.	urindogermanisch
uriir.	urindoiranisch
urital.	uritalisch
ved.	vedisch

Grammatische und phonetische Bezeichnungen

Abk.	Bedeutung
Akk.	Akkusativ
Akt.	Aktiv
Aor.	Aorist
asp.	aspiriert
Dat.	Dativ
Des.	Desiderativ
Fem.	Femininum
Fut.	Futur
Gen.	Genitiv
Imp.	Imperativ
Inf.	Infinitiv
Instr.	Instrumental
Ipf.	Imperfekt
Mask.	Maskulinum
Med.	Medium
Nom.	Nominativ
Ntr.	Neutrum
Pl.	Plural
PPP	Partizip Perfekt Passiv
Prs.	Präsens
Prt.	Präteritum
Ps.	Person
Ptz.	Partizip
Sg.	Singular
stl.	stimmlos
sth.	stimmhaft

Notationen und Symbole

Symbol	Bedeutung
-	Morphemstrich
#	Wortgrenze
##	absoluter Auslaut
_	Position des abgeleiteten Lautes in phonolo gischen Lautwandeln
_	Sandhi-Fuge
<	entsteht aus
>	wird zu
wort	rekonstruierte Form
ˣ*wort*	theoretische Form
C	Konsonant
*C*ʰ	Aspiration
*C*ʷ	Labialisierung
G	stimmhafter Konsonant
H	Laryngal
LWP	Lautwandelprozess
R̥	silbischer Resonant
V	Vokal
V̆	Kurzvokal
V̄	Langvokal
V̄̆	Lang- oder Kurzvokal
Z	Zeile
√	Wortwurzel
Lit.	Literaturangabe
IPA	Internationales Phonetisches Alphabet
Kap.	Kapitel

Information zur Transkription

Die stimmhaften palatalen Laute ai. *j*, iir. *ǰ, *ȷ́ werden in diesem Buch als [d̠ž] und die stimmlosen palatalen Laute ai. *c*, iir. *ć, č als [t̠š] transkribiert, obwohl das historisch nicht ganz korrekt ist, da iir. *ȷ́ und *ǰ sowie iir. *ć und *č im Iir. verschieden ausgesprochen wurden, da sie teilweise unterschiedliche Weiterentwicklungen im Ai. aufweisen. Dies geschieht aus Gründen der Vereinfachung. Diese vereinfachte Notation ist für dieses Buch absolut ausreichend.